Dietmar Herrmann

Grundkurs C++ in Beispielen

Aus dem Bereich IT erfolgreich lernen

www.vieweg-it.de

Dietmar Herrmann

Grundkurs C++ in Beispielen

Eine Einführung in das Programmieren – Beispiele aus Mathematik und Technik – Objektorientierung anschaulich mit UML

6., überarbeitete und erweiterte Auflage

vieweg

Bibliografische Information Der Deutschen Bibliothek
Die Deutsche Bibliothek verzeichnet diese Publikation in der Deutschen Nationalbibliografie;
detaillierte bibliografische Daten sind im Internet über <http://dnb.ddb.de> abrufbar.

Die Wiedergabe von Gebrauchsnamen, Handelsnamen, Warenbezeichnungen usw. in diesem Werk
berechtigt auch ohne besondere Kennzeichnung nicht zu der Annahme, dass solche Namen im Sinne
von Warenzeichen- und Markenschutz-Gesetzgebung als frei zu betrachten wären und daher von
jedermann benutzt werden dürfen.

Höchste inhaltliche und technische Qualität unserer Produkte ist unser Ziel. Bei der Produktion und
Auslieferung unserer Bücher wollen wir die Umwelt schonen: Dieses Buch ist auf säurefreiem und
chlorfrei gebleichtem Papier gedruckt. Die Einschweißfolie besteht aus Polyäthylen und damit aus
organischen Grundstoffen, die weder bei der Herstellung noch bei der Verbrennung Schadstoffe
freisetzen.

1. Auflage 1989
2. Auflage 1990
Diese Auflagen erschienen unter dem Titel „Effektiv Programmieren in C"
3. Auflage 1996
4. Auflage 1999
5. Auflage 2001
Diese Auflagen erschienen unter dem Titel „Effektiv Programmieren in C und C++"
6., überarbeitete und erweiterte Auflage Mai 2004

Alle Rechte vorbehalten
© Friedr. Vieweg & Sohn Verlag/GWV Fachverlage GmbH, Wiesbaden 2004

Der Vieweg Verlag ist ein Unternehmen von Springer Science+Business Media.
www.vieweg.de

Umschlaggestaltung: Ulrike Weigel, www.CorporateDesignGroup.de

ISBN-13: 978-3-528-54655-7   e-ISBN-13: 978-3-322-80347-4
DOI: 10.1007/978-3-322-80347-4

Vorwort

Die freundliche Annahme der fünften Auflage dieses Buches durch den Leser hat den Verlag zur Herausgabe einer neuen Auflage bewogen – nunmehr der sechsten. Der Autor hat diese Möglichkeit zu einer weitgehenden Neubearbeitung mit der Fokussierung auf C++ genutzt.

Obwohl die Programmiersprachen C und C++ schon längst durch eine internationale ANSI/ISO-Norm festgeschrieben sind, wird der Standard weiterhin fortgeschrieben und Erfahrungen aus anderen Programmiersprachen gesammelt. Schließlich besteht ja die Möglichkeit, eine bestehende Norm durch eine neue Norm zu modifizieren. Im Bereich der C-Sprachen sind mehrere Neuerungen eingetreten:

- Microsoft hat eine auf der C-Syntax basierende Programmiersprache C# (gesprochen C sharp) als Konkurrenzprodukt zu Java entwickelt. Damit ist C nun „Mutter" einer ganzen Sprachenfamilie geworden.

- Die wichtigste Neuerung im Bereich von C ist die Verabschiedung der neuen ANSI/ISO Norm 9899:1999. Diese neue Version von C wird nun C99 genannt. Bereits 1995 kam es zu einer Erweiterung der C-Norm durch das Amendment 1, das die Verwendung von internationalen Zeichensätzen mittels der Norm ISO/IEC 10646 regelte.

- Auch im Umfeld der C++ Working Group wird über eine Fortschreibung der Norm nachgedacht.

Die neue C-Norm enthält neben anderem:

- neue Datentypen wie `long long` oder `long double`,
- erweiterte **int**-Typen wie `int32_t`,
- von C++ übernommene Elemente wie `const`, `sizeof`, Kommentare mit `//` und die Blockstruktur von Kontrollanweisungen.

Wie man sieht, ist das Programmieren in C/C++ weiterhin aktuell. Das Erlernen der C-Syntax liefert den Zugang zur Familie der sehr erfolgreichen Programmiersprachen (C, C++, Java, C#).

Das Buch, das aus einer Vorlesung an der FH München entstanden ist, kann als Grundlage sowohl einer Vorlesung wie auch zum Eigenstudium dienen. Es bietet einen modernen, durch zahlreiche Diagramme und Beispiele gestützten, Grundkurs zu C++. Natürlich kann und will es nicht die 748 Seiten der ANSI/ISO-Norm und die 1.000 Seiten des Referenzwerks von STROUSTRUP ersetzen.

Kapitel 1 liefert einen umfassenden Überblick über die Entstehung und Philosophie von C/C++. Es bespricht ferner die gängigen Compiler, insbesondere auch den in LINUX verwendeten GNU-Compiler. Kapitel 2 beschreibt die grundlegende Syntax von C/C++, die nicht immer selbsterklärend ist.

Ausführlich werden im Kapitel 3 die einfachen Datentypen, ihre Speicherformate, mögliche Typumwandlungen (*casts*) dargestellt und die Fallstricke der Computer-Arithmetik und die grundlegenden Ein- und Ausgabefunktionen erklärt. Bei der Besprechung von Zeichen beschränkt sich die Darstellung auf 8-Bit-Characters. Für den (inzwischen veralteten) ASCII-Code stimmt ja die Nummerierung mit dem UTF-8-Code des Unicodes überein.

Die grundlegenden Kontrollstrukturen behandelt Kapitel 4. Das folgende Kapitel 5 zeigt das Arbeiten mit Reihungen und Zeichenketten. In C/C++ sind die Pointer aus Kapitel 6 ganz eng mit Reihungen verbunden, die die knifflige Seite von C darstellen. Den Abschluss des Kapitels 6 bilden die in C++ so wichtigen Referenzen.

Die Funktionen werden in Kapitel 7 ausführlich und umfassend dargestellt. Seine Flexibilität verdankt C/C++ vor allem der Vielfalt von Funktionen, seien es mathematische, Zeichenketten- oder System-Funktionen. Mit Kapitel 7 sind die wichtigsten Grundlagen der strukturierten Programmierung besprochen.

Nach einer kurzen Diskussion der Speicherklassen und Namensräume in Kapitel 8 folgt in Kapitel 9 eine breite Darstellung von Operatoren in C/C++. Die Schreib- und Verwendungsweisen von Operatoren von C sind nicht immer selbsterklärend, da manche Operatoren in mehrfacher Bedeutung angewendet werden. Hinzu kommt noch, dass in C++ fast alle Operatoren durch Überladen weitere Bedeutungen erhalten können.

Kapitel 10 stellt die Rekursion als spezielle Programmiertechnik dar und demonstriert wichtige rekursive Beispiele. Der Überblick über die Programmiertechniken wird in Kapitel 13 fortgesetzt mit dem Ausblick auf Iterationen, Extrapolationen, Simulationen, insbesondere Monte-Carlo(MC)-Simulationen und Teile-und-Herrsche-Verfahren. Völlig neu ist hier gegebene Algorithmus zur Simulation von Aktienkursen.

In Kapitel 11 erfolgt die Behandlung der höheren Datentypen wie Aufzählungstypen (enum), Verbunde, Strukturen (struct) und Bitfelder. Die Datentypen enum und struct gewinnen in der objektorientierten Programmierung neue Bedeutung (vgl. Abschnitt 15.9).

Die wichtigsten Bibliotheksfunktionen und die zugehörigen Header-Dateien erklärt Kapitel 12, gefolgt von dem schon erwähnten Kapitel 13 über Programmiertechniken.

Kapitel 14 dient zur Einstimmung auf die objektorientierte Programmierung (OOP) und bespricht die wichtigsten Paradigmen (Muster) der OOP.

Folgerichtig liefert Kapitel 15 grundlegende Informationen zum Umgang mit Klassen, dem zentralen Thema des OOP. Behandelt wird der Aufbau, Zugriff auf Klassen-Elemente bzw. Methoden, ihre grafische Darstellung nach der UML (Unified Modeling Language), der Umgang mit Konstruktoren und statischen Elementen, das Operator-Überladen und die Einbeziehung von dynamischen Arrays. Das Arbeiten mit Klassen in Form von enum- und struct-Typen wird im letzten Abschnitt 15.9 behandelt, ein Thema, das in der angegebenen Art neu ist.

Kapitel 16 führt in die Vererbung von Klassen ein, die ein weiteres zentrales Thema des OOP darstellt. Besprochen werden hier auch abstrakte Klassen und solche mit virtuellen Methoden, veranschaulicht mit Hilfe von UML-Diagrammen.

Das folgende Kapitel 17 erklärt das generische (d. h. datentypunabhängige) Programmieren mit Hilfe sog. Template-Klassen. Das sind Klassen, die erst zur Laufzeit mit den gewünschten Datentypen „gefüllt" werden. Dass solche noch nicht festgelegten Datentypen auch selbstdefinierte(!) sein können, ist eine *einzigartige* Eigenschaft der Programmiersprache C++. Template-Klassen existieren bis jetzt nicht in C# und Java. Template-Klassen bilden natürlich auch die Grundlagen der Standard Template Library (STL), die im Kapitel 20 und 21 behandelt wird.

Die objektorientierte Ein- und Ausgabe kann erst im Kapitel 18 besprochen werden, da die meisten Prozeduren zur Ein-/Ausgabe als Methoden von generischen Klassen definiert sind und somit die Kenntnis von Template-Klassen voraussetzen. Kapitel 18 schließt mit einem Abschnitt, der die Einbeziehung von Computer-Algebra-Systemen (CAS) wie MAPLE und MATHEMATICA erklärt.

Kapitel 19 zeigt den Mechanismus von C++ zum Erklären und Aufrufen von Ausnahmefällen (Exceptions) und erklärt, wie selbst definierte Ausnahmeklassen durch Vererbung auf vordefinierte Bibliotheksklassen zurückgeführt werden können.

Das Arbeiten mit den schon erwähnten Template-Klassen für generische Datentypen, Container genannt, wird im Kapitel 20 aufgezeigt. Hier werden die wichtigsten Datenstrukturen wie <vector>, <list>, <map> und <set> besprochen. Generische Datentypen, die andere Datentypen speichern, wie <stack> oder <queue>, heißen Adapter und werden im Anschluss besprochen. Das Kapitel schließt mit den Datentypen <complex> und <string>, wobei letzterer Typ eigentlich zum Standard-Namensraum std gehört.

Zur STL gehören neben den Containern natürlich auch die Algorithmen, die auf diesen Datentypen operieren. Sie werden in Kapitel 21 besprochen und geben dem Programmierer (m/w) eine Vielzahl von erprobten und nützlichen Methoden, wie Permutationen, Sortier- und Suchverfahren, an die Hand.

Den Abschluss des Buchs bilden Kapitel 22 und 23, in denen die Vielfalt von Klassenbildung zur Lösung von meist numerischen Problemen in Mathematik und Physik demonstriert wird.

Völlig neu ist die im Kapitel 22 (Mathematik) behandelte Methode zur Berechnung eines Integrals nach GAUSS-KONROD; sie erlaubt sogar eine absolute Fehlerberechnung. Ebenfalls neu im Buch ist auch die Methode zur numerischen Integration einer Differenzialgleichung 1.Ordnung nach DORMAND-PRINCE und 2. Ordnung nach RUNGE-KUTTA-NYSTRÖM im Physikteil.

Das Schlusskapitel 23 enthält einige physikalische Fragestellungen wie die Berechnung der Radioaktivität und des Wasserstoff-Spektrums, Simulation des schiefen Wurfs mit Luftwiderstand und die numerische Lösung eines Schwingungsproblems. Eine astronomische Anwendung bietet die Berechnung der Planetenbahnen und Temperaturen.

Die im Buch enthaltenen Programme entsprechen voll dem ANSI C++-Standard und sollten daher von allen neueren, gängigen C++ Compilern übersetzt werden können.

Mein Dank gilt dem Vieweg-Verlag, insbesondere Herrn Dr. Reinald Klockenbusch, der die Neuauflage dieses Buchs ermöglichte. Zu besonderem Dank bin ich Herrn Thomas Kregeloh (Drestedt) verpflichtet, der den elektronischen Satz dieses Buch besorgte und dabei gekonnt den gesamten Text und alle Abbildungen ins Postscript-Format verwandelte.

Für konstruktive Hinweise ist der Autor stets dankbar.

Anzing, Februar 2004

Dietmar Herrmann (dietmar.herrmann@t-online.de)

Inhaltsverzeichnis

1 Überblick

1.1 Mit C fing alles an

Keep C powerful, simple and elegant!
B. Kernighan

Abb. 1.1   *US-Präsident Clinton verleiht D. Ritchie (Entwickler von C) die US National Medal of Technology*

Die Entstehung von C erfolgte simultan zur Entwicklung des Betriebssystems UNIX. In den Jahren 1969 bis 1972 schrieb Ken THOMSON in den AT&T-Bell-Laboratories mit Unterstützung durch Dennis RITCHIE ein Betriebssystem (die erste Version von UNIX) für den Rechner DEC PDP-7 von DIGITAL EQUIMENT. Dazu entwickelte Thomson die Programmiersprache BCPL (*Basic Combined Programming Language*) von M. RICHARDS (1967) weiter und nannte sie B. B war wie BCPL für die Systemprogrammierung gedacht; daher war der einzige verwendete Datentyp das Maschinenwort. Bei der Einführung der DEC PDP-11 1972 stellte sich das Problem, wie man das Betriebssystem am einfachsten an die Architektur der neuen Maschinen anpassen sollte. Da die PDP-11 nunmehr auch Zeichen, Ganz- und Fließkommazahlen unterstützte, war klar, dass B um dieses Datentypkonzept erweitert werden musste. Das Resultat dieser Erweiterung war C, wie die neue Programmiersprache nun folgerichtig genannt wurde.

Die erste Standardisierung erfuhr C durch das 1978 erschienene Buch *The C Programming Language* von B. KERNINGHAN und D. RITCHIE (allgemein unter dem Kürzel K & R populär), das jahrelang den Standard für C festschrieb. Seit 1983 setzte das ANSI-Institut (*American National Standard Institute*) eine Arbeitsgruppe zur Standardisierung von C ein.

Am 9. November 1987 sollte schließlich nach weltweiten Verhandlungen der Entwurf X3J11/87-211 vorgelegt werden. Nach Verzögerungen erschien dann das Schlussdokument erst zu Beginn des Jahres 1990 unter der Nummer ANSI/ISO 9899:1990. C ist damit nach PASCAL die zweite nicht von einem Komitee erdachte Programmiersprache, die eine internationale ISO Norm erhielt.

1.2   Die Entwicklung von C++

Bjarne STROUSTRUP kannte durch sein Studium in Cambridge die Programmiersprachen SIMULA 76 und ALGOL 68 gut. Als er im Frühjahr 1979 zu AT&T (New Jersey) wechselte, wurde er mit der Aufgabe betraut, den Kern von UNIX so zu modifizieren, dass das System auch in einem lokalen Netzwerk lief. Als Folge seiner Arbeit erschien 1980 die erste Publikation über *C mit Klassen* in einem internen Bericht von Bell Labs.

Das Klassenkonzept übernahm S<small>TROUSTRUP</small> aus SIMULA 76, das Operator-Überladen entlehnte er aus ALGOL 68.

1984 erkannte S<small>TROUSTRUP</small>, dass der Erfolg seiner Bemühungen nur eine eigenständige Sprachentwicklung sein konnte und nicht die Ergänzung einer existierenden Sprache. Diese Entwicklung wurde zunächst C84, später dann, auf Vorschlag seines Kollegen R. Mascitti, C++ genannt.

Abb. 1.2   *Bjarne Stroustrup (Entwickler von C++)*

Das im Dezember 1989 ins Leben gerufene ANSI C++ Komitee sorgte für eine gute Abstimmung mit der gleichzeitig entstehenden ANSI C-Norm. Für die Zusammenarbeit galt die Devise *As Close to C as possible – but not closer*.

Bereits im Mai 1990 hatte Borland einen C++-Compiler in die MS-DOS-Welt gebracht, von dem bis zur COMDEX 1993 mehr als eine Million Exemplare verkauft wurden. Seit 1988 hatte Zortech einen C++-Compiler für MS-DOS angeboten. Microsoft zog erst im März 1992 durch die Übernahme des Glockenspiel-

Compilers nach. Auf UNIX-Seite sind die Compiler der USENIX-Gruppe, GNU C++ (seit Dezember 1987) zu nennen.

Ein wesentlicher Schritt war auch die Akzeptanz der von Alexander STEPANOW und Meng LEE bei Hewlett Packard entwickelten Standard Template Library (STL), die 1994 weitgehend, aber nicht vollständig, vom ANSI /ISO-Komitee ausgesprochen wurde.

Am 26. September 1995 wurde dann endlich der lang erwartete Normenentwurf *Draft ANSI/ISO C++ Standard* beschlossen. Nach langen Verhandlungen dauerte es dann noch fast drei Jahre, bis am 27. Juli 1998 die ANSI C++ Norm, international als ISO-Norm 14882:1998, endgültig beschlossen war. Die Publikation umfasst 774 Seiten und ist elektronisch als Datei im pdf-Format verfügbar.

Damit war nach fast zehnjähriger Arbeit die mit Abstand umfangreichste internationale Normierung zunächst zu einem Schlusspunkt gekommen. Wesentlich zum Erfolg hat auch beigetragen, dass die beteiligten Firmen AT&T und HP auf alle Firmenrechte verzichtet haben. Alle Programmierer und Software-Firmen haben nun die Sicherheit, dass ein der Norm von 98 entsprechendes C++-Programm nie mehr wegen der Weiterentwicklung der Sprache geändert werden muss!

Aber im Bereich der Informationstechnologie (IT) bleibt die Zeit nicht stehen; das Aufkommen konkurrierender Sprache wie Java und C# erweckt neue Aktivitäten. Zunächst sammelte das Technische Komitee eine Vielzahl von sog. Defect Reports. Dies sind Hinweise auf Stellen der Norm, bei denen Unklarheiten und Fehler gefunden wurden. Die bedeutendsten Reports sind 2001 zu einem ersten Technischen Report TC1 (*Technical Corrigendum*) zusammengefasst und publiziert worden. Ein zweiter Technischer Report TC2 ist derzeit (Anfang 2004) in Vorbereitung.

Aber auch das Sprachen-Komitee tagt weiterhin und untersucht, welche Neuerungen in einem künftigen neuen Standard – vorläufig ISO C++0x genannt – aufgenommen werden sollen. Im Frühjahr 2003 wurden zwei Neuerungen akzeptiert:

- Einführung des Datentyps n-Tupel,

- generalisierte Funktionen.

beide Vorschläge kamen von der Open Source Organisation Boost (*www.boost.com*), die ursprünglich von Mitgliedern des ANSI-Komitees ins Leben gerufen wurde. Es wird erwartet, dass auch ein weiterer Vorschlag von Boost – die Einführung von sog. shared Pointern – vom Komitee angenommen wird.

1.3 Die Weiterentwicklung von C zu C99

Auch die Entwicklung von C – nunmehr C89 genannt – ist nicht stehen geblieben. 1999 wurde eine neue ISO-Norm für C – nun C99 – verabschiedet. Es wurden u. a. neu eingeführt:

- neue Datentypen wie `long long`, `bool` oder `_Bool`, `complex` oder `_Complex`,

- hexadezimale Ausgabe,

- neue Schlüselwörter wie `const`, `volatile`, `restrict`,

- Inline-Funktionen,

- neue Header: u.a. `<tgmath.h>`, `<iso646.h>`, `<complex.h>`,

- Extensive Erweiterung der mathematischen Funktion, u. a.:

```
asinh()      // Hyperbel-Area-Funktionen
cbrt()       // Kubikwurzel
exp2()       // Zweierpotenz
lgamma()     // Logarithmus der Gammafunktion
log2()       // Zweierlogarithmus
rint()       // Runden
round()      // Runden
tgamma()     // Gammafunktion
trunc()      // Nachkommastellen abschneiden
```

1.4   C als universelle Syntax

Die Weiterentwicklung C++ war in den 90er-Jahren die am häufigsten verwendete objektorientierte Programmiersprache. Auch die nunmehr sehr populäre Programmiersprache Java hat einen Großteil der Syntax von C übernommen. Hinzu kommt, dass die neu entwickelte Programmiersprache C# (gesprochen *C-sharp*) ebenfalls die C-Syntax weitgehend übernommen hat. Somit ist C die Mutter einer ganzen Familie von Programmiersprachen geworden!

1.5   Wie man ein C/C++ Programm entwickelt

Der Quelltext eines C/C++-Programms wird mit Hilfe eines sog. Editors erfasst; dies ist ein Programm, das die Bearbeitung, Speicherung und meist auch den Compiliergang eines Quelltextes ermöglicht.

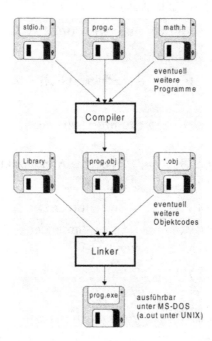

Abb. 1.3   *Compilieren und Linken eines C/C++-Programms*

Es ist möglich, bei Vermeidung von implementationsabhängigen und nicht dokumentierten Eigenschaften, Programme (ohne Grafik) zu schreiben, die sowohl auf einem IBM-PC wie auf einer VAX oder einer CRAY-2 laufen. Möglich wurde dies durch das Konzept der Einbeziehung einer Bibliothek in C/C++. Solche Bibliotheken enthalten die maschinenabhängigen Teile, wie Ein- und Ausgabefunktionen, die Speicherbelegungs- und die mathematischen Funktionen wie sin() usw. Die Deklarationen dieser Bibliotheksfunktionen sind, nach Bereichen zusammengefasst, in den sog. Header-Dateien zu finden. Diese Header-Dateien werden durch die Include-Anweisung:

```
#include <cmath>
#include <string>
```

beim Compilieren eingeschlossen. Sie bilden damit die Schnittstelle vom Programm zu den Maschinenroutinen ab. Die beim Compilieren eines Programms bzw. eines Moduls entstehende Datei heißt der *Objektcode*. Alle Objektcodes werden zusammen mit den benötigten Bibliotheksfunktionen vom Linker zu dem in einem Betriebssystem wie Windows oder UNIX ausführbaren Programm zusammengebunden (vgl. Abb. 1.3). Während Objektcodes stets vollständig eingebunden werden, werden aus der Bibliothek – die formal ebenfalls als Objektcode vorliegt – nur die benötigten Routinen mit Hilfe von relativen Adressen entnommen. Dadurch erhält man in C/C++ einen kurzen und schnell ausführbaren Code.

1.6 Aufbau eines C/C++-Programms

Ein C/C++-Programm besteht prinzipiell aus folgenden Teilen:

* Durch die #include-Anweisungen werden externe Dateien in den Quelltext einbezogen oder Schnittstellen zur Compiler-Bibliothek geschaffen.

* Falls vorhanden: Variablen und Datentypen, die vor dem Hauptprogramm deklariert werden, kennzeichnen globale bzw. externe Variablen bzw. Datentypen, die allen Teilen des C-Programms zugänglich sind.

- Für Funktionen und Prozeduren, deren Quelltext nach dem Hauptprogramm liegt oder in einer externen Datei, muss jeweils ein sog. Prototyp definiert werden, an Hand dessen der Compiler den Typ und die Anzahl der Argumente überprüfen kann.

- Es folgen die Klassen mit ihren Element-Funktionen.

- Das Hauptprogramm main() steht meist vor den übrigen Funktionen. Jedes C-Programm darf nur eine main()-Funktion aufweisen, gleichgültig aus wie vielen Unterprogrammen es besteht.

1.7   Werkzeug C/C++-Compiler

Das wichtigste Werkzeug zum Compilieren ist der Compiler. Er, übersetzt das C/C++-Programm in echten Maschinencode, der ggf. nach Linken mit weiteren Funktionen direkt im Betriebssystem ausführbar ist. Dies ist nicht in allen Programmiersprachen der Fall:

- In Programmiersprachen wie Java übersetzt der Compiler Programme in einen Zwischencode, der mit Hilfe eines Interpreters (*Virtuelle Maschine* genannt) in einem abgeschotteten Speicherbereich abgearbeitet wird.

- Auch in der Programmiersprache C# wird der Programmcode durch den Compiler in einen Zwischencode IL(*Intermediate Language*) übersetzt. Dieser Zwischencode wird dann von einem programmiersprachen-unabhängigen JIT-(*Just In Time*)-Compiler im Rahmen der .NET (sprich Dotnet)-Laufzeitumgebung ausgeführt.

Es bleibt festzustellen, dass C++ (außer C) die *einzige international genormte*, nicht-proprietäre Programmiersprache der C-Familie ist. SUN hat bekanntlich beim Prozess gegen Microsoft internationalen Gremien das Mitspracherecht bei Java verweigert; eine ANSI/ ISO-Standardisierung von Java ist also *nicht möglich*. Anders bei C#: hier liegen alle Rechte bei Microsoft. Dennoch wurde C# im Dezember 2001 von der ECMA (*European Computer Manufactures Association*) unter der Nummer Ecma-334 auf europäischer Ebene standardisiert.

Im April 2003 wurde dieser Standard auch international akzeptiert (ISO Norm 23270).

Gängige C/C++-Compiler sind der

- GNU-Compiler,
- BORLAND-Compiler (C++BuilderX),
- MICROSOFT-Compiler (Visual Studio .NET 2003).

Zu erwähnen ist hier noch der Intel-Compiler (momentan Version 7.1), der binär-kompatibel zum Microsoft-Compiler ist und sogar unter der Benutzeroberfläche Visual Studio .NET läuft. Er ist ebenfalls binär-kompatibel zum GNU-Compiler unter LINUX. Für Apple-Rechner existiert auch noch der CodeWarrior von MetroWerks, momentan in Version 8.3.

1.7.1 Der GNU-Compiler

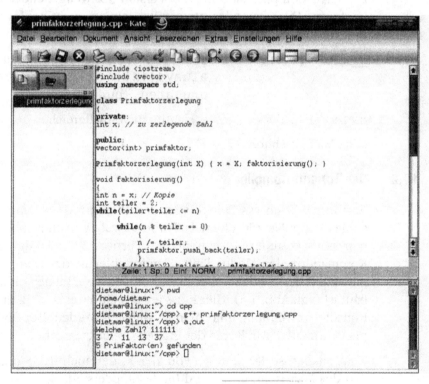

Abb. 1.4   GNU C++ mit Editor Kate (SuSE Linux 8.2)

Der GNU-Compiler (momentan Version 3.2) wurde im Rahmen der Open Software Foundation entwickelt und ist Teil jeder UNIX- bzw. LINUX-Version. Es gibt auch eine Version für MS-DOS, die in einem Fenster unter Windows läuft. Abb. 1.4 zeigt den Compileraufruf im Editor KATE in der SUSE LINUX 8.2-Version.

Um das Programm program.cc zu compilieren, ist im Kommandozeilen-Modus die Eingabe

```
g++ program.cc // auch program.cpp
```

erforderlich. Es wird dann die ausführbare Datei a.out erzeugt. Soll die ausführbare Datei den Namen *program* erhalten, so ist der erforderliche Aufruf:

```
g++ -o program program.cc
```

Die GNU-Compiler sind erst ab Version 3.x weitgehend ISO-konform. Der Compiler unterstützt einige nicht-konforme Konstruktionen wie

```
__attribute__      // mit einem der folgenden Prädikate:
                   always_inline, const, de-
                   precated, pure

case 'A'..'Z'     // switch auch für Bereiche
```

Min-/Max-Operator `<?,>?`

1.7.2   Der Borland-Compiler

In frühen Windows-Zeiten war der Borland C++-Compiler ähnlich populär wie ehemals Turbo-Pascal. Von ihm gibt es nun eine kostenlose, spartanische Version 5.5, die nur im Kommandozeilen-Modus läuft. Komfortabler ist der Compiler mit grafischer Benutzeroberfläche, der im C++Builder eingebaut ist (vgl. Abb. 1.5). Hier muss jeweils ein Projekt, z. B. eine Konsolenanwendung unter Win32, angelegt werden. Der Compiler wird durch Anklicken des grünen Dreiecks gestartet.

Komfortabel ist der neue C++Builder X, der auch das Einbinden des Microsoft-, GNU- und Intel-Compilers erlaubt.

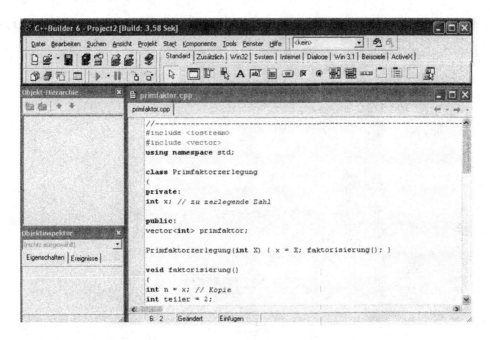

Abb. 1.5   *C++ Builder 6 von Borland*

Compiler-spezifische Schlüsselwörter sind hier:

`__property`	// ähnlich Datenelement
`__published`	// ähnlich wie `public`
`__int64`	// noch mit 32 Bytes realisiert
`__declspec()`	// Deklarationsspezifizierer

1.7.3   Der Microsoft-Compiler

Der Microsoft C++-Compiler war der Standard-Compiler zur Windows-Programmierung. Seit dem Aufkommen der Entwicklungsumgebung .NET hat der Visual C++ Compiler seine führende Rolle verloren. Visual C++ ist nunmehr nur eine von mehreren Programmiersprachen (neben Visual Basic, Visual J# und Visual C#), die in der .NET-Entwicklungsumgebung laufen. Der Visual Studio .NET C++ Compiler kann ISO-kompatible Programme normgerecht kompilieren. Bei automatisch erstelltem Code treten vielfach compiler-spezifische Besonderheiten auf:

Abb. 1.6   Benutzeroberfläche von Visual Studio .NET

Die Ausgabe wird generell an C# angepasst; statt cout heißt es nun

```
using System;
Console::WriteLine(...);
```

__gc   // sog. Managed C++; d.h. Objekte unterliegen der Garbage Collection (GC)

__value   // Objekte ohne GC

__box   // macht aus einem Value-Objekt ein gc-Objekt

__property und **__declspec** werden übernommen

Die Konstante M_PI wurde immer noch nicht in <cmath> übernommen.

Ein generelles Problem in C++ stellt die Tatsache dar, dass die Grafik nicht genormt ist. Es war offenbar nicht möglich, eine maschinenunabhängige Definition der Grafikbefehle in C/C++ zu vereinbaren. So besitzen der Borland und Microsoft-

Compiler jeweils eine komplette Grafik-Umgebung. Zwar gab es mehrfach Bestrebungen, eine einheitliche Grafik-Bibliothek auf zu bauen, u.a.:

* OpenGL   // angewandt im wiss. Bereich

* XWindows   // hauptsächlich UNIX

* Qt   // meist LINUX (Fa. Trolltech)

Aber keine der genannten Grafik-Bibliotheken konnte sich im Windows-Bereich durchsetzen.

1.8   Erste C++-Programme

Es ist schon Tradition, dass das erste Programm *Hello World* heißt. Hier ist es:

```
#include <iostream>
using namespace std;
int main()
{
  cout << "Hello, World!" << endl;
  return 0;
}
```

Prog. 1.1   hello.cpp

In der ersten Zeile wird der Header für die Bibliothek iostream (I/O = Input/Output) in den Quelltext eingebunden, um im Programm deren Funktionen ansprechen zu können. In der zweiten Zeile wird der Standard-Namensraum gewählt. Die dritte Zeile kennzeichnet den Anfang des Hauptprogramms, das die Zeichenkette „Hello, World!" sowie ein Zeilenende mittels cout aus dem Namensraum std an die Standardausgabe – hier die Console – übergibt. Der Operator << bewirkt dabei die Übergabe. Die Return-Anweisung schließlich gibt den Wert 0 (d. h. OK) an das Betriebssystem zurück.

Nun ein weniger triviales Beispiel. H. LICHTENBERG publizierte 1997 einen neuen Algorithmus zur Osterberechnung und verbesserte damit das bekannte Verfahren von C. F. GAUSS. Hier

ist der Algorithmus zum Ausprobieren: Geben Sie den Quellcode mit einem Editor ein, speichern das Programm in Text-
form ab (z. B. als lichtenberg.cpp), und compilieren Sie.

```cpp
#include <iostream>
#include <cassert>
using namespace std;

int main()
{
int a,d,j,k,m,r,os,s,sz;
cout << "Eingabe Jahr nach 1582? ";
cin >> j;
assert(j>1582); //Gregorianischer Kalender
k = j/100;
m = 15 + (3*k+3)/4 -(8*k+13)/25;
s = 2 - (3*k+3)/4;
a = j % 19;
d = (19*a+m) % 30;
r = d/29 + (d/28 - d/29)*(a/11);
os = 21 + d - r;
sz = 7 - (j + j/4 +s) % 7;
os += 7 - (os -sz) % 7;
if (os <= 31) cout << "Ostersonntag ist der " << os
<< ".Maerz\n";
else cout << "Ostersonntag ist der " << (os-31) <<
".April\n";
return 0;
}
```

Prog. 1.2   lichtenberg.cpp

Zur Kontrolle: Das Programm liefert für den Ostersonntag
2004 den 11. April, analog für 2005 den 27. März.

2 Syntax

*Computer Science is no more about computers
than astronomy is about telescopes.*

E. Dijkstra

Die Syntax einer Programmiersprache zählt stets zu den etwas
trockenen Kapiteln eines Buches. Jedoch ist die Kenntnis der
Syntax unerlässlich, um korrekte Programme schreiben und
die Arbeitsweise des Compilers verstehen zu können. Gerade
in C/C++, die sich durch eine Vielzahl von Operatoren, eine
Kurzschreibweise und eine spezielle Interpretation von Ausdrücken wesentlich von anderen Programmiersprachen unterscheiden, ist die genaue Kenntnis aller Grammatikregeln der
Sprache wichtig.

2.1 Zeichen

*Das Zeichen ist das sinnlich
Wahrnehmbare am Symbol.*

Wittgenstein

Ein C/C++-Programm besteht aus einer Folge von Zeichen
(englisch *character*). Dazu zählen:

Kleinbuchstaben	a,b,c,d,....,z
Großbuchstaben	A,B,C,D,....,Z
Ziffern	0,1,2,3,4,5,6,7,8,9 (dezimal)
	0,1,2,3,4,5,6,7(oktal)
	A,B,C,D,E,F(hexadizimal)
	a,b,c,d,e,f(hexadezimal)
Sonderzeichen	+ = - ( ) * & % $ # ! | < > . ,
	; : " ' / ? { } ~ \ [ ] ^
Nichtdruckbare Zeichen	Leerstelle,
	\n (Neue Zeile), \t (Tabulator)

Die beiden letzten Symbole zählen als ein Character, obwohl sie jeweils mit zwei Zeichen dargestellt werden.

Ebenfalls als ein Character zählen die neu von der ANSI C-Norm eingeführten Trigraphen

Trigraph	Ersatz für
??=	#
??(	[
??)	]
??<	{
??>	}
??/	\
??!	|
??-	~
??'	^

Sie sind Ersatzzeichen und für Tastaturen gedacht, die nicht alle Sonderzeichen unterstützen.

2.2   Bezeichner

> *Der Name ist durch keine Definition weiter*
> *zu zergliedern. Er ist ein Urzeichen.*
> *Wittgenstein*

Bezeichner sind eindeutige Namen für alle Objekte eines Programms, z. B. Variablen, Schlüsselwörter, Funktionen, Sprungmarken usw.

Ein Bezeichner besteht aus einer beliebigen Folge von Buchstaben, Ziffern und dem Sonderzeichen _ (englisch *underscore*), wobei das erste Zeichen keine Ziffer sein darf. Gemäß der Norm sind Bezeichner, die mit __ (2 Underscore) beginnen, dem Betriebssystem vorbehalten. Bezeichner haben maximal 31 gültige Zeichen. Das bedeutet, dass zwei Bezeichner nicht unterschieden werden können, wenn sie in den ersten 31 Buchstaben übereinstimmen. Bezeichner für externe Funktionen haben bei bestimmten Compilern nur sechs signifikante Zeichen.

Gültige Bezeichner sind:

```
a
x0
zaehler
einkommen
karl_der_grosse
zins1988
_time   /* nur System */
```

Ungültig sind:

```
nord-west    /* Minus nicht erlaubt      */
ludwig II    /* Leerstelle im Dateinamen */
3dim         /* Ziffer am Anfang         */
ludwig.2     /* Punkt im Dateinamen      */
```

Generell wird in C/C++ zwischen Groß- und Kleinschreibung unterschieden.

```
anna
ANNA
Anna
anNa
aNna
```

sind somit lauter unterschiedliche Bezeichner.

2.3   Schlüsselwörter

Einige Bezeichner haben in C/C++ spezielle Bedeutung und sind daher als Schlüsselwörter reserviert. Es gibt in C 32 davon:

auto	break	case	char	const
continue	default	do	double	else
enum	extern	float	for	goto
if	int	long	register	return
short	signed	sizeof	static	struct
switch	typedef	union	unsigned	void
volatile	while			

In C++ kommen noch die Schlüsselwörter für Klassen und neue Boolesche Operatoren hinzu

and	and_eq	asm	bitand	bitor
bool	catch	class	compl	const_cast
delete	dynamic_cast	explicit	false	friend
inline	mutable	namespace	new	not
not_eq	operator	or	or_eq	private
protected	public	reinterpret_cast	static_cast	template
this	throw	try	typeid	typename
using	virtual	wchar_t	xor	xor_eq

Auch die Namen der Standardfunktionen wie `sqrt, sin, cos` usw. sollten nicht als Bezeichner verwendet werden, da sie dann nicht mehr eindeutig sind. Die Anzahl der Schlüsselwörter in C ist klein im Vergleich z. B. zu Sprachen wie Ada. Die Mächtigkeit der Programmiersprache C zeigt sich an den ca. 500 Bibliotheksfunktionen, die in Windows oder UNIX/LINUX implementiert sind.

2.4 Operatoren

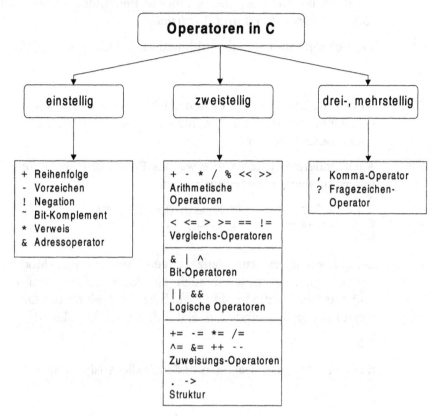

Abb. 2.1 *Operatoren*

Ein Operator ist eines der folgenden Zeichen:

!	~	++	--	+
-	*	/	%	<<
>>	<	<=	>	>=
==	!=	|	&	^
&&	||	=	+=	-=
*=	/=	%=	>>=	<<=
&=	^=	|=	?:	,
[]	()	.	->	

Wie man sieht, haben fast alle der oben aufgeführten Sonderzeichen als Operator eine besondere Bedeutung (siehe auch *Kapitel 9: Operatoren und Ausdrücke*).

Am bekanntesten sind die arithmetischen Operatoren:

$$+ \qquad - \qquad * \qquad / \qquad \%$$

wobei die ersten drei Zeichen auch noch andere Bedeutungen haben. So wird z. B. das Minuszeichen ebenfalls als negatives Vorzeichen benutzt.

Auch andere Zeichen wie etwa das Prozentzeichen treten in unterschiedlichen Bedeutungen auf:

```
j = a % b;         /* Modulo-Operator */
printf("%d",j);    /* Formatzeichen   */
```

Einmal dient es zur ganzzahligen Restbildung (Modulo-Rechnung), zum anderen auch als Formatzeichen bei Ein- und Ausgabefunktionen in C. Auch ist die Stellung der Operatoren nicht immer eindeutig. Hat a den Wert 3, so liefert

```
b = a++;
```

die Werte b=3, a=4. Dagegen bedeutet die Ausführung von

```
b = ++a;
```

die Wertzuweisung b = a = 4. In C++ und C99 kommen noch die folgenden Operatoren in Wortform hinzu (definiert in <ciso646>)

Wortform	Zeichen	Bedeutung
bitand	&	Bit-Und
bitor	|	Bit-Oder
xor	^	ausschließendes Oder
and_eq	&=	statt = &
or_eq	|=	statt = |

Ebenso die Booleschen Operatoren:

Wortform	Zeichen	Bedeutung
and	&&	und
or	||	oder
not	!	nicht
not_eq	!=	ungleich

Und die Typumwandlungen (cast):

static_cast	wohldefinierte Umwandlung
dynamic_cast	Umwandlung polymorpher Objekte
const_cast	Entfernen des const
reinterpret_cast	nicht wohldefinierte Umwandlung

Von besonderer Bedeutung sind die Bit-Shift-Operatoren <<
bzw. >>. Sie dienen nämlich unter anderem zur Ein- und
Ausgabe. Manche Operatoren können mit verschiedener Bedeutung belegt werden; diesen Vorgang nennt man Operator-
Überladen (siehe Abschnitt 15.4). Beim Einbinden der Bibliothek <iostream> lässt sich schreiben:

```
int n;
cout << "Geben Sie eine ganze Zahl ein!";
cin >> n;
```

2.5   Konstanten

Konstanten gibt es von jedem Datentyp. So ist

17	eine ganzzahlige Konstante,
17.0	eine reelle oder Gleitkomma-Konstante.

Zahlkonstanten müssen jedoch nicht im Dezimalsystem stehen. Erlaubt ist ebenso das Oktal-(Achter-) System wie das Hexadezimal-System zur Basis 16. Oktalzahlen werden durch eine vorangestellte Null, Hexzahlen durch ein vorangestelltes 0x gekennzeichnet. So ist:

17	dezimal,
017	oktal (= 15 dezimal),
0x017	hexadezimal (= 23 dezimal).

Spezielle Konstanten sind die Escape-Sequenzen (Steuerzeichen), die besondere Bedeutung aufweisen, wenn sie in einem String vorkommen:

\'	Hochkomma
\"	Anführungszeichen
\\	Schrägstrich
\ddd	dezimale Konstante
\xddd	hexadezimale Konstante
\a	alert (Glocke)
\b	Backspace (ein Zeichen nach links)
\f	FormFeed (Seitenvorschub)
\n	neue Zeile
\r	Return (Zeilenvorschub),
\t	Tabulator,
\v	Vertical Tab (Zeile nach unten)

Die Steuerzeichen \v und \f wirken nur am Drucker, nicht jedoch am Bildschirm.

Textkonstanten können Zeichen oder Zeichenketten sein:

```
"007", "4711"
"Fehlermeldung"
```

Zeichenketten der Länge 1 und Zeichen werden unterschieden:

    'a', 'A'   Buchstaben a, A,
    "a", "A"   Zeichenkette der Länge 1.

Wichtig ist die Möglichkeit, eine Konstante explizit zu einem Datentyp zu vereinbaren. Dies erfolgt mit Hilfe des Schlüsselworts const.

```
const int maxint = 32767;
const float wurzel2 = 1.4142135623;
const char *str = "Hello, world";
```

Die Konstanten-Vereinbarung verhindert, dass einer Zahl- oder Zeichenkettenkonstante zur Laufzeit des Programms ein neuer Wert zugewiesen wird. Diese Konstanten können in C++ als Obergrenze bei der Definition einer Reihung (*array*) dienen.

```
const int N=100;
int a[N]; // ganzzahliges Array mit 100 Elementen
          // (von 0 bis 99)
```

2.6 Zeichenketten

Eine Zeichenkette (englisch *string*) ist eine Folge von Zeichen, die von zwei Anführungszeichen " " eingeschlossen ist. Enthält die Zeichenkette auch Ziffern, so heißt sie alphanumerisch. Schließt ein String ein Anführungszeichen ein, so muss vor diesem Anführungszeichen ein \ (englisch *backslash*) stehen. Gültige Zeichenketten sind:

```
"Karl_der_Grosse"
"Romeo & Julia"
"Sein Name war \"Caesar\""
" "     /* String mit 1 Leerstelle    */
""      /* String der Länge 0          */
```

Nach der ANSI Norm kann eine Zeichenkette (nach einer Verkettung) höchstens 509 Zeichen haben.

In der Standardbibliothek von C++ existiert eine spezielle Klasse <string> mit vordefinierten Methoden und Operatoren. Der Operator + ist hier so überladen, dass er zur Verkettung von Strings dienen kann.

```
#include <iostream>
#include <string>
using namespace std;
const string vorname = "Hans";
const string famname = "Meier";
string name = vorname + famname;
cout << "Name ist " << name << "\n";
```

2.7   Kommentare

Ein Kommentar ist erläuternder Text, den der Programmierer seinem Programm als Verständnishilfe mitgibt. Ein solcher Kommentar wird durch die Zeichen /* */ begrenzt.

```
/* Kommentar */      /* 2.Kommentar */
/* Ein Kommentar
   kann sich auch über
   mehrere Zeilen erstrecken */
```

Nicht zu übersehen ist ein Kommentar der Form:

```
/****************************
*     Kommentar mit Rahmen     *
****************************/
```

Kommentare dürfen im Allgemeinen jedoch nicht verschachtelt werden, d. h. kein Kommentar darf einen anderen einschließen. Da Kommentare für die Maschine keine Bedeutung haben, werden sie – wie alle Leerstellen – beim Compilieren einfach ignoriert. In C++ gibt es noch eine weitere Form // des Zeilen-Kommentars, bei dem der Rest der Zeile zum Kommentar erklärt wird.

```
char ch = 'A';
int n = static_cast<ch -55>;
// Umwandlung Hexzeichen A -> dezimal 10
```

Spezielle Formen /** oder /// dieser Kommentare dienen in Java bzw. C# zu Dokumentationszwecken und können zusätzlich mit HTML- bzw. XLM-Tags versehen werden. Entsprechend der Formatierung werden sie aus dem Quellcode ausgelesen und im HTML bzw. XML-Format gespeichert.

```
/**
* Dieser Kommentar wird von Javadoc
* im HTML Format gepeichert
**/
/// <summary >
/// Dieser Kommentar wird beim C#
/// Compiler durch die Option /doc
/// im XML Format gespeichert
/// </summary>
```

2.8 Trennzeichen

Mit Hilfe von Trennzeichen (Separatoren) werden Bezeichner, Ausdrücke und Schlüsselwörter getrennt.

Als Trennzeichen dienen die Sonderzeichen:

[]	()	{}	*	:
=	;	#		

2.9   Token

Ein Token ist die kleinste Einheit eines C-Programms, die der Compiler als grammatikalische Einheit erkennt. Dies kann sein ein(e):

- Satzzeichen,
- Operator,
- Bezeichner,
- Konstante,
- Schlüsselwort,
- Zeichenkette.

Token werden entweder durch Separatoren (siehe oben) oder auch durch Leerstellen getrennt. Daher dürfen Bezeichner und Schlüsselwörter keine Leerstellen enthalten, da sie sonst nicht vom Compiler als solche erkannt werden. Dagegen ist es möglich – anders als etwa in BASIC – Bezeichner zu wählen, die Schlüsselwörter enthalten.

```
integer        /* erlaubt */
elsewhere      /* erlaubt */
```

Bei einer Aneinanderreihung von Operatoren muss beachtet werden, dass der Compiler die Token eventuell anders liest, als sich der Programmierer das gedacht hat. Der Ausdruck

```
i+++j
```

wird vom Compiler als

```
(i++)+(j)
```

gelesen. Falls der Ausdruck anders interpretiert werden soll, z. B. als

```
(i)+(++j)
```

müssen entsprechende Klammern gesetzt werden.

2.10   Ausdrücke

Verknüpft man einen Operator mit der seinem Typ entsprechenden Anzahl von Variablen oder Konstanten, so erhält man einen Ausdruck (englisch *expression*)

```
a + b  /* arithmetischer Ausdruck*/
x = 2
x == 1 /* Boolescher Ausdruck*/
3*x + 5
```

Allgemein wird ein Ausdruck in C/C++ definiert durch folgende Liste:

- Bezeichner,

- Konstante,

- Zeichenkette,

- Ausdruck(Ausdruck),

- Ausdruck[Ausdruck],

- Ausdruck.Bezeichner,

- Ausdruck->Bezeichner,

- einstelliger Ausdruck (mit -,~,!,*,&),

- zweistelliger Ausdruck (mit zweistelligem Operator),

- dreistelliger Ausdruck (mit ? Operator),

- Zuweisungs-Ausdruck (mit ++, --),

- (Ausdruck),

- (Datentyp)Ausdruck (Cast-Operator).

Wie an dieser Aufzählung zu erkennen ist, ermöglicht C/C++ sehr vielfältige Ausdrücke. Spezielle Ausdrücke sind die arithmetischen; sie enthalten nur die arithmetischen Operatoren, Bezeichner und Konstanten. Ausdrücke, in denen Vergleichsoperatoren vorkommen, haben eine besondere Bedeutung; sie werden BOOLEsch genannt (nach dem Mathematiker George BOOLE 1815-1864). In den meisten Programmiersprachen haben nur BOOLEschen Ausdrücke einen Wahrheitswert. In C/C++ dagegen hat *jeder* Ausdruck einen Wert und kann damit den Programmablauf beeinflussen. Der Ausdruck

```
x = 7
```

z. B. hat den Wert 7, wie man in C mittels

```
printf("%d",x=7);
```

nachprüfen kann. C kennt nicht den Datentyp der BOOLE-
schen Variable. Vielmehr wird jeder Ausdruck, der ungleich
Null ist, als wahr und jeder Ausdruck vom Wert Null als falsch
angesehen.

In C++ ist der BOOLEsche Datentyp „bool" vordefiniert mit
den Konstanten true bzw. false (wahr/falsch).

```
int alter = 17;
bool volljaehrig = alter >= 18; // false
int x = 5;
bool ungerade = x % 2 == 1; // true
```

BOOLEsche Werte werden standardmäßig als 0/1-Werte ausgedruckt. Soll die Ausgabe in Worten erfolgen, so muss der
Manipulator boolalpha aus <iomanip> geladen werden:

```
#include <iomanip>
int alter = 17;
bool volljaehrig = alter >= 18;
cout << boolalpha << volljaehrig;
```

2.11 Anweisungen

Eine Anweisung (englisch *statement*) gehört zu einer der folgende Gruppen.

Wiederholungsanweisungen

- FOR-Anweisung,
- WHILE-Anweisung,
- DO-WHILE-Anweisung.

Bedingte Anweisungen:

- IF-Anweisung,
- SWITCH-Anweisung.

Sprunganweisungen:

- GOTO-Anweisung,
- BREAK-Anweisung,
- CONTINUE-Anweisung.

RETURN-Anweisung

Verbundanweisung {}

Leere Anweisung ";"

Ausdruck;

CASE-Anweisung

default-Anweisung

label-Anweisung.

Die zuerst genannten Anweisungen gehören zu den Kontrollstrukturen und werden im Kapitel 4 behandelt.

Eine Wertzuweisung wie

```
x = 2;
```

ist eine spezielle Anweisung der Form „Ausdruck;".

Alle Anweisungen, außer der Verbundanweisung

```
{ }
```

müssen mit einem Strichpunkt abgeschlossen werden. Daher folgt

```
x = 2  // ist ohne ";" Ausdruck
x = 2; // ist Anweisung
```

Es fällt auf, dass keinerlei Anweisungen für Ein- und Ausgabe aufgeführt sind. Ein- und Ausgabe sind nicht eigentlicher Bestandteil der Programmiersprache C/C++, sondern werden – wie schon erwähnt – durch die Nutzung von Bibliotheksfunktionen geregelt. Dies hat zur Folge, dass auch in C++ die Ein-/Ausgabe von C mittels <cstdio> verwendet werden kann.

Die Eingabe der ganzzahligen Werte tag, monat, jahr im Format "tt.mm.jjjj" erfolgt hier mittels

```
scanf("%d.%d.%d",&tag,&monat,&jahr);
```

Die scanf()-Anweisung kann – wie erwähnt – bewertet werden und erhält bei geglückter Eingabe des Datums den Wert 3. Zu beachten ist, dass der Eingabe-Variablen den Adress-Operator vorangestellt sein muss; der Formatparameter %d steht hier für *dezimal*.

Folgende printf()- Anweisung gibt das obige Datum im Format „Datum ist der tt.mm.jjjj" aus.

```
printf("Datum ist der %d.%d.%d\n",tag, monat,jahr);
```

Eleganter ist die Verwendung der objektorientierten Ein-/Ausgabe mittels <iostream>.

3 Einfache Datentypen

*Die ganzen Zahlen hat der liebe Gott
gemacht, alles andere ist Menschenwerk.*

Kronecker

3.1 Der Typ int

Der einfachste Datentyp ist die Ganzzahl (engl. *integer*). Bei den nunmehr veralteten 16-Bit-Rechnern werden int-Zahlen durch ein 16-Bit-Rechnerwort implementiert. Bei den neueren 32-Bit-Rechnern ist die größte darstellbare int-Zahl

$$2^{31}-1 = 2.147.483.647$$

Diese Zahl findet sich als die Konstante INT_MAX in der Header-Datei <climits>. Es lassen sich somit int-Zahlen im Bereich von [-2.147.483.648, 2.147.483.647] darstellen.

Die Anweisung

```
int i = 12345;
```

ist eine in C/C++ übliche Kurzform für eine gleichzeitige Deklaration der Variablen i und Initialisierung mit dem Wert 12345. Sie ist also gleichbedeutend mit

```
int i;
i = 12345;
```

Zur Ausgabe von int-Variablen dient in C die Bibliotheksfunktion printf() aus <stdio.h>. Zur Demonstration folgender Ausschnitt aus einem C-Programm:

```
#include <stdio.h>
void main()
{
   int i=32254;
   printf("Dezimal = %d\n",i);
   printf("Oktal = %o\n",i);
   printf("Hexadezimal = %x\n",i);
}
```

Analog in C++:

```
#include <iostream>
using namespace std;
int main()
{
   int i=32254;
   cout << "Dezimal = " << i << endl;
   cout << "Oktal = " << oct << i << endl;
   cout << "Hexadezimal = " << hex << i << endl;
}
```

Es ergibt sich die Ausgabe:

```
Dezimal = 32254
Oktal = 76776
Hexadezimal = 7dfe
```

Es liegt in der Verantwortung des Programmierers, dass kein Integer-Overflow stattfindet. Durch Wahl eines anderen Datentyps, z. B. long long (vgl. Abschnitt 3.10) kann die Overflowgrenze zwar hinausgeschoben werden, bleibt aber prinzipiell bestehen.

3.2   Der Typ unsigned int

Will man verhindern, dass ein Bit als Vorzeichenbit verwendet wird, deklariert man die Zahl als unsigned int; d.h. vorzeichenlos (engl. *unsigned*).

```
unsigned int x;
```

Als Abkürzung dafür lässt sich UINT einführen. Dies geschieht mit Hilfe der sog. Typedef-Anweisung wie folgt:

```
typedef unsigned int UINT;
UINT x = 12000;
```

Mit 32 Bits können insgesamt die Zahlen von 0 bis $2^{32} - 1 = 4.294.967.295$ dargestellt werden. Die größte vorzeichenlose int-Zahl UINT_MAX kann ebenfalls über die Header-Datei <climits> abgefragt werden.

Die Standardausgabe erfolgt in <stdio> über den Formatparameter *u*, in C++ benötigt cout keinen Parameter.

```
printf("%u",x); //C
cout << x;      // C++
```

3.3 Der Typ char

Der zweite grundlegende Datentyp ist das Zeichen char (engl. *character*). Da Zeichen maschinenintern meist durch 8 Bits (=1 Byte) codiert werden, gibt es hier $2^8 = 256$ Möglichkeiten. Obwohl ein Vorzeichen bei Zeichen nicht plausibel erscheint, führt man ebenfalls ein Vorzeichenbit ein, damit der char-Typ kompatibel zum Typ int wird. Damit erhält man für Zeichen den Wertebereich -128 bis 127. Den größten Wert, den ein vorzeichenbehafteter Buchstabe annehmen kann, kann als CHAR_MAX aus <climits> entnommen werden; in der Regel gilt CHAR_MAX = 127.

Der in C verwendete Zeichensatz und seine Nummerierung im Bereich 0 bis 127 ist aus historischen Gründen durch den sog. ASCII-Code (*American Standard Code for Information Interchange*) gegeben. Der ASCII-Zeichensatz ist wie folgt gegliedert (vgl. ASCII- Tabelle).

Zeichen 0..31	Steuerzeichen (nichtdruckbar)
Zeichen 32..47	Sonderzeichen !,",#,$,%,&,#,(,),*,+,-,/
Zeichen 48..57	Ziffern 0..9
Zeichen 58..64	Sonderzeichen :,;,<,=,>,?,@
Zeichen 65..90	Großbuchstaben A,B,C,...,Z
Zeichen 91..96	Sonderzeichen [,\,],^,_,`
Zeichen 97..122	Kleinbuchstaben a,b,c,...,z
Zeichen 123..127	Sonderzeichen {,|,},~

Bezüglich dieser Nummerierung sind alle Zeichen geordnet; d. h. sie können mittels Vergleichsoperatoren verglichen werden. Es gilt z. B.:

'A' < 'B'	da 65 < 66
'a' >= 'A'	da 97 >= 65
'0' < 'A'	da 48 < 65

Wegen ASCII('a')-ASCII('A') = 32 kann ein Kleinbuchstabe, der kein Umlaut ist, durch Erhöhung seines ASCII-Wertes um 32 in einen Großbuchstaben verwandelt werden.

Die Verwendung des ASCII-Zeichensatzes ist in der ANSI-Norm nicht vorgeschrieben. Jeder anderer Zeichensatz, der die Groß- und Klein-Buchstaben und Ziffern in gleicher Weise nummeriert, kann verwendet werden. Dies ist der Fall für die Untermenge Latin-1 des sog. Uni(-versal)Codes. Die momentan aktuelle Version UniCode 4.0.0 umfasst ca. 40.000 internationale Zeichen, die – bis auf zwei – in der ISO Norm 10646:2003 festgelegt werden. Weitere Informationen über das internationale UniCode-Konsortium findet man unter der Internet-Adresse www.unicode.org. Der allgemeine UniCode UTF-32 enthält für jedes Zeichen 4 Bytes und kann somit maximal 256^4 = 4294967296 Zeichen aufnehmen.

Hex	X0	X1	X2	X3	X4	X5	X6	X7	X8	X9	XA	XB	XC	XD	XE	XF
	NUL	SOH	STX	EXT	EOT	ENQ	ACK	BEL	BS	HT	LF	VT	FF	CR	SO	SI
0X	0	1	2	3	4	5	6	7	8	9	10	11	12	13	14	15
	00	01	02	03	04	05	06	07	08	09	0A	0B	0C	0D	0E	0F
	DLE	DC1	DC2	DC3	DC4	NAK	SYN	ETB	CAN	EM	SUB	ESC	FS	GS	RS	US
1X	16	17	18	19	20	21	22	23	24	25	26	27	28	29	30	31
	10	11	12	13	14	15	16	17	18	19	1A	1B	1C	1D	1E	1F
		!	"	#	$	%	&	'	(	)	*	+	,	-	.	/
2X	32	33	34	35	36	37	38	39	40	41	42	43	44	45	46	47
	20	21	22	23	24	25	26	27	28	29	2A	2B	2C	2D	2E	2F
	0	1	2	3	4	5	6	7	8	9	:	;	<	=	>	?
3X	48	49	50	51	52	53	54	55	56	57	58	59	60	61	62	63
	30	31	32	33	34	35	36	37	38	39	3A	3B	3C	3D	3E	3F
	@	A	B	C	D	E	F	G	H	I	J	K	L	M	N	O
4X	64	65	66	67	68	69	70	71	72	73	74	75	76	77	78	79
	40	41	42	43	44	45	46	47	48	49	4A	4B	4C	4D	4E	4F
	P	Q	R	S	T	U	V	W	X	Y	Z	[	\	]	^	_
5X	80	81	82	83	84	85	86	87	88	89	90	91	92	93	94	95
	50	51	52	53	54	55	56	57	58	59	5A	5B	5C	5D	5E	5F
	`	a	b	c	d	e	f	g	h	i	j	k	l	m	n	o
6X	96	97	98	99	100	101	102	103	104	105	106	107	108	109	110	111
	60	61	62	63	64	65	66	67	68	69	6A	6B	6C	6D	6E	6F
	p	q	r	s	t	u	v	w	x	y	z	{	|	}	~	DEL
7X	112	113	114	115	116	117	118	119	120	121	122	123	124	125	126	127
	70	71	72	73	74	75	76	77	78	79	7A	7B	7C	7D	7E	7F

Abb. 3.1   *ASCII-Code. In der ersten Zeile steht das Zeichen, in der zweiten die Nummer in dezimaler, in der dritten Zeile in hexadezimaler Schreibweise.*

Die ANSI C++-Norm unterstützt diesen UniCode in Form von sog. „wide characters", abgekürzt wchar_t. Der griechische Buchstabe π und das Eurozeichen können damit dargestellt werden als

```
wchar_t pi[] = "\u03c0";
wchar_t eu[] = "\u20ac";
```

Diese Multi-Byte-Zeichen erfordern separate String-Typen. Der zum obigen π-Zeichen gehörige String, wstring genannt, wird codiert als L"\u03c0". Multi-Byte-Buchstaben und Strings erfordern eine eigene Ein-/Ausgabe-Ströme, die wistream bzw. wostream genannt werden (Multi-Byte-Zeichenketten und ihre Funktionen werden in diesem Buch nicht behandelt).

3.4 Der Typ unsigned char

Da unter den ersten 128 ASCII-Zeichen kein Platz mehr für nationale Zeichensätze wie auch für Grafikzeichen war, wurde der ASCII-Code durch sog. Länderseiten auf insgesamt 256 Zeichen erweitert, nämlich 0 bis 255.

Damit man diesen Wertebereich (ohne Vorzeichen) erhält, wurde in der ANSI C-Norm aus Kompatibilitätsgründen der Typ unsigned char eingeführt.

3.5 Der Typ short int

Bei 32-Bit-Maschinen werden die short int-Zahlen mit zwei Byte codiert. Möglich wird somit der Wertebereich -32768 bis 32767. Beim Überschreiten dieses Bereichs kommt es ebenfalls zu einem Overflow, der nicht zu einer Fehlermeldung des Compilers führt.

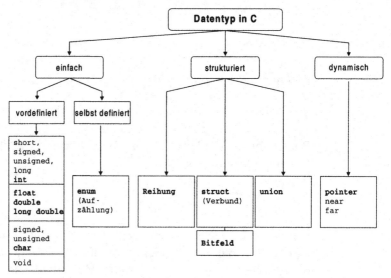

Abb. 3.2   Datentypen in C/C++

3.6   Der Typ float

Den dritten grundlegenden Datentyp stellt die reelle bzw. die Gleitpunkt-Zahl (englisch *float*) dar. Gemäß der Norm IEEE 754 werden float-Typen mit 32 Bit codiert. Man erhält hier das Maximum bzw. Minimum ±3.40282347e+38. Von Null unterschieden werden noch die Werte ±1.4028239846e-45

Das Maximum bzw. Minimum kann aus der Header-Datei <cfloat> mittels FLT_MAX bzw. FLT_MIN ermittelt werden. Die Maschinengenauigkeit wird gegeben durch FLT_EPSILON. Zu beachten ist, dass die Fließpunkt-Darstellung der INTEL-Prozessoren von den IEEE-Normen abweicht.

Eine Deklaration für float-Variable ist z. B.

```
float x,y,pi = 3.141593;
```

Für Gleitpunktzahlen gibt es zwei mögliche Darstellungen, nämlich Festkomma- bzw. Exponential-Darstellung. In C werden diese Darstellungen durch den Formatparameter der Funktion printf() gewählt werden. In C++ wird das Ausgabeformat durch die Manipulatoren der Bibliothek <iomanip> geregelt.

- Festkomma-Darstellung
  Beispiel: pi = 3.141593
  Hier sind eine Vorkomma- und 6 Nachkommastellen gegeben. Die Festkomma-Darstellung auf n Stellen insgesamt, davon m Nachkommastellen, erfolgt durch den Formatparameter %n.mf. Werden die Parameter n bzw. m nicht gesetzt, so wird für m der Defaultwert 6 gewählt. Die ANSI C-Norm schreibt nämlich für float-Typen mindestens eine 6-stellige Genauigkeit vor.

- Gleitkomma- oder Exponential-Darstellung
  Beispiel: pi = 3.141593e0
  Die Ziffer hinter dem e bzw. E (für Exponent) gibt die entsprechende Zehnerpotenz an. Somit bedeutet

1.23456e7	$1.23456 \cdot 10^7$	12345600
1.23456e-4	$1.23456 \cdot 10^{-4}$	.000123456

  Die Ausgabe in Exponential-Darstellung erhält man durch den Formatparameter %e.

- Wahlweise Darstellung
  Soll von der Festkomma- bzw. Exponential-Darstellung stets die kürzere Form gewählt werden, so muss der Formatparameter auf %g gesetzt werden.
  Bei 16-Bit-Maschinen werden zur Darstellung von float-Typen in der Regel 2 Maschinenworte, d. h. 32 Bits oder 4 Bytes verwendet. Davon dienen meist 24 Bits zur Speicherung der Gleitzahlen (*Mantisse* genannt), 7 Bits für den Zehnerexponenten und 1 Bit für das Vorzeichen. Dies ergibt für float-Typ den Wertebereich
  $3.4 \cdot 10^{-38}$ bis $3.4 \cdot 10^{38}$
  und bei gesetztem Vorzeichenbit
  $-3.4 \cdot 10^{38}$ bis $-3.4 \cdot 10^{-38}$

Wird dieser Bereich überschritten, so kommt es zum Overflow, der aber im Gegensatz zum Integer-Overflow einen Laufzeit-(engl. *Runtime*)-Fehler hervorruft.

Zu beachten ist, dass die Rechengenauigkeit wegen der endlichen Mantissenzahl prinzipiell beschränkt ist. Brüche (außer ½ oder ¼ usw.) oder reelle Zahlen können niemals genau dargestellt werden. Deswegen ist es also im Allgemeinen nicht sinnvoll, zwei Gleitkommazahlen auf Gleichheit zu prüfen:

```
if (x==y)    /* i.a. falsch */
```

Besser wäre es, den Betrag der Differenz auf eine kleine Schranke, z. B. FLT_EPSILON aus <limits> zu prüfen

```
if (fabs(x-y)<FLT_EPSILON)
```

Für float-Variablen wird der Betrag von der Funktion fabs() aus <cmath> geliefert. Insbesondere bei numerischen Prozeduren muss die begrenzte Rechengenauigkeit und die dadurch bewirkte Fehlerfortpflanzung berücksichtigt werden.

3.7   Der Typ long int

Die meisten 32-Bit-Maschinen implementieren den Datentyp der long int-Zahlen ebenfalls mit 32 Bit (=4 Byte), wie auch die int-Zahlen. Eine mögliche Deklaration ist

```
long int i,j; /* oder */
long i,j;
```

Auftretende Konstanten können durch das Anhängen des Zeichens L als long-Typ gekennzeichnet werden:

```
long x = 2000L
i *= 10L
```

Die Standardausgabe von long-Variablen erfolgt wieder mittels printf() bzw. cout; der entsprechende Formatparameter ist %ld

```
printf("%ld",x); // C
cout << x; // C++
```

Als Beispiel sollen einige Werte der Fakultätsfunktion *n!* berechnet werden. Sie ist als das Produkt aller Zahlen von 1 bis n: $n! = 1 \cdot 2 \cdot 3 \cdot 4 \cdots n$ definiert

```
int main()
{
long fak=1L;
cout << "0! = " << fak << "\n";
for (int i=1; i<=13; i++)
  {
  fak *= i;
  cout << i << "! = " << fak << "\n";
  }
}
```

Prog. 3.1   fak.cpp

Die Ausgabe des Programms ist

```
0! = 1
1! = 1
2! = 2
3! = 6
4! = 24
5! = 120
```

(Fortsetzung auf der nächsten Seite)

```
 6! = 720
 7! = 5040
 8! = 40320
 9! = 362880
10! = 3628800
11! = 39916800
12! = 479001600
13! = 1932053504 // falsch!
```

zeigt, dass bei dieser schnell wachsenden Funktion bereits bei 13! der long int-Overflow erreicht wird. Ein Abbruch oder eine Meldung beim Overflow erfolgt wie beim int-Typ nicht.

3.8   Der Typ double

Ebenso wie bei den int-Zahlen gibt es bei Gleitpunktzahlen den doppelt genauen Datentyp (englisch *double*). Der Typ double in der Regel auf 8 Bytes (= 64 Bits) gespeichert. Davon nehmen 52 Bits die Mantisse, 11 Bits den Zehnerexponenten und 1 Bit wieder das Vorzeichen auf. Damit wird die von der Norm geforderte 12-stellige Genauigkeit erreicht. Der Wertebereich ergibt sich nach IEEE 754 zu $\pm 1.797693134 \cdot 10^{+308}$. Von Null unterschieden wird $\pm 4.94065645841 \cdot 10^{-324}$.

Diese Zahlen können als DBL_MAX bzw. DBL_MIN aus <climits> erfragt werden. Die Maschinengenauigkeit ist gegeben durch DBL_EPSILON.

Eine mögliche Deklaration von double-Variablen ist

```
double x = 3.1415926535;
```

Die Standardausgabe erfolgt in C++ – wie bei den anderen einfachen Datentypen – mittels **cout**.

```
cout << x << "\n";
```

Die Ausgabe erfolgt in der Form

```
3.14159
```

Man beachte die Rundung auf der letzten Nachkommastelle. Die genaue Formatierung von Kommazahlen wird im Abschnitt 17 (nach Einführung in die Objektorientierung) erklärt.

Beim Verlassen des Wertebereichs gilt das für float-Variablen Gesagte: Beim Overflow kommt es zu einem Runtime-Fehler, beim Underflow wird die Variable (ohne Fehlermeldung) zu Null gerundet.

Obwohl der Wertebereich des Typs double gegenüber dem Typ float wesentlich erweitert ist, ist dennoch zu beachten, dass reelle Zahlen prinzipiell nur näherungsweise dargestellt werden und dass es bei einer großen Anzahl von Rechenoperationen zu Rundungsfehlern kommen kann.

An zwei Beispielen (aus KIEßLING/LOWES/PAULIK: *Genaue Rechnerarithmetik*, Teubner) soll die begrenzte Genauigkeit der float- bzw. double-Arithmetik demonstriert werden. Der Ausdruck

$$(1682xy^4 + 3x^3 + 29xy^2 - 2x^5 + 832)/107751$$

hat für *x*=192119201 und *y*=35675640 den exakten Wert 1783. Mit dem folgenden Programm:

```cpp
#include <iostream>
using namespace std;
int main()
{
float x = 1.92119201e8,y = 3.567564e7,z;
z = (1682*x*y*y*y*y+3*x*x*x+29*x*y*y-
    2*x*x*x*x*x+832)/107751;
cout << z << "\n";
return 0;
}
```

Prog. 3.2   float2.cpp

liefert z. B. ein mit dem Borland-Compiler erstelltes Programm den Wert

1.01147e29

Der Übergang auf double-Typen ergibt den immer noch sehr ungenauen Wert

0.00772151

Ähnlichen Misserfolg zeigt die Auswertung des linearen Gleichungssystems

$$64919121x - 159018721y = 1$$
$$41869520.5x - 102558961y = 0$$

mit der exakten Lösung

$$x = 205117922; \quad y = 83739041$$

Das folgende Programm:

```cpp
#include <iostream>
using namespace std;
int main()
{
float a = 64919121,
     b = -159018721,
     c = 41869520.5,
     d = -102558961,
     x,y;
 y = c/(b*c-a*d);
 x = -d/c*y;
 cout << x << "\t" << y << "\n";
 return 0;
}
```

Prog. 3.3   float3.cpp

liefert das Ergebnis:

$$x = -2.224745; \quad y = -0.908248$$

Bei Verwendung von double-Typen ergibt sich:

$$x = 2.05119e8, \quad y = 8.37390e7$$

Wie man erkennt, ist keines der angegebenen Ergebnisse – mit Ausnahme der letzten – annähernd genau.

3.9   Der Typ long double

Ebenfalls neu nach der Norm ist der Typ `long double`, der von einigen Compilern schon unterstützt wird, wobei aber noch Probleme mit den Standardfunktionen auftreten, die nicht immer die geforderte Genauigkeit haben. Für Compiler, die den Typ `long double`-Typ nicht unterstützen ist `long double` gleichwertig mit `double`.

Eine mögliche `long double`-Arithmetik, die auch von BOR-LAND verwendet wird, enthält 80 Bit; dies entspricht ca. 18 geltenden Stellen. Der Wertebereich

$$\pm 3.4 \cdot 10^{-4932} \cdots 1.1 \cdot 10^{4932}$$

dürfte für die meisten wissenschaftlichen Anwendungen ausreichen. Als Beispiel einer `long double`-Arithmetik soll die Zahl $\varphi = (\sqrt{5} - 1)/2$ des goldenen Schnitts berechnet werden.

```cpp
#include <iostream>
#include <iomanip>
using namespace std;

int main()
{
  long double fib1,fib2,q;
  fib1 = fib2 = 1.0L;
  cout.setf(ios::fixed);
  for (int i=1; i<=42; i++)
  {
    q = (long double)fib2/fib1;
    fib2 += fib1;
    cout << setprecision(17) << q;
    fib1 = fib2 - fib1;
  }
  return 0;
}
```

Prog. 3.4   *golden.cpp*

Um einen `long int`-Overflow zu vermeiden, sind hier die FIBONACCI-Zahlen als `long double` deklariert. Die letzten sechs Ausgaben des Programms sind:

```
1.61803398874989408
1.61803398874989514
1.61803398874989474
1.61803398874989489
1.61803398874989483
1.61803398874989485
```

Bei Verwendung von `long double`-Zahlen reicht die Präzision der mathematischen Standardfunktionen nicht mehr aus. Es müssen speziell die `long double`-Versionen der Standardfunktionen benutzt werden, die – wie schon erwähnt – noch nicht in allen Compilern implementiert sind.

3.10 Der Typ long long

Die Erweiterung des `long int`-Bereichs führt zu den `long long`-Zahlen, die mit 64 Bit codiert werden. Da

$$2^{63} - 1 = 9223372036854775807$$

ergibt sich hier ein Zahlbereich von

[-9.223.372.036.854.775.808; 9.223.372.036.854.775.807]

Dieser Typ wird von meisten Compiler bereits unterstützt, bei Microsoft Visual C++ ist er ähnlich dem `__int64`-Typ.

Es soll die Partialbruch-Zerlegung von $\sqrt{2}$ nach dem Algorithmus von THEON VON SYMRNA berechnet werden.

```cpp
#include <iostream>
using namespace std;

int main()
{
  long long a,b;
  a = b = 1LL;
  cout << "Naeherungsbrueche fuer sqrt(2)\n";
```

(Fortsetzung auf der nächsten Seite)

```
  for (int i=1; i<50; i++)
  {
    b =  a+b;
    a = 2*b-a;
    cout << a << "/" << b << "\n";
  }
  return 0;
}
```

Prog. 3.5   partial.cpp

Die Programmausgabe ist

```
Naeherungsbrueche fuer sqrt(2):
3/2
7/5
17/12
41/29
```

. . . .

```
1180872205318713601/835002744095575440
2850877693509864481/2015874949414289041
6882627592338442563/4866752642924153522
```

Nach 49 Schritten erhält man hier den ausgezeichneten Näherungswert

$$\sqrt{2} = \frac{6882627592338442563}{4866752642924153522}$$

Diese Näherung liefert $\sqrt{2}$ auf 38 Dezimalstellen:
1.41421356237309504880168872420969980786

3.11   Arithmetik

Die arithmetischen Operatoren sind für int- und float-Typen gleich; d. h. es gibt nicht wie in PASCAL einen gesonderten Operator für die ganzzahlige Division. Nur der Modulo-Operator % ist dem int-Typ vorbehalten; für float-Zahlen gibt es eine eigene Funktion fmod(). Die Rechenoperationen Addition, Subtraktion, Multiplikation, Division und Modulo zeigt der Ausschnitt:

```
int i=17,j=5;
cout << (i+j) << " " << (i-j) << " " << (i*j) << " "
<< (i/j) << " " << (i%j);
```

Die Ausgabe 22 12 85 3 2 zeigt, dass die Division tatsächlich ganzzahlig durchgeführt wird.

Für viele arithmetische Anweisungen gibt es in C/C++ verkürzte Schreibweisen. So gilt:

Ausdruck	verkürzt
x = x + 2;	x += 2;
y = y - 3;	y -= 3;
z = z * 4;	z *= 4;
a = a % 5;	a %= 5;
b = b + 1;	b++; /* Inkrement */
b = b - 1;	b--; /* Dekrement */

In Ausdrücken mit mehreren Operatoren gelten die üblichen mathematischen Regeln, z. B. der Vorrang der Multiplikation:

3 + 4 * 5 = 23

Diese Regeln sind in C/C++ nur ein Spezialfall der allgemeinen Priorität von Operatoren. Soll die Addition zuerst ausgeführt werden, so müssen entsprechende Klammern gesetzt werden:

(3 + 4) * 5 = 35

Analog gilt für float-Variablen:

```
float i=17.0,j=5.0;
cout << (i+j) << " " << (i-j) << " " <<.(i*j) << "
" << (i/j) << "\n";
```

Hier ist die Ausgabe erwartungsgemäß 22 12 85 3.2.

Was geschieht, wenn ein arithmetischer Ausdruck unterschiedliche Datentypen enthält? In C/C++ kommt es hier zu einer automatischen Datentyp-Konversion, die in anderen Sprachen wie PASCAL völlig ausgeschlossen ist. Bei der Datentyp-Umwandlung wird jeder Datentyp in den jeweils nächst höheren konvertiert, und zwar im Sinn der Rangordnung

```
char < int < long < float < double
```

Dies bedeutet, dass die Verknüpfung eines char- und eines int-Typ zu einem int-Typ führt. Entsprechend ist das Resultat eines int- und long-Typs ein long-Ergebnis usw. Das Ergebnis eines gemischten arithmetischen Terms ist also durch den höchsten Rang aller vorkommenden Datentypen und nicht etwa durch den gewählten Typ der Resultatsvariable gegeben. Ein nicht zur Nachahmung empfohlenes Beispiel dazu ist:

```cpp
#include <iostream>
using namespace std;
int main()
{
  char ch = 'A';
  int i = 7;
  long j = 1000L;
  float x = 3.0;
  double y = 50.0L;
  cout << (ch*i + j%i + y/x) << "\n";
  return 0;
}
```

Prog. 3.6   *mixed.cpp*

Die char-Variable ch wird zu int; d. h. zu 65 (ASCII-Nr. von 'A'). Die int-Variable i wird zu long 7., entsprechend float x zu double 3. Damit werden alle Verknüpfungen letztlich in double umgewandelt. Das Resultat ist somit

```
65.* 7.+(1000 % 7)*1.0+50./3.= 477.667
```

3.12 Der Cast-Operator

Soll eine Variable oder das Resultat einer Verknüpfung einem anderen Datentyp angehören, als es sich durch die automatische Typumwandlung ergibt, so kann diese Umwandlung mittels des sog. Cast-Operators ( ) in den gewünschten Datentyp erfolgen.

```
x = (float) (3/4);
y = (int) (4.0/3.0);
```

Diese Umwandlung wird immer benötigt, wenn entweder eine mathematische Standardfunktion wie die Sinus- oder die Wurzelfunktion ein Argument vom Typ double erwartet oder wenn eine typenlose Variable (d. h. vom Typ void) einen bestimmten Typ annehmen soll.

Zu beachten ist jedoch, dass durch die Wahl eines niederen Datentyp-Rangs die Anzahl der signifikanten Bytes reduziert wird. Dies kann zu einem erheblichen Genauigkeitsverlust führen oder sogar dazu, dass u. U. die Variable gar nicht mehr definiert ist (!).

```
long int z=100000;
cout << (unsigned int) z << "\n";
```

Die Zahl z=100000 wird durch die Umwandlung in eine vorzeichenlose ganze Zahl zu 34464. An der Hex-Darstellung der Zahlen sieht man, dass das höherwertige Byte nunmehr fehlt:

```
100000L=0x186A0;
34464 = 0x86A0
```

Die Umwandlung in den nächst niederen Typ geht wie folgt vor sich:

int ⇒ char:
Es wird nur das niederwertige Byte benutzt.

long ⇒ int:
Es werden nur die unteren beiden Bytes genutzt.

float ⇒ long
Es werden die Nachkommastellen abgeschnitten und die Vorkommastellen in eine ganze Zahl verwandelt. Überschreitet diese den long-int-Bereich, so ist das Ergebnis undefiniert (!).

double ⇒ long
Die Umwandlung erfolgt analog zur Umwandlung float in long.

3.13   Die Eingabe mittels cin

Die Standardfunktion zur Eingabe in C über die Tastatur (in C stdin genannt) heißt scanf(). Diese Funktion kann auch in C++ bei Einbindung von <cstdio> verwendet werden kann. Die Syntax ist

```
scanf (formatparameter,variable);
```

wobei der Formatparameter dem der Funktion printf() weitgehend gleicht. Einzelheiten finden sich in der folgenden Tabelle.

Wichtig zu beachten ist bei der Funktion scanf(), dass bei allen Datentypen stets das Zeichen & (Adressoperator genannt) vor den Bezeichner zu setzen ist (außer bei Variablen vom Typ Pointer). Dies bedeutet nichts anderes, als dass statt des Wertes seine Adresse übergeben wird. Mit solchen Pointervariablen werden wir uns im Kapitel 6 noch ausführlich beschäftigen.

Parameter	einzulesender Typ
%c	char
%d	int
%D	long int
%ld	long int
%u	unsigned int
%U	long unsigned int
%x	hexadezimal int
%X	long hexadezimal int
%o	oktal int
%O	long oktal int
%f,%e	float
%F,%E	float
%lf	double
%p	pointer im Hex-Format

Besser ist die Verwendung der (objektorientierten) Bibliothek <iostream>. Die Eingabe erfolgt mit dem Schlüsselwort cin, gefolgt von dem überladenen Operator >>. Als Standardeingabe wird hier die Tastatur betrachtet; die Eingabe kann aber auch auf eine Datei umgelenkt werden, sodass die Eingabewerte aus der Datei gelesen werden. Eine einfache Eingabe zeigt das Beispiel:

```
#include <iostream>
using namespace std;
int main()
{
int a,b;
cout << "Gib 2 ganze Zahlen ein! ";
cin >> a >> b;
cout << "Wert des Bruchs a/b = " << double(a)/b <<
"\n";
return 0;
}
```

Für die Eingabe 22 7 erhält man den bekannten Näherungswert für π nach ARCHIMEDES:

Wert des Bruchs a/b = 3.14286

3.14 Übungen

3.1 Schreiben Sie ein Programm, das für einen beliebigen Kreis Fläche und Umfang berechnet.

Hinweis:
Fläche = Pi*radius*radius; Umfang= 2*Pi*radius

3.2 Schreiben Sie ein Programm, das bei gegebenem *Kapital, Zinsfuß in %* und *Anzahl der Tage* den einfachen Zins berechnet.

Hinweis: Zins = Kapital *Zinsfuß *Tage /36000

3.3 Schreiben Sie ein Programm, das zu jeder eingebenen Celsius-Temperatur die zugehörige Temperatur nach Fahrenheit berechnet wird.

Hinweis: fahrenheit = 1.8*celsius + 32

4 Kontrollstrukturen

4.1 Die FOR-Schleife

Die FOR-Schleife, auch als Zählwiederholung bezeichnet, hat
folgende Syntax

```
for(ausdruck1; ausdruck2; ausdruck3) {   }
```

Dabei stellt dar:

ausdruck1   den Schleifenanfangswert, der auch eine Definition wie int i=0 enthalten kann

ausdruck2   den Schleifenendwert,

ausdruck3   die Schrittweite.

So ist

```
for (int i=0; i<100; i++)
```

eine aufwärtszählende Schleife, dagegen zählt

```
for (int i=100; i>0; i--)
```

rückwärts. Die FOR-Schleife endet erst, wenn Ausdruck2
falsch; d. h. explizit gleich Null wird. Andernfalls erhält man
eine Endlosschleife, z. B. durch

```
for ( ; ; );
```

Die Schrittweite muss im Gegensatz zu PASCAL nicht immer 1
oder -1 sein. Ungerade Zahlen werden z. B. durchlaufen mittels

```
for (int i=1; i<N; i+=2)
```

Im Gegensatz zu anderen Programmiersprachen kann in einer
FOR-Schleife auch eine beliebige Folge, z. B. eine geometrische, durchlaufen werden:

```
for (int p=1; p<=1024; p*=2)
```

Mit Hilfe des Komma-Operators kann der Schleifenkörper in die FOR-Anweisung einbezogen werden:

```
for (sum=0,i=1; i<=100; sum+=i,i++)
```

Die Initialisierung des Schleifenanfangs muss nicht die der Schleifenvariable betreffen. Diese muss auch keineswegs vom Typ int sein. Ein Beispiel zeigt das Erstellen einer Sinus-Tabelle mit double-Typen:

```
for (double x=0; x<1.05; x+= 0.1)
cout << x << "\t" << sin(x) << endl;
```

Das Anwachsen eines Kapitals mittels Zinseszins zeigt die folgende FOR-Schleife:

```
#include <iostream>
using namespace std;
int main()
{
  float kapital,p;
  int jahre;
  cout << "Eingabe Anfangskapital? ";
  cin >> kapital;
  cout << "Zinssatz in %? ";
  cin >> p;
  cout << "Laufzeit in Jahren? ");
  cin >> jahre;
  for (int j=0; j<=jahre; j++)
  {
    cout << j << "\t" << kapital;
    kapital *= (1.+p/100.);
  }
  return 0;
}
```

Prog. 4.1   zinsesz.cpp

Die nächste FOR-Schleife zeigt die Umrechnung der CELSIUS-Temperaturskala in FAHRENHEIT:

```
#include <iostream>
using namespace std;
int main()
{
 const int GEFRIERPUNKT = 0;
 const int SIEDEPUNKT = 100;
 for (int celsius=GEFRIERPUNKT;
celsius<=SIEDEPUNKT; celsius += 10)
 {
 double fahrenheit = 1.8*celsius + 32;
 cout << celsius << "\t" << fahrenheit << "\n";
 }
 return 0;
}
```

Prog. 4.2   fahrenh.cpp

4.2   Die WHILE-Schleife

Die WHILE-Schleife hat die Syntax

```
while (ausdruck) {  }
```

Wird beim Erreichen der WHILE-Anweisung der Ausdruck mit *falsch* bewertet, so wird die Schleife gar nicht gestartet; sie heißt daher auch abweisende Schleife. Wird während des Abarbeitens der Schleife der Ausdruck falsch, so wird die Schleife verlassen. Wird der Schleifenausdruck *niemals* falsch, so wird eine Endlos-Schleife erzeugt; z. B. durch

```
while (1);
```

da der Ausdruck "1" stets mit wahr bewertet wird. Eine typische WHILE-Schleife ist

```
int i=1;
sum=0;
while (i<=100) { sum += i; i++; }
```

Häufig wird auch die WHILE-Anweisung zur Eingabe-Kontrolle benutzt:

```
while ((c=*getchar())!=EOF)
    // solange nicht Dateiende
while ((c=*getchar())==' '||c=='\n'|| c=='\t')
/* Filter auf Leerstelle,Newline,Tabulator */
```

Die Eingangsprüfung der WHILE-Bedingung kann auch zur Steuerung von numerischen Prozessen verwendet werden. Der folgende Algorithmus berechnet den natürlichen Logarithmus einer positiven Zahl durch wiederholte Berechnung des arithmetischen und geometrischen Mittels:

```
#include <iostream>
#include <cmath>
#include <limits>
using namespace std;
int main()
{
 double a,b,c,x;
 cout << "Eingabe x>0? ";
 cin >> x;
 x = fabs(x); // x>0
 a = (x+1.)/2; // Startwerte
 b = sqrt(x);
 c = x-1.;
 while (fabs(a-b)>DBL_EPSILON*1e3)
 {
   a = (a+b)/2.;
   b = sqrt(a*b);
 }
 cout << (3.*c/(2.*b+a)) << "\n";
 return 0;
}
```

Prog. 4.3   log.cpp

Bei der Eingabe von x=1 ergeben sich die Startwerte

```
a = 1; b = 1; c = 0;
```

und damit hat der Ausdruck

```
3c/(2b+a)
```

bereits den gesuchten Wert $\ln(1)=0$. Da zugleich a == b gilt, wird wegen

```
while(fabs(a-b)>DBL_EPSILON*1e3)
```

die Iteration gar nicht erst gestartet.

4.3 Die DO-Schleife

Die DO-Schleife, auch nichtabweisende Schleife genannt, ist das Gegenstück zur REPEAT-UNTIL-Schleife von PASCAL. Sie hat die Syntax

```
do {  }
while(ausdruck);
```

Die DO-Schleife endet, wenn der in der runden Klammer stehende Ausdruck falsch wird. Da dieser Ausdruck erst am Schleifenende bewertet wird, wird die Schleife in jedem Fall mindestens einmal durchlaufen.

```
do while(1);
```

stellt somit eine Endlosschleife dar. Entsprechend ist

```
do while(!kbhit()); /* nur Borland */
```

eine Warteschleife, bei der auf einen beliebigen Tastendruck gewartet wird. Eine typische DO-Schleife finden sich auch bei ggT-Berechnung, wo die Restbildung am Schleifenende stattfindet.

```
#include <iostream>
#include <cstdlib>
using namespace std;
int main()
{
 int a,b,rest;
 cout << "Gib zwei int-Zahlen ein!";
 cin >> a >> b;
 a = abs(a); // a,b >=0
 b = abs(b);
 if (b>0) // Ende wenn b==0
  do{ // ggT nach Euklid
     rest = a % b;
     a = b;
     b = rest;
     }while(rest);
 cout << "ggt = " << a << "\n";
 return 0;
}
```

Prog. 4.4   ggt.cpp

Eine wichtige numerische Anwendung findet die DO-WHILE-Schleife bei numerischen Iterationen. Ein bekanntes Verfahren ist die NEWTON-Iteration, die, im speziellen Fall der Wurzelberechnung, auch nach HERON benannt wird.

```
#include <iostream>
#include <cmath>
#include <limits>
using namespace std;
int main()
{
 double a,x,y;
 cout << "Gib positive Zahl ein! ";
 cin >> a;
 a = fabs(a); // a>=0
```

(Fortsetzung auf der nächsten Seite)

```
y = a;
if (a>0) // Ende wenn a == 0
do{
    x = y;
    y = (x+a/x)/2;
    }while(fabs(x-y)>DBL_EPSILON*1e3);
cout << "Wurzel " << a << " = " << y;
return 0;
}
```

Prog. 4.5   wurzel.cpp

Wegen der bei der DO-Schleife fehlenden Eingangsprüfung muss die Bedingung a>0 explizit geprüft werden. Gilt a==0, so hat y=a bereits den richtigen Wurzelwert; die DO-Schleife wird nicht mehr benötigt.

4.4 Die IF-Anweisung

Die IF-Anweisung oder (zweiseitige) Alternativ-Anweisung hat die Syntax

```
if (ausdruck) { anweisungsteil1; }
    else { anweisungsteil2; }
```

Man beachte dabei den Strichpunkt nach dem Anweisungsteil 1. Gegebenenfalls kann der ELSE-Teil wegfallen, falls keine Alternative existiert. Ein typisches Beispiel einer zweiseitigen Fallunterscheidung ist die Maximumsbestimmun

```
if (a >= b) max = a; else max = b;
```

IF-Anweisungen können auch geschachtelt werden. Sind keine Klammern gesetzt, so gehört das ELSE stets zum vorhergehenden IF.

```
/* Vorzeichen */
if (x>0) sgn = 1;
    else if (x<0) sgn = -1;
            else sgn = 0;
```

Ein häufig vorkommender Tippfehler ist es, nach einem IF den Vergleichsoperator == zu vergessen. Schreibt man statt x==2 nur x=2, so hat diese Anweisung den Wert 2 und wird damit als *wahr* immer ausgeführt. Die gewünschte Fallunterscheidung findet daher nicht mehr statt; alle neueren C++-Compiler geben hier eine Warnung aus.

Ein Compiler kann mindestens sechsfach verschachtelte IF-Anweisungen unterstützen.

4.5   Die SWITCH-Anweisung

Während die IF-Anweisung nur zwei Alternativen zulässt, kann die SWITCH-Anweisung eine mehrfache Fallunterscheidung ausführen. Die SWITCH-Anweisung hat die Syntax:

```
switch (ausdruck)
{
  case a : anweisung1;
  case b : anweisung2;
  ..................
  case x : anweisungn;
  default: anweisung; /*kann entfallen*/
}
```

Dabei muss der Ausdruck ganzzahlig sein oder ganzzahlig bewertet werden (wie bei char- und enum-Typen). Nimmt der Ausdruck keinen der Werte a, b bis x an, so wird die Anweisung nach der default-Marke ausgeführt. Dieser Default-Teil der SWITCH-Anweisung kann gegebenenfalls entfallen. Die folgende SWITCH-Anweisung weist jeder Ziffer ch einer Hexadezimalzahl den zugehörigen Wert s zu:

```
switch(ch)
{
  case '0':
  case '1':
  case '2':
  case '3':
  ........
```

```
case '9': s = ch-'0';break;
case 'A':
case 'B':
case 'C':
.........
case 'F': s= ch-'A'+10;
}
```

Der Programmausschnitt nutzt die ASCII-Nummerierung der Ziffern ASCII(' 0') = 48; ASCII(' 1') = 49 usw. und der Großbuchstaben ASCII(' A') = 65; ASCII(' B') = 66 usw.

Für Ziffern erhält man den Wert, wenn man von der zugehörigen ASCII-Nummer den Wert ASCII('0')=48 subtrahiert. Entsprechend erhält man den Wert einer Hexziffer; z. B. A=10, wenn man den Wert ASCII('A') = 65 um 55 verringert. Dabei wird automatisch eine Datentypänderung vorgenommen.

Ein grundlegender Unterschied zur CASE-Anweisung in PASCAL besteht darin, dass die CASE-Marken nicht abweisend sind. Dies bedeutet, dass auch die Anweisungen nach der angesprungenen Marke sukzessive ausgeführt werden. Um zu verhindern, dass nach dem Fall (*a*) auch noch die Anweisungen (*b*) ausgeführt werden, muss eine BREAK-Anweisung gesetzt werden.

Folgende SWITCH-Anweisung ordnet jeder Monatsnummer *m* zwischen 1 und 12 den gehörige Monatsnamen zu:

```
#include <string>
string monat;
switch(m)
{
  case 1 : monat = "Januar"; break;
  case 2 : monat = "Februar"; break;
  case 3 : monat = "März"; break;
  ...............................
  case 12 : monat = "Dezember";break;
  default : cout << "falsche Monatsnummer!\n");
}
```

Nach der Norm dürfen SWITCH-Anweisungen auch verschachtelt werden. Der Compiler muss 257 CASE-Marken (einschließlich der verschachtelten) unterstützen.

Ein bekannter Kalender-Algorithmus zur Wochentagsbestimmung stammt von den Geistlichen Chr. ZELLER. Mit der CASE-Anweisung werden hier die verschiedenen Wochentage ausgegeben. Der Algorithmus wurde vom Autor so geändert, dass die Nummerierung der Wochentage niemals negativ werden kann:

```cpp
#include <iostream>
#include <cstdlib>
using namespace std;
int main()
{
  int t,m,j,w,jhd;
  cout << "Gültiges Datum ab 1583 in der "
       << "Form TT MM JJJJ eingeben! ";
  cin >> t >> m >> j;
  if (m > 2) m -= 2;
  else { m += 10; j--; }
  jhd = j/100;
  j = j % 100;
  w = (j/4+j/4+(13*mt-1)/5 +t+j+5*jhd) % 7;
  switch(w)
  {
   case 0: cout << "Sonntag\n"; break;
   case 1: cout << "Montag\n"; break;
   case 2: cout << "Dienstag\n"; break;
   case 3: cout << "Mittwoch\n"; break;
   case 4: cout << "Donnerstag\n"; break;
   case 5: cout << "Freitag\n"; break;
   case 6: cout << "Samstag\n";
  }
return 0;
}
```

Prog. 4.6   zeller.cpp

4.6   Die BREAK-Anweisung

Der Befehl BREAK stellt eine Sprunganweisung aus der jeweiligen Schleife bzw. SWITCH-Anweisung dar. Ist die Schleife bzw. Alternative einer weiteren Schleife eingebettet, so wird zur übergeordneten Kontrollstruktur gesprungen; der Wert der Schleifenvariable bleibt erhalten. Der folgende Programmausschnitt durchsucht die Elemente der Reihung *a* nach dem Wert *x*; ist dieser gefunden, so wird die Schleife verlassen.

```
for(int i=0; i<N; i++) //Suchschleife für x
    if (a[i]==x) break; // falls gefunden
```

4.7   Die CONTINUE-Anweisung

Der Befehl CONTINUE ist eine Sprunganweisung innerhalb einer Schleife, die die restlichen Schleifen-Anweisungen ignoriert und, falls die Schleife noch nicht beendet ist, einen weiteren Schleifendurchgang startet. Der folgende Programmausschnitt zählt nur die Anzahl der positiven Elemente einer Reihung a[i], negative Werte oder Null werden übergangen.

```
int positiv=0;
for (int i=0; i<N; i++)
{
    if (a[i]<=0) continue;
    positiv++;
}
```

4.8   Die GOTO-Anweisung

> *The absence of goto's does not*
> *always make a program better*
> *Geschke u.a.*

Der Befehl GOTO ist einer der meist umstrittenen Bestandteile einer Programmiersprache. Die Streitschrift von E. DIJKSTRA *Goto considered harmful* war der Ausgangspunkt der so genannten strukturierten Programmierung. Dieser GOTO-Befehl führt einen unbedingten Sprung zu einer Sprungmarke (label) irgendwo innerhalb desselben Programmblocks aus. Sprungmarken haben Bezeichner wie Variablen und müssen daher im Programm durch einen Doppelpunkt gekennzeichnet werden. Sie müssen nicht wie etwa in PASCAL als Sprungmarke (in Form einer label-Anweisung) deklariert werden. Da die GOTO-Anweisung die Logik und Kontrollstruktur eines Programms unterbricht, sollte sie nur in Ausnahmefällen benutzt werden. In der Regel kommt man mit der BREAK- bzw. CONTINUE-Anweisung vollständig aus.

4.9   Übungen

4.1   Erklären Sie, warum folgender Ausdruck zu einer Endlosschleife führt:

```
for(cout << 'A';cout << 'B';cout << 'C');
```

Was wird ausgegeben?

4.2   Überlegen Sie, welche Ausgabe die folgende FOR-
Schleife für zwei natürliche Zahlen *a, b>0* bewirkt:

```
int r;
for(   ; r = a%b; a=b,b=r);
cout << b;
```

4.3   Die alten Ägypter haben zwei ganze Zahlen *a* und *b*
folgendermaßen multipliziert: *a* wurde solange ganzzahlig halbiert und *b* gleichzeitig verdoppelt, bis *a*
gleich Null wurde. Das Produkt ist dann die Summe aller Werte von *b*, für die *a* jeweils ungerade war.
Schreiben Sie ein Programm dafür!

4.4   Schreiben Sie ein Programm *Verflixte7*, das alle Zahlen
von 1 bis 250 ausdruckt, die weder durch 7 teilbar sind
noch die Ziffer 7 enthalten.

4.5   Die Zahl, die angibt, auf wie viele Möglichkeiten sich k
aus n Dingen auswählen lassen, heißt Binomialkoeffi-
zient *k aus n*. Es gilt: *6 aus 49* ist 13.983.816; dies ist
die Anzahl aller möglichen Lottotips. Berechnen Sie
den Binomialkoeffizienten *k aus n* aus dem iterativen
Schema:

```
binom = 1;
wenn n>0, dann
    für i=1 bis n
    binom = binom*(k-i+1)/i
```

(Hinweis: Ganzzahlige Division!)

4.6 Problem von COLLATZ (früher nach ULAM benannt): Ausgehend von einer beliebigen ganzen Startzahl wird eine Folge von ganzen Zahlen nach folgenden Regeln erzeugt:

❶ Ist die Zahl 1, stop.

❷ Ist die Zahl gerade, so wird sie halbiert. Gehe nach ❶.

❸ Ist die Zahl ungerade, so wird sie verdreifacht und um eins vermehrt. Gehe nach ❶.

Z. B. erhält man so für die Zahl 7 die Folge: 7, 22, 11, 34, 17, 52, 26, 13, 40, 20, 10, 5, 16, 8, 4, 2, 1. Es konnte bisher nicht entschieden werden, ob diese Folge für jede natürliche Startzahl mit 1 endet.

5 Reihungen und Zeichenketten

5.1   Statische Arrays (Reihungen -Felder)

Gleichartige Elemente wie Folgenglieder, Polynom-Koeffizienten, Vektorkomponenten usw. können zu Arrays zusammengefasst werden. Eine deutsche Übersetzung für den Begriff Array ist Reihung. Man findet vielfach auch die Übersetzung Feld, was aber mehr dem englischen Begriff „Field" entspricht, der aber die Komponente einer Struktur beschreibt. Arrays werden in C++ mit konstanter oberer Indexgrenze vereinbart:

```
const int N = 25;
int a[N];
```

Die untere Indexgrenze einer Reihung ist automatisch null, da C/C++ stets bei Null zu zählen beginnt. Dies bedeutet, dass eine Reihung a mit 25 Elementen genau die Komponenten a[0] bis a[24] besitzt. Reihungen können nur statisch initialisiert werden:

```
static float a[25] = {0};
static int tage_im_monat[12] =
    {31,28,31,30,31,30,31,31,30,31,30,31};
static char monat[12] =
{"Januar","Februar","März","April","Mai",
  "Juni","Juli","August","September",
  "Oktober","November","Dezember"};
```

Statisch bedeutet, dass Reihungen nicht in dem zugehörigen Block – z. B. innerhalb einer Funktion – als automatische Variable initialisiert werden können (vgl. Kapitel 8). Möglich ist es auch, Reihungen als globale Variablen zu initialisieren.

Mittels der TYPEDEF-Anweisung können für Reihungen von elementaren Datentypen auch neue Namen definiert werden:

```
typedef double POLYNOM[MAX];
typedef int VEKTOR[25];
```

Damit wird POLYNOM als Reihung vom Typ double, VEKTOR als int-Reihung deklariert.

Die Elemente einer Reihung können über ihren Index angesprochen werden, z. B.

```
a[3] = 12;
cout << a[5];
```

Ebenso die ganze Reihung mittels einer FOR-Schleife:

```
for (int i=0; i<100; i++) a[i]=i;
  /* belegen von a */
```

Das Skalarprodukt zweier (dreidimensionaler) ganzzahliger Vektoren a, b kann realisiert werden durch:

```
int skalprod = 0;
for (int i=0; i<3; i++)
    skalprod += a[i]*b[i];
if (skalprod == 0) cout << "Vektoren stehen
aufeinander senkrecht!";
```

Reihungen stehen in C/C++ in einem engen Zusammenhang mit Pointern (siehe Kapitel 6). Ein Reihungsname a stellt nämlich einen Zeiger auf das nullte Element a[0] dar. Damit ist es möglich, alle Reihungselemente über einen Pointer ptr zu erreichen:

```
ptr = &a[0];
```

Das Element a[7] z. B. lässt sich dann als

```
*(ptr+7)
```

ansprechen. Dieser Reihungszugriff über Zeiger setzt jedoch Kenntnis der Pointer-Arithmetik voraus (vgl. 6.3).

Beim Compilieren wird für jede Reihung ein fester zusammen-
hängender Speicherbereich reserviert. Um den dazu benötigten
Platz bestimmen zu können, muss die obere Indexgrenze der
Reihung bereits beim Compilieren bekannt sein; d.h. die Obergrenze muss als Konstante festgelegt sein. Damit stellt der Reihungsname einen konstanten Zeiger dar. Eine spätere Zuweisung an einen konstanten Pointer ist nicht möglich!

Soll ein Reihung an eine Prozedur (durch Call by Reference)
übergeben werden, ist kein Adress-Operator notwendig (vgl.
dazu Abschnitt 7.5).

Als Beispiel eines vordefinierten Arrays sollen die Messwerte
quer[] eines Schiffsquerschnitts dienen (vgl. Abb. 5.1). Das
Schiffsvolumen wird hier mit der SIMPSON-Regel für Tabellen-
werte ermittelt.

```cpp
#include <iostream>
using namespace std;
int main()
{
const int n = 9; // Anzahl der Messwerte
const double h = 0.4; //Schrittweite
double c = 2.;
double quer[] = {0,1.2,2.42,3.02,3.32,3.6,
3.8,3.92,4.0};
// Simpson-Formel
double volumen = quer[0]+quer[n-1];
for (int i=1; i<n-1; i++)
     volumen += (c=6.-c)*quer[i];
volumen *= h/3;
cout << "Volumen = " << (2.*volumen) << endl; //
wegen Symmetrie
return 0;
}
```

Prog. 5.1   schiff.cpp

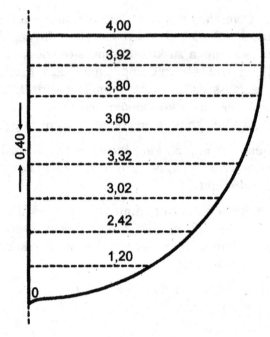

Abb. 5.1   Querschnitt eines Schiffs

5.2   Dynamische Reihung (Array)

Während die Obergrenze von statischen Reihungen beim Compilieren als Konstante festgelegt sein muss, lasen sich dynamische Reihungen auch erst zur Laufzeit erzeugten.

Ein Programmabschnitt zeigt den Aufruf des new-Operators:

```
int N = 100;
int *a = new int[N];
for (int i=0; i<N; i++) a[i] = 2*i;
/* irgendwie belegen */
delete [] a; // loeschen
```

Eine Besonderheit von C++ ist, dass ein dynamisch erzeugtes Array zur Laufzeit im Speicher gelöscht werden kann!

5.3   Zeichenketten in C

Zeichenketten (engl. *Strings*) sind Reihungen vom Typ char mit der Bedingung, dass das Ende einer Zeichenkette durch das Zeichen '\0' (ASCII-0) gebildet wird. Die Zeichenkette "hello" wird also folgendermaßen gespeichert:

Byte	0	1	2	3	4	5
Inhalt	'h'	'e'	'l'	'l'	'o'	'\0'

Die ASCII-Null braucht bei Zeichenketten-Konstanten nicht eingegeben zu werden, dies wird vom Compiler ausgeführt.

Kann die Länge einer Zeichenkette nicht fixiert werden, so muss sie als Zeiger realisiert werden:

```
char string1[25],*string2;
string1 = "Dies ist ein Test!"; /* falsch*/
string2 = "Dies ein weiterer!"; /*richtig*/
```

Die erste Wertzuweisung ist nicht möglich, da die Reihung ein konstanter Pointer ist. Im zweiten Fall wurde wegen des Zeigers noch kein Speicherplatz belegt. Diese Belegung erfolgt nun an geeigneter Stelle; der Zeiger string2 lokalisiert dies. Im ersten Fall wird man die Wertzuweisung mit der Zeichenkettenfunktion strcpy() ausführen:

```
strcpy(string1,"Dies ist ein Test!");
```

5.4   String-Klasse in C++

Sehr viel bequemer und weniger fehleranfällig als die Verwendung einer C-Zeichenketten ist der Einsatz der String-Klasse aus der Standardbibliothek (STL). Eine Wertzuweisung erfolgt in der Form

```
#include <string>
using namespace std;
string name("Franz Meier");
string wohnort = "München";
```

Zwei Strings können mit Hilfe des überladenen +-Operators verkettet werden:

```
string address = name + wohnort;
```

Weitere Informationen über Strings folgen nach Einführung der Objektorientierung im Kapitel 19.

5.5 Mehrdimensionale Reihungen

Zweidimensionale Reihungen kommen in der Programmierpraxis häufig vor. In der Mathematik treten sie als Matrizen oder Determinanten auf und in der Wirtschaft als Umsatztabellen, Tilgungspläne und dergleichen. Auch das Schachbrett und magische Quadrate sind solche zweidimensionalen Tabellen, wobei beim Schachbrett auch Buchstaben als Koordinaten verwendet werden.

Bei mehrdimensionalen Reihungen ist zu beachten, dass für jede Dimension eine eigene Klammer zu setzen ist.

```
int a[5][5];
float tabelle[10][10];
```

Auch bei mehrdimensionalen Reihungen findet die TYPEDEF-Anweisung Anwendung:

```
const int N=4;
typedef double MATRIX[N][N];
```

Diese mehrfache Setzung der Klammer [ ] ist notwendig, da die Schreibweise a[2,3] nämlich wegen des sog. Kommaoperators als eindimensionale Reihung a[ ] interpretiert wird.

Neben zweidimensionalen Reihungen treten auch dreidimensionale auf. So könnte z. B.

```
umsatz[jahr][vertr][plz]
```

der Umsatz einer Firma sein, den sie im Jahr jahr durch den Vertreter vertr im Postleitzahlbereich plz erzielt hat.

5.6   Sortieren und Suchen in Arrays

Die häufigste Tätigkeit mit Listen ist das Sortieren. Man sagt, dass 80 % aller Rechner mit Sortieren und Suchen von Daten beschäftigt sind. Als Beispiel soll das Sortieren von Listen mit dem Verfahren von D. L. SHELL gezeigt werden.

Betrachtet wird die Liste:

1   88   75   62   49   36   23   10   97   84   71   58

mit 12 Elementen. Zunächst werden jeweils die Elemente im Abstand 6 paarweise miteinander verglichen und vertauscht, wenn die kleinere rechts von der größeren steht. Zunächst wird das Paar (1,23), dann (88,10) verglichen. Das Vertauschen der letzten beiden liefert:

1   10   75   62   49   36   23   88   97   84   71   58

Entsprechend werden noch alle weitere Paare mit dem Abstand 6 geprüft, jedoch ist keine Vertauschung mehr nötig. Nun wird der Abstand auf 3 halbiert. Es werden somit die Paare (1,62), (10,49), (75,36) verglichen. Austauschen des letzten Paares ergibt:

1   10   36   62   49   75   23   88   97   84   71   58

Nunmehr werden sukzessive vertauscht (62,23), (88,71) und (97,58). Dies führt zur Liste:

1   10   36   23   49   58   62   71   75   84   88   97

Ganzzahlige Halbierung der Schrittweite ergibt den Wert 1. Durchläuft man die Liste und vertauscht – wenn notwendig – die Elemente im Abstand 1; d. h. benachbarte Elemente, so erhält man die fertig sortierte Reihung:

1   10   23   36   49   58   62   71   75   84   88   97

Der Algorithmus von SHELL kann in C/C++ sehr elegant mit Hilfe dreier Schleifen realisiert werden. Die äußerste Schleife steuert den Abstand gap, die nächste durchläuft alle Listenelemente und die innerste steuert das Austauschen der Listenelemente.

```
#include <iostream>
#include <ctime>
#include <cstdlib>
using namespace std;

void shell(int [],int);

int main()
{
  const int N = 100;
  int list[N];
  time_t now;

  srand((unsigned) time(&now));
  for (int i=0; i< N; i++)
    list[i] = rand() % N;

  cout << "unsortiert:\n";
  for (int i=0; i<N; i++)
    cout << list[i] << "\t";
  cout << "\n";

  shell(list,N);

  cout << "\nsortiert:\n";
  for (int i=0; i<N; i++)
    cout << list[i] << "\t";

  cout << "\n";
  return 0;
}
```

(Fortsetzung auf der nächsten Seite)

```
void shell(int a[],int n)
{
  for (int gap=n/2; gap>0 ; gap /=2)
  for (int i=gap; i<n ; i++)
  for (int j=i-gap; j>=0 && a[j]>a[j+gap]; j -= gap)
  {
    int h=a[j];
    a[j]=a[j+gap];
    a[j+gap]=h;
  }
  return;
}
```

Prog. 5.2   shell.cpp

Eine der schnellsten Suchmethoden in bereits sortierten Daten stellt die sog. Binärsuche dar. Hier wird durch Vergleich mit dem mittleren Wert (*Median* genannt) geprüft, ob der gesuchte Wert in der ersten oder zweiten Hälfte der Liste liegt. Sodann wird in der entsprechende Hälfte wiederum durch Vergleich mit dem Median die zu durchsuchende Liste auf ein Viertel beschränkt. Setzt man dieses Halbierungsverfahren fort, bis der Suchbereich nur noch ein Element umfasst, so lässt sich der Erfolg der Suche durch einen letzten Vergleich bestimmen: Ist das letzte Element gleich dem gesuchten, so war die Suche erfolgreich, andernfalls vergeblich.

Da bei jedem Schritt die Hälfte der zu durchsuchenden Elemente ausgeschieden wird, können in n Schritten Listen mit

2^n Elementen

durchsucht werden. Wegen

$2^{20} > 1.000.000$

können also in nur 20 Schritten sortierte Listen mit einer Million(!) Einträgen durchsucht werden.

Die Binärsuche ist ein so wichtiges Verfahren, dass es auch in die Bibliothek von C bzw. UNIX aufgenommen wurde. Der Prototyp lautet:

```
void *bsearch (const void *key,const void
*base,size_t num,size_t width,int (*compare)())
```

Mit Hilfe dieser Funktion kann in vorsortierten Listen gesucht werden. Zum Vergleich der Elemente muss die Funktion compare() angegeben werden. Das Suchen eines Buchstabens in einer Zeichenkette – hier das Alphabet – zeigt das Programm:

```cpp
#include <iostream>
#include <cstdlib>
#include <cctype>
using namespace std;
#define NELEMS(arr)(sizeof(arr)/sizeof(arr[0]))
typedef int(*fcmp)(const void*,const void*);
int comp(char *,char *);
char alphabet[26]="ABCDEFGHIJKLMNOPQRSTUVWXYZ";

int main()
{
char ch,*p;
cout << "Geben Sie ein Zeichen ein! ";
cin >> ch;
ch = toupper(ch);
p = (char *) bsearch(&ch,alphabet,
NELEMS(alphabet),
sizeof(char),(fcmp) comp );
if (p)
cout << "ist im Alphabet enthalten\n";
else cout << "ist nicht im Alphabet enthalten\n";
return 0;
}

int comp(char *ch,char *s)
{
  return (*ch)-(*s);
}
```

Prog. 5.3   bsearch.cpp

5.7 Magisches Quadrat

Auch zweidimensionale Tabellen können als Reihungen geführt werden. Als anschauliches Beispiel einer solchen Tabelle werden die magischen Quadrate gewählt (vgl. Abb. 5.2). Eine quadratische Anordnung von n Zahlen heißt magisches Quadrat der Ordnung n, wenn das Quadrat die Zahlen

1 bis n^2

so enthält, dass die Summe aller Zeilen, aller Spalten und der beiden Diagonalen denselben Wert – *magische Zahl* genannt – hat. Die Ordnung des unten stehenden Quadrats ist 9, die magische Zahl ist 369.

Ein bekannter Algorithmus zur Bestimmung magischer Quadrate ungerader Ordnung stammt von DE LA LOUBERE, der es 1687 aus China mitbrachte. Ausgehend von der Mitte der ersten Zeile geht man im Normalschritt jeweils ein Kästchen schräg nach rechts oben. Gelangt man an den oberen Rand, geht man in die unterste Zeile. Entsprechend springt man in die erste Spalte, wenn man den rechten Rand des Quadrats erreicht. In dem Fall, dass der Normalschritt auf ein schon besetztes Reihungselement führt oder außerhalb rechts oben und außen führt, so liegt das nächste Element unmittelbar senkrecht unter dem vorhergehenden.

47	58	69	80	1	12	23	34	45
57	68	79	9	11	22	33	44	46
67	78	8	10	21	32	43	54	56
77	7	18	20	31	42	53	55	66
6	17	19	30	41	52	63	65	76
16	27	29	40	51	62	64	75	5
26	28	39	50	61	72	74	4	15
36	38	49	60	71	73	3	14	25
37	48	59	70	81	2	13	24	35

Abb. 5.2   *Magisches Quadrat der Ordnung 9*

Das magisches Quadrat soll hier dynamisch erzeugt werden. Dazu wird die Matrix als Array von Zeilenvektoren definiert.

```cpp
int **const a = new int* [n];
for(int k=0; k<n; k++) a[k] = new int[n];
```

Entsprechend kann der Speicherplatz des Quadrats freigegeben werden:

```cpp
for(i=0; i<n; i++) delete [] a[i];
delete [] a;
```

Eine mögliche Programmierung ist:

```cpp
#include <iostream>
using namespace std;

int main()
{
int n;
cout << "Welche Ordnung (ungerade)? ";
cin >> n;
if (n % 2 ==0) n++;   // n gerade
// dynamisches Erzeugen der Matrix
int **const a = new int* [n];
for (int k=0; k<n; k++)
    a[k] = new int[n];
int i=1,j=(n+1)/2; // Startposition
for (int c=1; c<=n*n; c++)
  {
  a[i-1][j-1] = c;
  if (c % n ==0) i++;
  else
    {
    i = (i==1)? n:i-1;
    j = (j==n)? 1:j+1;
    }
  }
```

(Fortsetzung auf der nächsten Seite)

```
for(i=0; i<n; i++)
{
for (j=0; j<n; j++)
  cout << a[i][j] << "  ";
cout << endl;
}
cout << "\nMagische Zahl = " << ((n*n*n+n)/2) <<
"\n";
// Loeschen der Matrix
for(i=0; i<n; i++) delete [] a[i];
delete [] a;
return 0;
}
```

Prog. 5.4   magic.cpp

5.8   Mengen

In C können Mengen durch Reihungen realisiert werden. Gehört das positive Element i zur Menge A, so setzt man a[i]=1, anderenfalls a[i]=0. Die Werte 0 und 1 lassen sich hier auch als Wahrheitswerte auffassen. Diese Implementierung wird bei dem klassischen Algorithmus Primzahlsieb des ERATOSTHENES verwendet.

```
#include <iostream>
using namespace std;
int main()
{
const int N = 8190;
bool prim[N+1] = {0};
int zaehl = 1; /* zaehlt "2" */
cout << "Primzahlen bis " << (2*N+3) << endl;
cout << '2' << "\t";

for (int i=0; i<= N; i++)
  prim[i] = true; /* Sieb füllen */
```

(Fortsetzung auf der nächsten Seite)

```
for (int i=0; i<= N; i++)
  if (prim[i]) /* aussieben */
  {
  int p = i+i+3;
  int k = p+i; // Vielfaches
  while (k <= N)
    {
    prim[k] = false; k += p;
    }
  zaehl++;
  /* keine Ausgabe bei Benchmark */
  cout << p << "\t";
  }
cout << "\n" << zaehl << " Primzahlen gefunden\n";
return 0;
}
```

Prog. 5.5   sieb.cpp

Die obere Grenze ist dem bekannten Benchmark-Programm der Zeitschrift BYTE entnommen. Das dort gegebene Benchmark-Programm rechnet sehr effizient nur mit ungeraden Primzahlen. Es war jedoch mathematisch nicht korrekt und lieferte über 800 "Primzahlen" zu viel.

5.9   Polynome

Ein Polynom

$$a_n x^n + a_{n-1} x^{n-1} + \ldots + a_1 x + a_0$$

kann als Reihung seiner Koeffizienten gespeichert werden:

a[n], a[n-1], a[n-2], .. , a[1], a[0]

n heißt der Polynomgrad von a für a[n] ungleich Null. Die Reihung

a[4]=1, a[3]=0, a[2]=-3, a[1]=-4, a[0]=-1

stellt somit das Polynom

$$x^4 - 3x^2 - 4x - 1$$

dar. Ein Algorithmus zur Funktionswert-Berechnung eines Polynoms, der ohne Potenzierung auskommt, wird nach W. HORNER benannt.

```cpp
#include <iostream>
using namespace std;
typedef double POLYNOM[25];

int main()
{
POLYNOM a;
int N;
double x;
cout << "Polynomgrad (<25)? ";
cin >> N;
cout << "\nEingabe der Polynomkoeffizienten\n";
for (int i=N; i>=0; i--)
{
cout << "Koeffizient von x^" << i << "?\n";
cin >> a[i];

cout << "\nx-Wert? ";
cin >> x;
double f = a[N]; /* Horner-Schema */
for (int i=N-1; i>=0; i--) f = f*x + a[i];
cout << "\nFunktionswert = " << f << "\n";
return 0;
}
```

Prog. 5.6   horner.cpp

Der Funktionswert *f(2)* des Polynoms

$$f(x) = x^4 - 3x^2 - 4x - 1$$

ist somit 11. Auch die Stellenwert-Schreibweise verwendet die Polynomdarstellung. Die Dezimalzahl 124.765 stellt nämlich nur eine verkürzte Schreibweise für

$$1 \cdot 10^6 + 2 \cdot 10^5 + 4 \cdot 10^4 + 7 \cdot 10^3 + 6 \cdot 10^2 + 5$$

dar. Entsprechend ist die Binärzahl 1011001 gleich

$$1 \cdot 2^6 + 0 \cdot 2^5 + 1 \cdot 2^4 + 1 \cdot 2^3 + 0 \cdot 2^2 + 1$$

Binärzahlen lassen sich somit mittels HORNER-Schema ins Dezimalsystem umwandeln.

5.10   Matrizen

Matrizen sind zweidimensionale Reihungen, für die eine Addition und Multiplikation definiert sind. Stimmt die Zeilenzahl einer Matrix mit ihrer Spaltenzahl überein, heißt sie *quadratisch*. Die Anzahl der Spalten bzw. Zeilen einer quadratischen Matrix nennt man auch die Ordnung der Matrix. Die Addition zweier Matrizen A, B gleicher Ordnung geschieht elementweise:

```
// Matrizenaddition A+B=C
for (i=0; i<N; i++)
for (j=0; j<N; j++)
    c[i][j] = a[i][j]+b[i][j];
```

Die Multiplikation zweier quadratischer Matrizen A*B läuft nach dem Schema, dass jede Zeile von A mit jeder Spalte von B multipliziert wird. Die Matrizen A und B werden hier als statische Variablen initialisiert. Dies ist gleichzeitig ein Beispiel dafür, wie mehrdimensionale Reihungen vorbelegt werden können:

```
const int N = 3;
typedef int MATRIX[N][N];

int main()
{
   MATRIX c;
   static MATRIX a = {{-2, 0, 5 },
                      { 1, -3, 4 },
                      { 0, 3, -1 }};
```

(Fortsetzung auf der nächsten Seite)

```
static MATRIX b = {{  3,  -1,  1 },
                   {  2,   2,  0 },
                   { -2,   1,  4 }};
// Multiplikation
 for (int i=0; i<N; i++)
 for (int j=0; j<N; j++)
  {
  int sum = 0;
  for (int k=0; k<N; k++)
        sum += a[i][k]*b[k][j];
  c[i][j] = sum;
  }
// Ausgabe
 for (int i=0; i<N; i++)
  {
  for (int j=0; j<N; j++)
        cout << c[i][j] << "\t";
  cout << "\n";
  }
 return 0;
}
```

Prog. 5.7   *matrix.cpp*

Das Ergebnis ist

$$A*B = \begin{pmatrix} -16 & 7 & 18 \\ -11 & -3 & 17 \\ 8 & 5 & -4 \end{pmatrix}$$

Vertauscht man aber **A** und **B**, so erhält man

$$B*A = \begin{pmatrix} -7 & 6 & 10 \\ -2 & -6 & 18 \\ 5 & 9 & -10 \end{pmatrix}$$

Daran sieht man, dass das Matrizenprodukt nicht kommutativ ist.

5.11   Übungen

5.1 Schreiben Sie ein Programm, das die Quersumme (= Summe aller Ziffern) einer ganzen Zahl berechnet.

Hinweis: Lesen Sie die Zahl als String ein!

5.2 Ein Polygon (Vieleck) mit n Ecken hat in einem Koordinatensystem die Eckpunkte

$$(x_1, y_1)(x_2, y_2), \cdots (x_n, y_n)$$

Der Flächeninhalt A des Polygons ergibt sich aus der Formel von Gauß

$$A = ((x_1 + x_2)(y_1 - y_2) + (x_2 + x_3)(y_2 - y_3) + .. (x_n + x_1)(y_n - y_1))/2$$

wenn die Eckpunkte im mathematischen Drehsinn durchlaufen werden. Schreiben Sie ein Programm dazu!

5.3 Ermitteln Sie durch vier verschachtelte FOR-Schleifen alle möglichen Augensummen von vier Würfeln. Speichern Sie diese Augensummen in einer Reihung, und stellen Sie dies grafisch dar.

6 Pointer

*The introduction of references
into a high-level language is a
serious retrograde step.*
C.A. Hoare

6.1 Was sind Pointer?

Von vielen Leuten werden Pointer als das am schwersten verständliche Kapitel der Programmiersprache C betrachtet. Wie das oben stehende Zitat von HOARE zeigt, lehnen einige Informatiker das Arbeiten mit Zeigern als Rückschritt in die Assemblerzeit generell ab. Dies kommt zum einen daher, dass viele Programmiersprachen wie BASIC oder FORTRAN überhaupt keine Pointer kennen und neuere Sprachen – wie PASCAL – den Gebrauch von Pointern wesentlich einschränken. Zum anderen gilt, dass durch die in C verwendete Syntax für Pointer das Verständnis des Lernenden nicht gerade erleichtert wird.

Was ist nun ein Pointer?

Ein Pointer oder Zeiger eröffnet die Möglichkeit, direkt auf die Adresse einer Variable zuzugreifen und gegebenenfalls auch den Wert einer Variable zu verändern. Um eine Variable eines beliebigen Typs zu verwalten, muss der Rechner nicht nur ihren Wert v, sondern auch noch ihren Speicherplatz &v (*Adresse* genannt) kennen. Der einstellige Operator & heißt daher Adressoperator (oder Referenz-Operator).

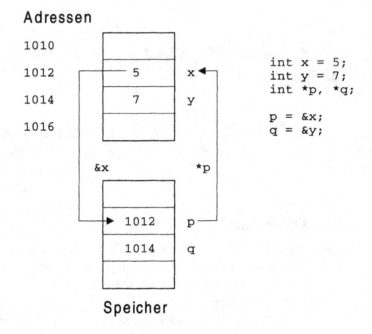

Abb. 6.1   *Pointer und Adressen*

Damit in C/C++ – im Gegensatz zu den meisten anderen Programmiersprachen – explizit mit Adressen gerechnet werden
kann, führt man diese Pointer ein. Durch die folgende Deklaration:

```
int *ip;
float *fp;
char *cp;
```

werden drei Variablen ip, fp, cp erklärt. ip ist vom Typ Pointer
auf int (d. h. ip zeigt auf eine ganze Zahl), fp ist ein Pointer
auf float und entsprechend cp ein Pointer auf char. Der
Wertebereich einer Pointervariablen beginnt bei 0 und schließt
alle positiven int-Werte ein, die im jeweiligen Rechner im jeweiligen Speichermodell als Maschinen-Adresse interpretiert
werden können. Zu beachten ist, dass durch die Deklaration
einer Pointervariablen noch kein Speicherplatz reserviert worden ist. Dies geschieht erst durch die Zuweisungen:

```
ip = &i;
fp = &x;
cp = &c;
```

ip zeigt hier auf die ganze Zahl i, fp auf die Zahl x vom Typ float und cp auf das Zeichen c. Ein besonderer Pointer ist derjenige, der auf „Nichts" zeigt:

```
p = NULL;
```

Die Konstante NULL = '\0' ist bei den meisten Compilern in der Datei <stdio.h> vordefiniert. Die Zuweisung

```
p = &v;
```

ist (fast) gleich bedeutend zu

```
*p = v;
```

Der Stern vor der Variable dient als Dereferenzierungs- oder Verweisoperator und darf nicht mit dem Multiplikationszeichen verwechselt werden. Er ist in gewisser Weise der inverse Operator zu &. Aus

```
p = &x;
*p = x;
```

folgt nämlich durch Einsetzen

```
p = &(*p);
```

Dies bedeutet, dass sich die Operatoren & und * in ihrer Wirkung gegenseitig aufheben. Dies lässt sich leicht mit einem kleinen Programm nachvollziehen:

```
int main()
{
 int i=7, *int_ptr;
 int_ptr = &i;
 cout << "Zuordnung int_ptr=&i\n";
 cout << "Der Pointer zeigt auf den Wert " <<
(*int_ptr) << "\n";
```

(Fortsetzung auf der nächsten Seite)

```
cout << "Die Adresse von i ist " << int_ptr <<
"\n";
*int_ptr = i;
cout << "Zuordnung *int_ptr=i\n";
cout << "Der Pointer zeigt auf den Wert " << i <<
"\n";
cout << "Die Adresse von i " << &i << "\n";
return 0;
}
```

Prog. 6.1   point.cpp

Jedoch kann

```
*int_ptr = i;
```

nicht als Initialisierung eines Pointers dienen.

Ein Code dieser Art kann wegen der ungültigen Initialisierung des Pointers zum Programmabbruch oder u. U. sogar zum Systemabsturz führen, falls der Pointer zufällig in den Speicherbereich des Betriebssystems weist.

Ebenso ist die Verwendung von Pointern auf Variablen vom Typ char oder float erlaubt. Neben den Pointern auf einfache Datentypen gibt es in C auch Zeiger auf höhere Datentypen wie Verbunde und Strukturen sowie auf Funktionen. Dies wird in späteren Abschnitten gezeigt.

6.2   Pointer und Reihungen

Wie schon im Kapitel 5 *Reihungen und Zeichenketten* erwähnt wurde, stellt jede Reihungsvariable die Adresse des ersten Reihungselements dar, d. h. einen Zeiger auf das erste Reihungselement. Ist a eine int-Reihung und p ein entsprechender Pointer, so ist folgende Zuweisung möglich:

```
p = a; /* oder */
p = &a[0];
```

Die umgekehrte Zuordnung ist nicht möglich

```
a = p; /* falsch */
```

da a auf einen festen Speicherplatz weist und daher ein konstanter Pointer ist. Dagegen kann ein Zeiger p auf verschiedene Adressen zeigen. Gilt p = &a[0], so liefert z. B. p++ die Adresse von a[1]. Allgemein gilt:

```
p+i = &a[i];   /* bzw. */
*(p+i) = a[i];
```

Das folgende Programm zeigt auf zwei Arten, wie durch Weitersetzen eines Pointers alle Werte und Adressen einer Reihung durchlaufen werden können:

```
#include <iostream>
using namespace std;

int main()
{
  const int N = 10;
  long a[N],*p;
  for (int i=0; i < N; i++) a[i]=i;
  p = a;
  for (int i=0; i < N; i++)
  cout << (*(p+i)) << "\t" << (p+i) << "\n";
  for (p = a; p<(a+N); p++)
  cout << (*p) << "\t" << p << "\n";
  return 0;
}
```

Prog. 6.2   point3.cpp

6.3 Pointer-Arithmetik

> *Pointer arithmetic is a popular*
> *pastime for system programmers.*
> GESCHKE *u.a.*

Wie soeben gezeigt, können Ausdrücke wie

```
p++;
p+i;
p += i;
```

einen Sinn haben, wenn p ein Pointer auf den Typ der Reihungselemente ist. Zu beachten ist, dass durch Rechnen mit
Pointern auch der Wert von Variablen geändert werden kann,
ohne dass es zu einer expliziten Wertzuweisung an diese Variablen kommt. Dies demonstriert das folgende Programm.

```cpp
#include <iostream>
using namespace std;
int main()
{
  int x=3,y=4,*p,*q;
  cout << "x = " << x << "  y = " << y << "\n";
  p = &x;
  q = &y;
  *p += 7;
  *q += 7;
  cout << "x = " << x << "  y = " << y << "\n";
  return 0;
}
```

Prog. 6.3   ptradd.cpp

Das Programm liefert für x und y zunächst die Werte 3 bzw.
4, dann die Werte 10 bzw. 11. Dies zeigt, dass ohne Wertzuweisung an x bzw. y tatsächlich deren Werte geändert wurden. Es ist klar, dass die Anwendung solcher Tricks zu schwer
lesbaren Programmen führen kann.

Neben der Addition von Pointern lässt sich auch deren Subtraktion erklären. Sind p und q Pointer auf den Typ der Reihungselemente von a, so liefert die Differenz p-q mit

```
p = &a[i]; q = &a[j];
```

die Anzahl der Reihungselemente zwischen a[i] und a[j] als int-Wert. Diese Anzahl stimmt jedoch nicht mit der numerischen Differenz aus den Adresswerten &a[j]-&a[i] überein! Dieser Sachverhalt lässt sich analog an Variablen vom Typ float zeigen:

```
#include <iostream>
using namespace std;
int main()
{
  float x = 1.5, *p, *q;
  p = &x;
  q = p+1;
  cout << (int)(q-p) << ((int)q-(int)p)) << "\n";
  return 0;
}
```

Prog. 6.4   ptrsub.c

Der Programmausgabe 1 4 zeigt, dass gilt

```
(int)(q-p) = 1
```

jedoch

```
(int)p -(int)q = 4
```

Dies zeigt deutlich, dass es sich bei der Pointer-Arithmetik nicht um eine Integer-Arithmetik handelt. Der Unterschied erklärt sich leicht. q zeigt auf das nächste Element nach p, daher ist

```
q - p = 1
```

Dagegen werden zur Speicherung der float-Variable x vier Bytes benötigt, die Differenz der Adressen ist somit 4.

Nach der Norm sind ebenfalls Vergleichsoperatoren für Pointervariablen gleichen Typs definiert.

```
p < q
```

ist genau dann wahr, wenn die Adresse, auf die p zeigt, kleiner ist als diejenige von q. Ein häufig benutzter Vergleich ist der Test, ob ein Pointer auf Null zeigt:

```
if (p == NULL) /* oder */
if (!p)
```

6.4   Pointer und C-Zeichenketten

Der im Abschnitt 6.2 erklärte Zusammenhang von Pointern und Reihungen überträgt sich entsprechend auch auf Zeichenketten. Damit sind folgende zwei Deklarationen (fast) identisch

```
char str1[] = "Romeo & Julia";
char *str2 = "Romeo & Julia";
```

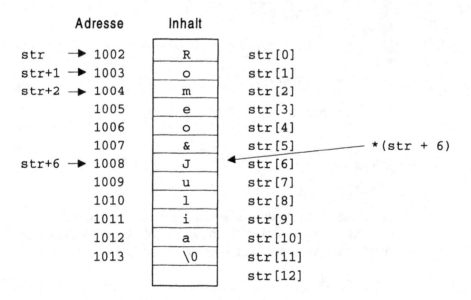

```
static str[11] = "Romeo&Julia";
```

Abb. 6.2   Speicherung einer Stringkonstante

Der einzige Unterschied ist, dass `str1` ein konstanter Pointer ist im Gegensatz zu `str2`. Dem String `str1` kann also mittels

```
str1 = str2    // hier falsch!
```

keine neue Zeichenkette zugeordnet werden:

```
char str1[]  = "Romeo & Julia";
char *str2 = "Gaius Julius Caesar";
str1 = str2;       /* falsch */
strcpy(str1,str2); /* richtig */
```

Vielmehr muss hier die Stringfunktion `strcpy()` angewandt werden.

Dagegen ist diese Wertzuweisung mittels = bei Pointern zur Initialisierung notwendig:

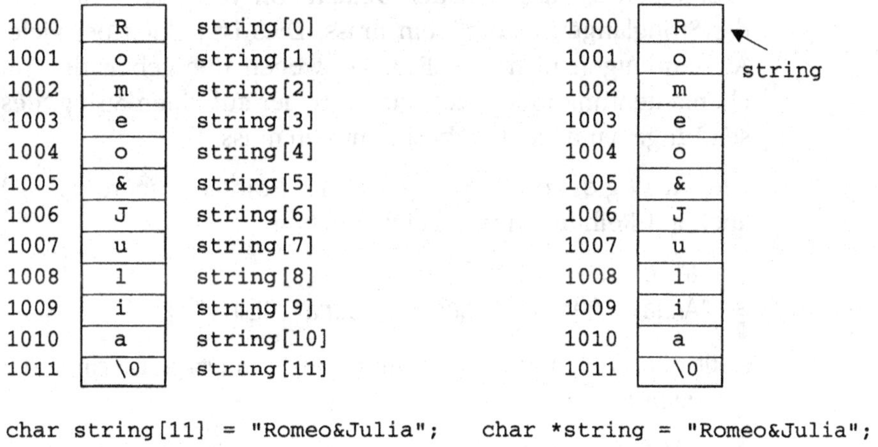

1000	R	string[0]
1001	o	string[1]
1002	m	string[2]
1003	e	string[3]
1004	o	string[4]
1005	&	string[5]
1006	J	string[6]
1007	u	string[7]
1008	l	string[8]
1009	i	string[9]
1010	a	string[10]
1011	\0	string[11]

1000	R	string
1001	o	
1002	m	
1003	e	
1004	o	
1005	&	
1006	J	
1007	u	
1008	l	
1009	i	
1010	a	
1011	\0	

`char string[11] = "Romeo&Julia";`   `char *string = "Romeo&Julia";`

Abb. 6.3   *String und Pointer auf String*

```
char *str1;
char *str2 = "Romeo und Julia ";;
str1 = str2;       /* richtig */
strcpy(str1,str2); /* falsch  */
```

Zeigt ein Pointer `p` auf einen String `str`, erhält man durch Weitersetzen des Zeigers alle Zeichen mittels `*(p++)`. Dies lässt sich wie folgt darstellen:

```
#include <iostream>
#include <cstddef>
using namespace std;
int main()
{
char *str = "Romeo&Julia", *p;
p = str;
for (   ; *p!= NULL;   )
 cout << static_cast<char>(*p++) << "\n";
return 0;
}
```

Prog. 6.5   strptr.cpp

Der wichtigste Grund für die Benutzung von Pointern bei Zeichenketten ist, dass bei der Deklaration von char-Reihungen die Stringlänge bekannt sein muss. Dies ist jedoch bei vielen Anwendungen nicht der Fall. Deswegen übergeben die Zeichenkettenfunktionen stets einen Zeiger auf einen String, dessen Länge dann nicht vorbestimmt sein muss.

Die Analogie von Reihungen und Pointern überträgt sich auch auf Reihungen von Zeichenketten.

```
static char *name[5] =
{"Anna","Berta","Caesar","Dora","Emil" }
```

stellt eine 5-elementige Reihung von Pointern auf Strings dar. Dagegen ist

```
static char[5][7] =
{"Anna","Berta","Caesar","Dora","Emil" }
```

eine 5-elementige Reihung von Zeichenketten der Länge 7. Beide Vereinbarungen sind nicht völlig äquivalent, da alle Elemente von String-Reihungen gleiche Länge belegen, die Elemente von Pointer-Reihungen hingegen ungleiche Länge aufweisen (vgl. Abb. 6.4). Man nennt diese Reihungen von Pointern auch *Flatter*-Arrays. Die String-Reihung belegt hier mehr Speicherplatz.

Array of strings: `char name[5][6]`

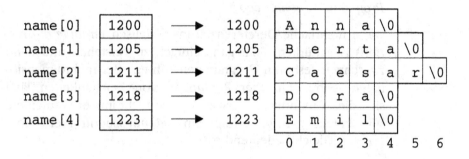

Array of pointer auf strings: `char *name[5]`

Abb. 6.4   *Vergleich Reihungen von Strings bzw. Pointer*

6.5   Pointer auf Pointer

Da ein Pointer auf eine beliebige Variable zeigen kann, ist es möglich, Pointer ihrerseits auf Pointer weisen zu lassen. Ist i eine int-Zahl, p ein Pointer auf i und q ein Pointer auf p, so liefert **q den Wert von i:

```
int main()
{
  int i=7, *p,**q;
  p = &i;
  q = &p;
  cout << "**q liefert den Wert " << (**q) << "\n";
  return 0;
}
```

Prog. 6.6   *dblptr.cpp*

Diese mehrfache Dereferenzierung (englisch *multiple indirection*) ist natürlich nicht ganz einfach zu verstehen und kann zu schwer lesbaren Programmen führen. Bei mehrdimensionalen Reihungen oder Reihungen von Zeichenketten lässt sich dieser mehrfache Verweis jedoch nicht immer vermeiden. Wie bereits gezeigt, erfolgt ein Reihungszugriff meist über Pointer. Gleich bedeutend sind

```
a[i]  /*bzw.*/  *(a+i)
```

Entsprechend kann auf die zweidimensionale Reihung a[i][j] zugegriffen werden mittels

```
*(*(a+i)+j)
```

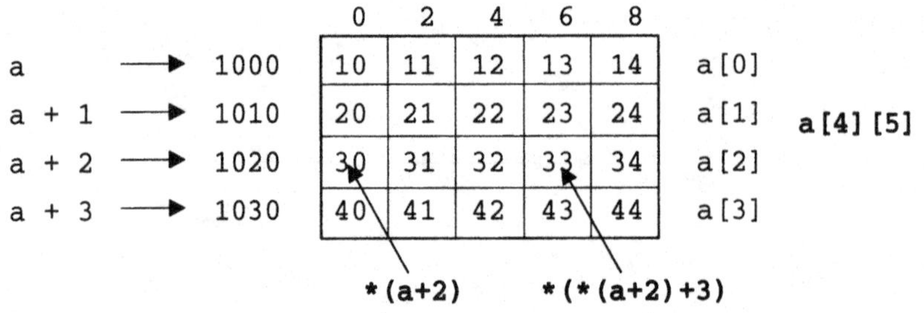

Abb. 6.5   Speicherung einer zweidimensionalen Reihung

Dieser Zugriff wird im folgenden Programm verwendet:

```
int main()
{
  const int ZEIL=4,SPALT=5;
  static int tabell[][SPALT] =
                {{ 10, 11, 12, 13, 14 },
                 { 20, 21, 22, 23, 24 },
                 { 30, 31, 32, 33, 34 },
                 { 40, 41, 42, 43, 44 }};

  for (int i=0; i<ZEIL; i++)
  {
   for (int j=0; j<SPALT; j++)
       cout << (*(*(tabell+i)+j));
  cout << "\n";
  }
  return 0;
}
```

Prog. 6.7   tabell.cpp

Eine solche Tabelle oder Matrix als Pointer auf Pointer zu definieren, bringt zwei wesentliche Vorteile. Zu einem muss die Dimension der Tabelle nicht im Voraus festgelegt werden, zum anderen ist es möglich, zur Laufzeit des Programms zu prüfen, ob genügend Speicherplatz zur Verfügung steht.

Beim Arbeiten mit Pointern ist zu beachten, dass ein Speicherplatz nur ansprechbar ist, wenn ein Pointer auf ihn weist. Wird ein solcher Zeiger umgebogen, so dass er zusammen mit einem zweiten auf einen anderen Platz weist (so genanntes *Pointer-Aliasing*), so verbleibt an anderer Stelle nicht mehr adressierter Speicherbereich (vgl. Abb. 6.6). Dieser Vorgang wird im folgenden Programm gezeigt:

```
#include <iostream.h>
int main()
{
  int *x = new int;
  int *y = new int;
  int *z = new int;

  *x = 11; *y = 12; *z = 13;
  cout << (*x) << "   " << (*y) << "   " << (*z) <<
"\n";
  *z = *x;
  cout << (*x) << "   " << (*y) << "   " << (*z) <<
"\n";
  y = x;        /* falsch statt *y = *x */
  cout << (*x) << "   " << (*y) << "   " << (*z) <<
"\n";
  *x = 14; *y = 15; *z = 16;
  cout << (*x) << "   " << (*y) << "   " << (*z) <<
"\n";

  return 0;
}
```

Prog. 6.8   alias.cpp

Zunächst erhält man die Ausgabe 11 12 13. Durch *z=*x
zeigt somit *z auch auf x; dies ergibt die Ausgabe 11 12 11.
Die Anweisung:

```
y = x
```

ist nun fatal, da nun jede Referenz auf x auch für y gilt. Die
zugehörige Ausgabe ist somit 11 11 11. Die letzte Ausgabe ist
15 15 16, da die Verweise auf x und y nunmehr gleich bedeutend sind.

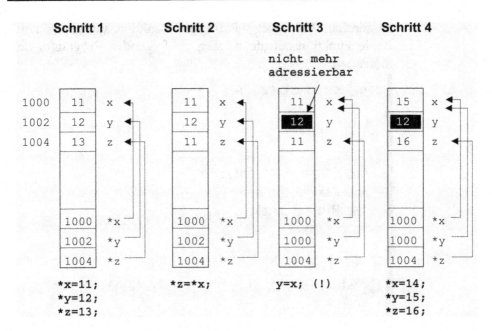

Abb. 6.6   Pointer-Aliasing

6.6   Pointer auf Funktionen

Da in C/C++ auch Funktionen Adressen haben, ist es möglich, Pointer auf Funktionen (siehe Kapitel 7) zeigen zu lassen. Ein solcher Pointer fptr, der auf eine Funktion vom Typ fkt_typ zeigt, wird erklärt durch:

```
fkt_typ (* fptr)();
```

Auf das erste runde Klammerpaar kann hier nicht verzichtet werden, da

```
fkt_typ * fptr(); /* falsch */
```

wegen der Priorität der Funktionsklammern eine Funktion darstellt, die einen Pointer auf den Typ fkt_typ liefert. Die entsprechende Funktion func wird nach der Zuweisung fptr=func durch

```
(*fptr)(x,y);   /* oder */ fptr(x,y);
```

aufgerufen. Die zweite Form des Funktionsaufrufs ist neu. Beide Funktionsaufrufe werden im folgenden Programm demonstriert:

```cpp
#include <iostream.h>


int main()
{
  int (*fptr)(int,int);
  int Max(int,int);
  int Min(int,int);
  fptr = Max;

  /* 1.Form */
  cout << "max(3,5) = " << (*fptr)(3,5)) << "\n";
  fptr = Min;

  /* 2.Form */
  cout << "min(3,5) = " << fptr(3,5) << "\n";
  return 0;
}

int Max(int a,int b){ return(a>=b? a:b);}
int Min(int a,int b){ return(a<=b? a:b);}
```

Prog. 6.9   ptrfkt.cpp

Standardbeispiele für die Anwendung von Pointern auf Funktionen sind der Compilerbau und universelle Sortierprogramme, die sowohl Zahlen wie Zeichenketten sortieren.

Als Beispiel soll hier noch das wahlweise Sortieren mittels Bubble-Sort gezeigt werden. Die Prozedur bubble() enthält einen Funktionszeiger (*compare)(), der angibt, ob aufsteigend oder fallend sortiert werden soll. Das Prinzip kann folgendem Programm entnommen werden:

```
#include <iostream>
#include <ctime>
#include <cstdlib>
using namespace std;
void bubble(int a[],int n,bool (*compare)(int,int))
{
for (int i=n; i>0; i--)
for (int j=0; j<i-1; j++)
    if ((*compare)(a[j],a[j+1]))
    { int h = a[j]; a[j]=a[j+1]; a[j+1]=h; }
return;
}

bool steigend(int a,int b){ return a > b; }
bool fallend(int a,int b) { return a < b; }
void ausgabe(int a[],int n)
{
for(int i=0; i<n; i++) cout << a[i] << "\t"; cout <<
"\n";
}

int main()
{
time_t now;
srand((unsigned)time(&now));
int N = 25;
cout << "Wie viele Zahlen? ";
cin >> N;
int *a = new int[N];
for (int i=0; i<N; i++)
    a[i] = rand() % 100;
cout << "unsortiert\n";
ausgabe(a,N);
cout << "aufsteigend sortiert\n";
bubble(a,N,steigend);
ausgabe(a,N);
```

(Fortsetzung auf der nächsten Seite)

```
cout << "fallend sortiert\n";
bubble(a,N,fallend);
ausgabe(a,N);
delete [] a;
return 0;
}
```

Prog. 6.10   bubble.cpp

Ein wichtiger Einsatz von Pointer auf Funktionen findet sich auch in der numerischen Mathematik, wenn eine Anzahl von Funktionen einer bestimmten numerischen Prozedur, z. B. der numerischen Integration, unterworfen wird. Als einfaches Beispiel wird hier die wahlweise numerische Integration dreier Funktionen gewählt. Der Funktionszeiger wird hier als typedef definiert.

```
#include <iostream>
#include <cmath>
using namespace std;

typedef double (*funktion)(double);
double f1(double x)
{
return 4*sqrt(1.-x*x);
}
double f2(double x)
{
return 4/(1.+x*x);
}
double f3(double x)
{
return sin(x);
}
double simpson(double a, double b,int n, funktion
fkt)
```

(Fortsetzung auf der nächsten Seite)

```
{
double h=(b-a)/n;
if (n % 2 == 1) n++; // n gerade
double sum = fkt(a)+fkt(b);
double c = 2.;
for (int i=1; i<n; i++)
    sum += (c=6-c)*fkt(a+i*h);
return sum*h/3;
}


int main()
{
cout << simpson(0,1,20,f1) << "\n";
cout << simpson(0,1,20,f2) << "\n";
cout << simpson(0,M_PI,20,f3) << "\n";
return 0;
}
```

Prog. 6.11   simpson.cpp

Wichtig ist hier, dass alle Funktionen, auf die ein Funktions-pointer zeigt, explizit im Hauptprogramm deklariert werden, auch wenn es sich um Standardfunktionen (wie hier bei Funktion f3) handelt.

Die exakten Ergebnisse der 3 Integrale sind π, π und 2. Somit sind die numerischen Werte, bis auf den ersten Wert, relativ genau:

> 3.13645
>
> 3.14159
>
> 2.00001

6.7   Referenzen

Völlig neu in C++ gegenüber in C sind die sogenannten Referenzen; das sind konstante Pointer mit spezieller Syntax (Adress-Operator &), die als zweiter Name („Alias") einer Variablen dienen.

Die Referenzen haben große Bedeutung in der Informatik erlangt, da in manchen Programmiersprachen – wie Java – *alle* Objekte Referenzen sind. Ferner wird durch die Verwendung von Referenzen das Call-by-Reference wesentlich vereinfacht (siehe auch Abschnitt 7.5).

```
int i = 11; // Variable
int &j = i; // Referenz
```

Referenzen müssen stets initialisiert werden. Die Variable *j* wird damit zum Alias für *i*. Dies kann u. U. zu nichtgewünschten Effekten führen (auch in Java).

```
int main()
{
  int i=13;
  int &ref = i; // Referenz auf i
  cout << i << endl;
  ref = 17; // Vorsicht!
  cout << i << endl;
  return 0;
}
```

Prog. 6.12   alias.cpp

Die Ausgabe 13 bzw. 17 zeigt, dass mit ref auch i geändert wurde(!). In Abschnitt 6.6 konnte der *Aliasing*-Effekt bereits mit Pointern beobachtet. werden. Dies funktioniert auch unter C++.

```
int main()
{
  int i=13;
  int *ptr = &i; // Pointer auf i
  cout << i << endl;
  *ptr = 17; // Vorsicht!
  cout << i << endl;
  return 0;
}
```

Prog. 6.13   alias2.cpp

Auch hier ist die Ausgabe wieder 13 bzw. 17. Referenz-Variablen können auch an Funktionen und Prozeduren übergeben werden.

```
void procedure(int &a,float b)
```

Analog können Funktionen Referenzen als Funktionswerte zurückgeben.

```
double &element(int i,int j)
```

Das Vertauschen zweier int-Werte lässt sich mit Referenzübergabe eleganter formulieren:

```
void swap(int &a,int &b)
{
  int h;
  h = a; a = b; b = h;
  return;
}
```

Hier die Übergabe mittels Pointern

```
void swap(int *a,int *b)
{
  int h;
  h = *a; *a = *b; *b = h;
  return;
}
```

In C++ stellen Referenzen L-Values dar; d. h. sie können auf der linken Seite einer Wertanweisung stehen. Liefert nun eine Funktion eine Referenz, so kann der Funktionsname auf der linken Seite stehen! Diese etwas gewöhnungsbedürftige Schreibweise zeigt das Programm

```
#include <iostream>
using namespace std;
int &element(void);
int a[5] = {0,1,2,3,4};
int index = 0; // global

int main()
{
 for (int i=0; i<5; i++)
     cout << a[i] << "  ";
 cout << endl;
 element() = 13;
 index = 4;
 element() = 17;
 for (i=0; i<5; i++)
    cout << a[i] << "  "; cout << endl;
 return 0;
}
int &element() { return a[index]; }
```

Prog. 6.14   lvalue.cpp

Das Programm liefert die Ausgabe

```
0  1  2  3  4
13  1  2  3  17
```

Das folgende Programmbeispiel zeigt die drei möglichen Arten der Übergabe von Variablen.

```
#include <iostream>
using namespace std;
int square1(int); // Prototypen
void square2(int *);
void square3(int &);

int main()
{
```

(Fortsetzung auf der nächsten Seite)

```
int x,y,z;
x = y = z = 11;
square2(&y);
square3(z);
cout << square1(x) << " " << y << "  "
    << z << endl;
return 0;
}
int square1(int a) { return a*a; }
void square2(int *b) { *b *= *b; return; }
void square3(int &c) { c *= c; return; }
```

Prog. 6.15   call.cpp

6.8   Übungen

6.1   Was ergibt das folgende Programm?

```
int main()
{
  int i=7, *p;
  p = &i;
  cout << (*p) << "\t" << (*p+3) << "\t" <<
(**&p) << "\t" << (p-(p-7)));
  return 0;
}
```

Prog. 6.16   ptr_ueb1.c

6.2   Geben Sie an, welche der folgenden Zuweisungen definiert sind, wenn i, j, *p, *q vom Typ int sind:

(a)   p = &i;
(b)   q = &j;
(c)   p = &*&i;
(d)   i = (int) p;
(e)   i = *&*&j;
(f)   i = (*&)j;
(g)   i = *(p++) + *q;

(h)   i = (*p)++ + *q;
(i)   q = &p;
(j)   *q = &j;

6.3   Was gibt das folgende Programm aus?

```
int main()
{
   static int a[] = {1,2,3,4,5,6};
   int i,*p;
   for (p=a, i=0; i<6; i++)
       cout << (*p++);
   return 0;
}
```

Prog. 6.17:   *ptr_ueb3.c*

6.4   Gegeben sei die zweidimensionale Reihung int
a[3][5]. Prüfen Sie, ob folgende Ausdrücke gleichwertig sind:

```
*(a[i]+j)
(*(a+i))[j]
*((*(a+i))+j)
*(&a[0][0]+5*i+j)
```

7 Funktionen

7.1 Funktionen

Eine Funktion ist mathematisch gesehen eine Vorschrift, die zu einem gegebenen Satz von Argumenten einen bestimmten Funktionswert liefert. Entsprechend versteht man in der Informatik darunter einen selbstständigen Programmteil, der in Abhängigkeit von gewissen Parametern einen wohlbestimmten Wert liefert. Beispiele für Funktionen sind:

```
int Max(int a,int b) /* Maximum */
{
    return (a>=b)? a : b;
}
float fahrenheit (int celsius)
    { return (1.8*celsius+32.0); }
float mwst(float betrag)
    { return betrag*0.16; }
```

Die erste Funktion bestimmt zu zwei ganzen Zahlen das Maximum. Die zweite Funktion ergibt für jede ganzzahlige CELSIUS-Temperatur die (reelle) FAHRENHEIT-Temperatur. Die dritte Funktion liefert für jeden Währungsbetrag die zugehörige Mehrwertsteuer.

Die Syntax einer Funktion ist:

```
typ funktionsname(typ formal_parameter,...)
{
    //Funktionsrumpf.
    return wert;
}
```

Dabei gibt typ den Datentyp der Funktion bzw. der formalen Parameter an. Eine leere Parameterliste soll in durch das Schlüsselwort void gekennzeichnet werden. Die Parameterliste einer Funktion darf 31 Variablen umfassen.

Die Anweisungen zwischen den geschweiften Klammern stellen den Funktionsblock dar. Alle innerhalb des Funktionsblocks definierten Variablen sind lokal; d. h. nur dort gültig. Die Lebensdauer dieser lokalen Variablen ist auf den jeweiligen Block beschränkt. Der Wert in der RETURN-Anweisung wird als Funktionswert an das Hauptprogramm übergeben.

Ruft man die Funktion Max mit den Parametern x und y auf, so werden die formalen Parameter a und b durch die aktuellen Parameter x und y ersetzt. Diese Art der Wertübergabe wird Call by Value genannt; sie wird in Abb. 7.1 dargestellt.

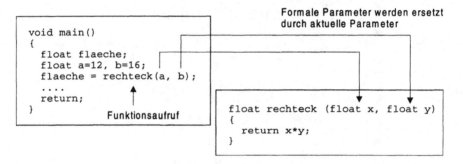

Abb. 7.1   Funktionsaufruf

Bei einem Funktionsaufruf wird für die Funktion ein zusätzlicher Speicherplatz belegt, Funktionsstack genannt. In diesen Stack wird eine Kopie der aktuellen Parameter abgelegt, mit denen die Funktion aufgerufen wird. Wird die Funktion mittels der RETURN-Anweisung verlassen, wird der Funktionsstack gelöscht, und alle lokalen Variablen des Funktionsblocks sind nicht mehr zugänglich. In manchen Fällen ist es jedoch nützlich, gewisse Variablenwerte, die wiederholt benötigt werden, weiterhin zu speichern. Dies geschieht, in dem man diese Variablen als statisch erklärt (vgl. Abschnitt 8.3). Dadurch wird das Löschen der Variablenwerte beim Verlassen des Funktionsstacks verhindert.

Die genannten Funktionen könnte man wie folgt aufrufen:

```
if (Max(x,y)==x) cout << "Maximum = " << x;
temp = fahrenheit(celsius);
```

Das Ändern einer globalen (d. h. nicht lokalen) Variablen in einer Funktion heißt *Seiteneffekt*. Dieser Effekt ist im Allgemeinen unerwünscht, da er sich der Kontrolle des Programmierers entzieht.

Das folgende Programm zeigt einen schlimmen Seiteneffekt, der dazu führt, dass zwei Ausdrücke verschiedene Werte erhalten, die eigentlich nach den Rechengesetzen gleich sein müssten:

```
int z; /* global */
int f(int x)
{
  z -= 10;
  return x*x+1;
}
int main()
{
  z = 10; cout << (f(10)*f(z))<< "\n";
  z = 10; cout << (f(z)*f(10))<< "\n"
  return 0;
}
```

Prog. 7.1   sideeff.cpp

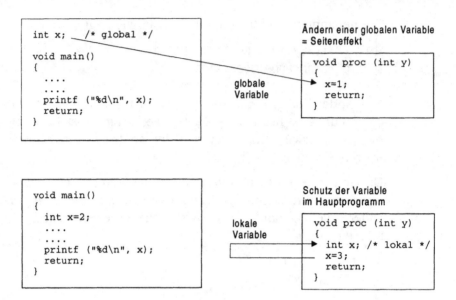

```
int x;    /* global */

void main()
{
  ....
  ....
  printf ("%d\n", x);
  return;
}
```

globale
Variable

Ändern einer globalen Variable
= Seiteneffekt

```
void proc (int y)
{
  x=1;
  return;
}
```

```
void main()
{
  int x=2;
  ....
  ....
  printf ("%d\n", x);
  return;
}
```

lokale
Variable

Schutz der Variable
im Hauptprogramm

```
void proc (int y)
{
  int x; /* lokal */
  x=3;
  return;
}
```

Abb. 7.2   Globale und lokale Variable

Der Wert der Ausdrucks f(10)*f(z) ist 101, dagegen ergibt f(z)*f(10) den Wert 10201. Da die Auswertungsreihenfolge für Compiler nicht genormt ist, kann ein Compiler u. U. die Werte vertauschen.

7.2   Funktions-Prototypen

Bei älteren C-Compilern mussten alle Funktionen, die nicht vom Typ int waren oder vor dem Hauptprogramm standen, durch Voranstellen ihres Typs vor dem Funktionsnamen im Hauptprogramm deklariert werden; z. B.

```
double sin();
float fahrenheit();
```

Dadurch konnte der Compiler zwar prüfen, ob die Zuweisung an einen Funktionswert korrekt war, eine Typ-Überprüfung der formalen Parameter einer Funktion war jedoch nicht möglich. In der ANSI C-Norm wird dieses Vorgehen nicht mehr empfohlen. Vielmehr wird folgendes Funktions-Prototyping vorgeschlagen:

```
int ggt(int a,int b); /* oder */
int ggt(int,int);
double sin(double x); /* oder */
double sin(double);
```

Mit Hilfe der Funktions-Prototypen ist der Compiler nunmehr in der Lage, neben dem Typ der Variablen auch noch deren Anzahl zu überprüfen. Am folgenden Beispiel sieht man, dass der Prototyp einer Funktion formal mit der ersten Zeile der Funktionsdefinition übereinstimmt:

```
long int summe(int grenze); /* Prototyp */
int main()
{
  int N=100;
  cout << "Summe = " << summe(N);
  return 0;
}
long int summe(int grenze) /* Definition*/
{
  long int sum=0;
  for (int i=1; i<=grenze; i++) sum +=i;
  return sum;
}
```

Prog. 7.2   summe.cpp

Viele ältere Compiler, insbesondere unter UNIX, akzeptieren auch noch die frühere Art, Funktionen zu definieren. Die Funktionsprototyp summe() des vorhergehenden Programms lautet in der alten Version:

```
long int summe(grenze) /* veraltet */
int grenze;
```

Funktionsprototypen werden insbesondere auch bei der Deklarationen von Klassen benötigt; da hier die Methoden der Klasse durch ihre Prototypen gekennzeichnet werden.

7.3 Mathematische Standardfunktionen

C/C++ verfügt über eine sehr große Bibliothek an mathematischen Funktionen, deren Prototypen sich in der Datei <cmath> befinden:

```
double acos(double);          // arccos(x)
double asin(double);          // arcsin(x)
double atan(double);          // arctan(x)
double atan2(double,double);  // arctan(y/x)
double ceil(double);          // aufrunden
double cos(double);           // Cosinus
double cosh(double);          // Hyperbel-Cosinus
double exp(double);           // Exponentialf.
double floor(double);         // abrunden
double ldexp(double,int);     // x*Zweierpot
double log(double);           // nat.Logarithmus
double log10(double);         // Zehnerlog.
double pow(double,double);    // Potenz
double sin(double);           // Sinus
double sinh(double);          // Hyperbel-Sinus
double sqrt(double);          // Quadratwurzel
double tan(double);           // Tangens
double tanh(double);          // Hyperbel-Tangens
```

Unter UNIX ist die Mathematik-Bibliothek beim Compilieren mit der Option –lm einzubinden.

```
gcc/g++ -o prog prog.cc -lm
```

Folgende Funktionen sind u. a. *nicht* verbindlich für <cmath> vorgeschrieben:

```
double j0,j1,jn(double);      // Bessel
double erf(x);                // Fehlerfunktion
double hypot(x);              // Hypothenuse
```

Auch folgende Konstanten sind nicht verpflichtend in <cmath> zu finden (z. B. bei Microsoft-Compilern):

```
M_E                // Eulersche Konstante
M_PI               // Kreiszahl π
M_PI_2             // π /2
M_PI_4             // π /4
M_SQRT2            // Wurzel 2
M_LN2              // ln(2)
```

Meist als Macro und damit für alle Typen T definiert ist

```
T abs(T);          // Absolutbetrag
```

Bei Borland-Compilern gibt es für mathematische Funktionen, die long double-Genauigkeit liefern, eine eigene Kennung in Form eines angehängten l wie

```
long double sinl(long double) // Borland
long double expl(long double)
long double powl(long double)
```

Eine weitere wichtige Standardfunktion

```
int rand()
```

findet sich in der Datei <cstdlib>. Diese liefert eine ganzzahlige Zufallszahl im Bereich 0 bis RAND_MAX bei 16-Bit 32.767 bzw. 2.147.483.647 bei 32-Bit-Compilern.

Der beim GNU-Compiler beliebte Zufallszahlengenerator

```
long drand48() // nur GNU
```

ist ebenfalls nicht ANSI konform. Er ist wie rand() in <cstdlib> definiert und liefert dagegen Zufallszahlen aus [0;1). Da er 48 Bit verwendet, ist seine Periode 2^{48} = 2.8e14, d. h. ca. 280 Billionen.

Würfelzahlen erhält man, wenn man die von rand() gelieferten Zufallszahlen modulo 6 nimmt:

```
include <iostream>
#include <cstdlib>
#include <ctime>
using namespace std;
```

(Fortsetzung auf der nächsten Seite)

```
int main()
{
time_t now;
srand((unsigned)time(&now));
for (int i=0; i<100; i++)
    cout << (1+rand() % 6) << "\t";
}
```

Nimmt man die Zufallszahlen modulo 49, so erhält man zufällige Lottozahlen, die sich jedoch wiederholen können. Reelle Zufallszahlen aus dem Intervall [0;1) werden erzeugt mittels Division durch MAX_RAND.

```
for (int i=0; i<100; i++)
    cout << rand()/(1.+MAX_RAND);
```

Zum Start des Zufallszahlen-Generators (auch für drand48()) dient die Funktion

```
srand(unsigned int start)
```

die mit einer zufälligen Startzahl aufgerufen werden muss. Um nicht bei jedem Programmlauf eine Zahl eingeben zu müssen, empfiehlt es sich, einen Startwert mit Hilfe der Systemzeit zu beschaffen:

```
srand((unsigned)time(&now));
```

Dabei wird der von der Systemzeit gelieferte Wert time(&now) in Millisekunden als Anfangswert genommen. Es folgt das Beispiel eines Würfelprogramms, wobei auch die relativen Häufigkeiten berechnet werden.

```
include <iostream>
#include <cstdlib>
#include <ctime>
using namespace std;

int main()
{
```

(Fortsetzung auf der nächsten Seite)

```
int w,n;
int haeufigk[6] = {0};
time_t now;
srand((unsigned)time(&now));
cout << "Wie viele Wuerfe? ";
cin >> n;
for (int i=0; i<n; i++)
    haeufigk[w=rand() % 6]++;
cout << "Augenz." << "\t" << "abs.Haeuf." << "\t"
<< "rel.Haeuf.\n";
for (w = 0; w < 6; w++)
{
double rel_haeuf=haeufigk[w]/(float)n;
    cout << (w+1) << "\t" << haeufigk[w] << "\t\t" <<
rel_haeuf << "\n";
}
return 0 ;
}
```

Prog. 7.3   wuerfel.cpp

7.4   Das Hauptprogramm main()

Da in C/C++ auch das Hauptprogramm eine Funktion ist,
schreibt man – sofern keine Werte übergeben werden – statt
main() genauer:

```
void main()
{ .......
return;
}
```

Bei UNIX-Maschinen wird meist erwartet, dass das Hauptprogramm einen Wert an das Betriebsystem liefert. Hier kann
man entsprechend das Hauptprogramm zum Typ int machen;
dies ist jedoch (wie in Java) nicht verbindlich.

```
int main()
{
..........
return 0; // auch EXIT_SUCCESS;
}
```

Statt des Wertes 0 kann man auch die vordefinierte Konstante EXIT_SUCCESS im Erfolgsfall aus der Bibliothek <cstdlib> verwenden, andernfalls EXIT_FAILURE.

Im sog. Kommandozeilenmodus werden die benötigten Parameter in Klammern an das main() übergeben. Das Format ist

```
int main(int argc,char* argv[])
```

Der ganzzahlige Parameter argc liefert die Anzahl der Parameter, argv[] ist ein Array von C-Strings; nach Definition ist argv[argc] der Nullpointer. Das erste ArrayElement argv[0] ist der Programmname oder der Leerstring. Ein Beispiel des Kommandozeilenmodus ist:

```
#include <iostream>
#include <cstdlib>
using namespace std;

int main(int argc,char* argv[])
{
if (argc != 4)
   cerr << "Falsche Parameter-Anzahl!\n";
else
  {
  int t = atoi(argv[1]);
  int m = atoi(argv[2]);
  int j = atoi(argv[3]);
  cout << "Eingegebenes Datum " << t << "."
  << m << "." << j << "\n";
  }
return 0;
}
```

Prog. 7.4   *commandline.cpp*

Nach dem Compilieren wird das Programm aufgerufen im Kommandozeilenmodus

commandline 12 9 2004

Mit Hilfe der atoi()-Funktion werden die Eingabezeichenketten in int-Zahlen umgewandelt. Es ergibt sich eine Ausgabe der Form

Eingegebenes Datum 13 9 2004

Die Funktion main() darf nicht als static oder inline erklärt werden; sie sollte auch nicht rekursiv sein. Das Hauptprogramm main() kann auch mit der Funktion exit(int) aus <cstdlib> beendet werden, der Parameterwert x von exit(x) wird an das Betriebssystem übergeben. Beim Compilieren im Debug-Modus wird dieser Code separat angegeben.

7.5 Prozeduren

In dem Fall, dass eine Funktion keinen Wert bzw. mehrere Werte liefert, spricht man von einer Prozedur. Da es in C/C++ nur Funktionen gibt, fasst man Prozeduren als spezielle Funktionen vom Typ void (leer) auf.

Typische Aufgaben einer Prozeduren sind die Ein-/Ausgaben wie:

```
void datumsausgabe(int tag,int mon,int jhr)
{
cout << "Datum ist der " << tag << "." << mon << "."
<< jhr << "\n";
return;
}
```

Obwohl bei Prozeduren kein Funktionswert übergeben wird, kann aus formalen Gründen eine leere RETURN-Anweisung den Prozedurblock beenden.

Prozeduren werden aufgerufen, indem man ihren Namen angibt, gefolgt von den aktuellen Parametern.

```
datums_ausgabe(tag,monat,jahr);
bubblesort(int a[],int n);
```

Auch wenn kein Parameter übergeben wird, so ist doch stets
das leere Klammerpaar zu schreiben.

7.6   Call by Reference

Nicht besprochen ist bis jetzt der Fall, dass eine Prozedur Variablenwerte an das aufrufende Programm übergibt. Da beim
Call-by-Value nur eine Kopie des Variablenwerts an die Prozedur übergeben wird, bleibt eine Änderung der Variablen innerhalb der Prozedur ohne Auswirkung im Hauptprogramm. Damit sich eine Variablenänderung im Hauptprogramm auswirkt,
muss die Adresse der Variable an die Prozedur übergeben werden, so dass jede Änderung auch an dem Speicherplatz einge-
tragen wird, auf den ebenfalls das Hauptprogramm zugreift.
Diesen Übergabe-Mechanismus einer Variable nennt man Call-
by-Reference. Eine Eigenheit von C ist es, dass der Programmierer selbst für das Gelingen des Call-by-Reference verantwortlich
ist. Dazu muss explizit die Adresse an die Prozedur übergeben
werden; der entsprechende formale Parameter der Prozedur ist
dann ein Zeiger auf den Typ der Variable.

Eine Prozedur, die zwei int-Variablen – z. B. für ein Sortier-
programm – mittels Call by Reference austauscht, ist:

```
void swap(int *x,int *y)
{
   int h = *x;
   *x = *y;
   *y = h;
}
```

Die Prozedur swap wird dann mittels

```
swap(&a,&b)
```

aufgerufen.

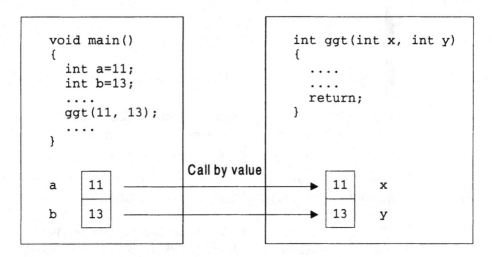

Abb. 7.3   *Call by Value*

Zu beachten ist, dass Felder intern selbst als Zeiger realisiert werden. Dies hat zur Folge, dass bei einem Call-by-Reference eines Feldes kein Adressoperator übergeben werden muss. Eine typische Anwendung, bei der ganze Felder übergeben werden, sind Sortierverfahren. Eine Prozedur zum verbesserten Bubble-Sort könnte man wie folgt realisieren:

```
void bubble(int a[],int n)
{
  int j=0;
  bool sorted=false;
  while(!sorted)
  {
   sorted = true ;
   for(int i=0; i<n-j+1; i++)
   if (a[i]>a[i+1])
   {
     int h = a[i];
     a[i] = a[i+1];
     a[i+1] = h;
     sorted = false;
```

(Fortsetzung auf der nächsten Seite)

```
        }
      j++;
    }
    return;
}
```

Das Feld x der Länge N wird dann durch den Prozeduraufruf bubble(x,N) sortiert. Bei einzelnen Feldwerten dagegen muss ein Call-by-Reference erfolgen:

```
swap(&x[i],&x[j]);          // Aufruf im Programm
swap(int *x[i],int *x[j])   // Prototyp
```

Mit Hilfe der im Abschnitt 6.7 behandelten Referenzen lässt sich das Call-by-Reference noch vereinfachen, in dem man eine Referenz an die aufgerufene Prozedur übergibt. Jede Änderung der Referenz modifiziert auch die zugehörige Variable.

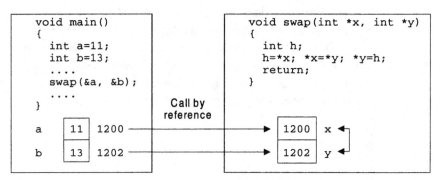

Abb. 7.4   Call by Reference

Diese einfachere und elegante Methode mittels Referenzen soll wieder am Beispiel der Prozedur swap() vorgeführt werden.

```
void swap(int &a,int &b)
{
int h = a; a = b; b = h;
return;
}
```

(Fortsetzung auf der nächsten Seite)

```
int main()
{
int x=11,y=13;
cout << x<< "   " << y << endl;
swap(x,y);
cout << x<< "   " << y << endl;
return 0;
}
```

7.7 C-Stringfunktionen

Wie bei den mathematischen Funktionen gibt es in C auch eine
sehr große Anzahl von Zeichenkettenfunktionen. Die Header-
datei <string.h> enthält u. a. folgende Stringfunktionen

Funktion	Erläuterung
char *strcat(string1,string2);	String-Verkettung
char *strchr(string,ch);	Sucht erstes Zeichen ch
int *strcmp(string1,string2);	String-Vergleich
char *strcpy(string1,string2);	Kopieren von Strings
char *strdup(string);	Dupliziert String
char *strerror(n);	liefert Fehlerstring
size_t *strlen(string);	Stringlänge
char *strlwr(string);	Umwandlung in Kleinbuchstaben
char *strrev(string);	Umdrehen des Strings
char *strset(string,ch);	füllt String mit Zeichen ch
char *strstr(string1,string2);	sucht string2 in string1
char *strtok(string1,string2,n);	Umwandlung in double
char *strupr(string);	Umwandlung in Großbuchstaben

Nicht mehr ANSI C-konform sind davon die Funktionen

strdup()   strset()   strrev()
strlwr()   strupr()

Von den oben erwähnten Stringfunktionen sollen einige erläutert werden.

▌`int strlen(string)`

Die ganzzahlige Funktion `strlen()` ermittelt die Länge
einer Zeichenkette (ohne ASCII-Null). Beispiel:
`strlen("Micky Mouse") = 11`

▌`int *strcmp(string1,string2)`

Die ganzzahlige Funktion `int strcmp (string1,
string2)` vergleicht die beiden Zeichenketten alphabe-
tisch und liefert folgende Werte:

= 0   wenn die Zeichenketten gleich sind,

< 0   wenn `string1` im Alphabet vor `string2` steht,

> 0   wenn `string1` im Alphabet nach `string2` steht.
Beispiel: `strcmp("Anton","Antonie") < 0`

▌`char *strcpy(string1,string2)`

Die Prozedur `strcpy()` kopiert `string2` auf `string1`
und liefert einen Pointer auf `string1`.

▌`char *strcat(string1,string2)`

Die `char *strcat(string1,string2)`-Funktion verkettet
`string1` mit `string2` und liefert einen Pointer auf
`string1`. Vorausgesetzt ist hier, dass die Länge von
`string1` ausreichend definiert wurde.
Beispiel: `strcat("Micky","Mouse")` ergibt `"MickyMouse"`

▌`char *strtok(string1,string2,n)`

Die Funktion `char *strtok(string1,const string2)`
zerlegt `string1` in verschiedene Token, die durch in
`string2` enthaltenen Trennungszeichen getrennt werden.
Beispiel: `strtok("30.11.1989",".,-/")` liefert sukzessive `"30"`, `"11"`, `"1989"`.

Die hier aufgeführten Stringfunktionen sind nur erwähnt, da
alle C-Funktionen prinzipiell auch in C++ nutzbar sind. Es
wird stark empfohlen von der C++-Klasse `<string>` Gebrauch
zu machen.

Weitere C-Stringfunktionen, die die Umwandlung einer Zeichenkette in eine Zahl erlauben, sind in der Datei `stdlib.h` zu finden:

`int atoi(string)`

> Die ganzzahlige Funktion wandelt eine Zeichenkette in eine `int`-Zahl um.
>
> Beispiel: `atoi("1234.56") = 1234`

`long atol(string)`

> Dies ist die analoge Funktion zu `atoi()`. Sie liefert eine `long int`-Zahl.

`double atof(string)`

> Dies ist die analoge Funktion zu `atoi`. Hier wird jedoch eine `double`-Zahl geliefert.
>
> Beispiel: `atof("1234.56") = 1.23456e3`

7.8 Zeichenfunktionen

Zu erwähnen sind auch noch die `char`-Funktionen, die den Typ eines Zeichens prüfen. Diese finden sich in der Datei `ctype.h`.

`int isdigit(char)`

> Diese Funktion ist wahr (<>0) für Zeichen von `'0'` bis `'9'` (ASCII-Werte 48..57).

`int islower(char)`

> Diese Funktion ist wahr für Zeichen von `'a'` bis `'z'` (ASCII-Werte 97..122).

`int isupper(char)`

> Diese Funktion ist wahr für Zeichen von `'A'` bis `'Z'` (ASCII-Werte 65..90).

`int isspace(char)`

> Diese Funktion ist wahr für Zeichen mit den ASCII-Nummern 9-13 und 32.

▌int isalnum(char)

Diese Funktion ist wahr für alle alphanumerischen Zeichen, wie kleine und große Buchstaben und die Ziffern 0..9.

▌int isalpha(char)

Diese Funktion ist wahr für kleine und große Buchstaben.

▌int isascii(char)

Diese Funktion ist wahr für alle ASCII-Zeichen (ASCII-Werte 0..127).

▌int isprint(char)

Diese Funktion ist wahr für ASCII-Werte 32..127.

Als Beispiel werden die char-Funktionen auf alle Zeichen des ASCII-Code angewendet:

```cpp
#include <iostream>
#include <cctype>
using namespace std;
int main()
{ for (char ch=0; ch <= 0x7f; ch++)
  {
    cout << (iscntrl(ch)? "C":"");
    cout << (isdigit(ch)? "D":"");
    cout << (isgraph(ch)? "G":"");
    cout << (islower(ch)? "L":"");
    cout << (isprint(ch)? ch:'\0');
    cout << (ispunct(ch)? "PU":"");
    cout << (isspace(ch)? "S":"");
    cout << (isprint(ch)? "PR":"");
    cout << (isupper(ch)? "U":"");
    cout << (isxdigit(ch)? "X":"");
    cout << '\n';
  } return 0;
}
```

Prog. 7.5   isprint.cpp

Zu jedem ASCII-Zeichen werden entsprechend den Eigenschaften Zeichen ausgedruckt: U für Upper, L für Lower usw.

7.9 Defaultwerte bei Funktionen

Bei Funktionen lässt C++ Default-Parameter zu. Dies bedeutet, dass eine Variable, die nicht explizit beim Wertaufruf erscheint, einen vordefinierten Wert erhalten kann. Die folgende Funktion besitzt den Default-Wert c=1.

```
float inhalt(float a,float b,float c=1)
{
   return a*b*c;
}
```

Sie liefert beim Aufruf

```
inhalt(8,9,10)
```

den Rauminhalt des Quaders den Wert 720, dagegen beim
Aufruf

```
inhalt(8,9)
```

den Wert 72 als Flächeninhalt des zugehörigen Rechtecks.
Default-Werte in Funktionen sollten nur gezielt in bestimmten
Fällen werden, da sonst die Gefahr besteht, einen Default-
Wert ohne Wissen zu verwenden.

7.10 Überladen von Funktionen

Während in C das Auftreten von mehreren Funktionen gleichen Namens einen Fehler hervorruft, ist dies in C++ erlaubt,
solange sich die zugehörigen Datentypen in den Parameter-
listen unterscheiden. Ein mögliches Beispiel ist:

```
int Max(int a,int b)
   { return (a>=b)? a : b; }
float Max(float a,float b)
   { return (a>=b)? a : b; }
```

Der Compiler kann hier anhand des Datentyps des Arguments die korrekte Funktion ermitteln.

```
int a = 17,b = 13;
float x = -12.6,y = 17.2;
m1 = Max(a,b);        // OK
m2 = Max(x,y);        // OK
m3 = Max(a,y);        // Falsch!
m4 = Max(x,float(b)); // OK wegen Typwandlung
```

7.11   Inline-Funktionen

In C++ besteht die Möglichkeit, eine einfache und kurze Funktion als inline zu erklären. Bei einer Inline-Funktion wird der Maschinencode für die Funktionsabarbeitung direkt an der Aufrufstelle eingefügt. Dies hat den Vorteil, dass der zum Funktionsaufruf notwendige Aufwand wie Variablenübergabe und Aufbau des Funktionsstacks vermieden wird. Hierdurch steigert sich die Ausführungsgeschwindigkeit.

Dieser Vorteil eines effizienten Codes wird hinfällig, wenn die Inline-Funktion an sehr vielen Stellen des Programms aufgerufen wird, da sich der Maschinencode dann entsprechend aufbläht. Ein Beispiel einer Funktion ist:

```
inline int Max(int a,int b)
    { return (a>=b) ? a : b; }
```

Solche Inline-Funktionen sind als Ersatz für die fehleranfälligen Funktionsmacro von C gedacht

```
#define Max(a,b) ((a>=b)? (a):(b))
```

Ein anderes Beispiel einer häufig verwendeten Inline-Funktion ist

```
inline double Abs(double x)
    {return (x>=0)? x : -x; }
```

Die beiden Funktionsnamen sind hier groß geschrieben, um eine Bezeichnungskollision mit den vordefinierten Funktionen max() bzw. abs() zu vermeiden.

7.12 Template-Funktionen

Seit der Version 3.0 besteht die Möglichkeit, in C++ eine *Template*-Funktion (auch *parametrisierte Funktion* genannt) zu schreiben. Statt für jeden Datentyp separat eine Funktion zu schreiben in der Art

```
int Max(int a,int b)
    { return (a>=b)? a : b; }
float Max(float a,float b)
    { return (a>=b)? a : b; }
```

verwendet man eine datentypunabhängige Template-Funktion der Form

```
template <typename T>
T Max(T a,T b)
    { return (a>=b)? a : b; }
```

Als Beispiel folgt eine Template-Funktion zur Ausgabe verschiedener Datentypen:

```
#include <iostream>
using namespace std;

template <typename T>
void print(const T& x){cout << x << endl;}

int main()
{
print(41);
print(4.1);
print('A');
print("C++ is great!");
return 0;
}
```

Prog. 7.6   templatefkt.cpp

7.13   Übungen

7.1   Schreiben Sie eine Funktion, die die ganzzahlige Potenz einer double-Variable liefert.

7.2   Überlegen Sie, was folgende Prozedur bewirkt:

```
int errate(int x,int y)
{
 int z = 0;
 while(x)
 {
   if (x % 2) z += y;
   x /= 2; y *= 2;
 }
 return z;
}
```

7.3   Schreiben Sie eine Funktion, die für jedes Datum die Nummer des Tages im Jahr angibt.

7.4   Schreiben Sie eine Funktion, die für jedes Datum die Kalenderwoche angibt.

8 Speicherklassen und Namensräume

8.1 Die Speicherklasse auto(matic)

C kennt zwei verschiedene Gültigkeitsbereiche von Variablen. Variablen, die nur in dem Block gültig sind, in dem sie vereinbart wurden, heißen auto(matisch) (engl. *automatic*). Die Speicherklasse auto wird in C als Voreinstellung (Default) gewählt, wenn die Variable nicht explizit in eine andere Speicherklasse gesetzt wird. Dies bedeutet, dass die beiden Vereinbarungen

```
auto int i;
int i;
```

gleich bedeutend sind. Eine automatische Variable hat außerhalb ihres Blocks – gegeben durch das Paar geschweifter Klammern, das die Deklaration der Variable umfasst – keinen Wert. Man sagt, sie ist außerhalb des Blocks unsichtbar.

Das folgende Programm zeigt die Sichtbarkeit einer int-Variable in verschiedenen Blöcken eines Programms (vgl. Abb. 8.1):

```
{
int i=1;
  {
  int i=2;
    {
    int i=3;
    cout << i << endl;
    }
  cout << i << endl;
  }
cout << i << endl;
}
```

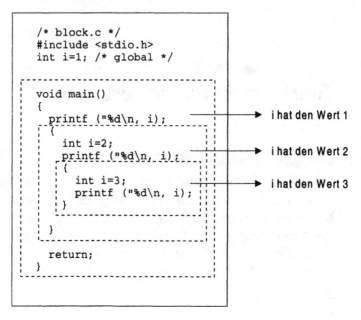

Abb. 8.1   *Blockstruktur*

Die Programmausgabe zeigt für i den Wert 3 im innersten, 2 im äußeren Block und entsprechend 1 im restlichen Hauptprogramm-Block.

Wichtig zu wissen ist, dass auto-Variablen vom Compiler nicht initialisiert, d. h. mit einem Wert vorbelegt werden. Ebenso wenig können Felder der Speicherklasse auto in C initialisiert werden; dies ist nur bei der Speicherklasse static möglich.

8.2   Die Speicherklasse register

Im Zeitalter der optimierenden Compiler hat die der Speicherklasse register ihre Bedeutung verloren. Register-Variablen sind spezielle auto-Variablen, die nach Möglichkeit im Register des Prozessors und nicht im dynamischen Speicherbereich abgelegt werden. Dies ermöglichte einen schnellen Zugriff; was heute schon vom Compiler bewirkt wird. Ein Beispiel ist:

```
register int i = 1;
register int sum = 0;
while (i++ <=100) sum += i;
cout << "Summe = " << sum;
```

Die register-Anweisung stellt jedoch keinen Befehl dar, sondern nur den Wunsch des Programmierers an den Compiler, die Variable im Register zu halten.

8.3   Die Speicherklasse static

Den Gegensatz zur Speicherklasse auto bildet die Klasse static. Wie der Name schon sagt, behält eine statische Variable ihren Wert, solange sie nicht durch eine Wertzuweisung geändert wird. Wird eine statische Variable nicht mit einem bestimmten Anfangswert deklariert, so wird vom Compiler mit Null initialisiert (*Default*-Wert).

Insbesondere behalten als statisch erklärte lokale Variable einer Funktion ihren Wert auch zwischen den Funktionsaufrufen. Dies lässt sich mit folgendem Programm zeigen:

```
int main()
{
  int sum(int x);
  for (int i=1; i<7; i++)
    cout << i << "\t" << sum(i) << "\n";
  return 0;
}

int sum(int x)
{
  static int s = 0;
  return(s += x);
}
```

Prog. 8.1   static.cpp

Die Programmausgabe

1	1
2	3
3	6
4	10
5	15
6	21

zeigt, dass die statische Variable s in der Funktion sum jeweils ihren letzten Wert beibehält und somit auch ohne Summationsschleife den richtigen Summenwert liefert.

Eine weitere Anwendung von statischen Variablen ergibt die Implementierung eines Zufallsgenerators, der ebenfalls das Speichern der Variablen zufall benötigt.

```
long zufall(void);
int main()
{
  for (int i=1; i<=10; i++)
     cout << zufall() << endl;
  return 0;
}
long zufall()
{
  static long zufall = 17L;
  zufall = (25173*zufall + 13849L) % 65536L;
  return zufall;
}
```

Prog. 8.2   zufall.cpp

Jeder dieser Aufrufe von random() liefert eine Zufallszahl im Bereich 0 bis 65535.

Anders als Reihungen der Klasse auto können statische Arrays initialisiert werden:

```
static int a[] = {0,1,2,3,4,5,6,7,8,9};
static int b[10] = {0};
static int c[10] = {1};
static int tage_im_monat[] =
{31,28,31,30,31,30,31,31,30,31,30,31};
```

Reicht die Anzahl der gegebenen Anfangswerte zur Belegung des Feldes nicht aus, so werden die restlichen Feldkomponenten vom Compiler mit Null aufgefüllt. Analog können auch Zeichenketten initialisiert werden:

```
static char *name[] =
{"Jan","Feb","Mrz","Apr","Mai","Jun","Jul","Aug",
  "Sep","Okt","Nov","Dez"};
```

Damit lässt sich in einfacher Weise eine Funktion angeben, die zu jeder Monatsnummer den zugehörigen Monatsnamen liefert:

```
char *monat(int n)
{
   static char *name[] ={" ",
"Jan","Feb","Mrz","Apr","Mai","Jun",
"Jul","Aug","Sep","Okt","Nov","Dez"};
   return((n<1||n>12) ? name[0]:name[n];
}
```

Besondere Bedeutung haben statische Variable auch in der objektorientierten Programmierung (OOP). Hier sind statische Objekte genau die Objekte, die *allen* Instanzen der Klasse gehören. Beispiele sind physikalische Konstanten und die mathematischen Funktionen; denn es macht wenig Sinn, wenn jede Instanz einer Klasse eine eigene Lichtgeschwindigkeit oder Sinusfunktion definiert.

8.4 Die Speicherklasse extern

Ist eine Variable nicht im Hauptprogramm deklariert, muss sie dort als extern vereinbart werden. Dazu ein Beispiel:

```
void main()
{
   int i=2;
   extern int j;
   cout << i << " " << j << "\n";
   return;
}
int j = 1; /* extern */
```

Prog. 8.3   extern.c

Das Programm liefert die Werte 1 und 2. Durch die extern-Erklärung wird die Variable j somit auch in main() zugänglich. Da Funktionsnamen ebenfalls im ganzen Programm global sind, gehören diese auch zur Klasse extern. Eine extern-Erklärung ist bei Funktionsdeklarationen unnötig, da dies die Voreinstellung von C ist.

Externe Variablen werden immer dann verwendet, wenn eine globale Variable in verschiedenen Programmen erscheint, die zusammengelinkt werden. Zu beachten ist, dass die zahlreiche Verwendung von externen Variablen kein guter Programmierstil ist. Da es sich hier um globale Variable handelt, ist es u. U. möglich, dass diese durch einen Seiteneffekt unerwünscht verändert werden. Eine bessere Lösung für externe Variable bietet die Definition eines Namensraums (siehe Abschnitt 8.6).

8.5 Die Speicherklasse volatile

Neu in der Norm ist das Schlüsselwort volatile, das die Speicherklasse der Variablen kennzeichnet, die von Compiler-Optimierungen ausgeschlossen sein sollen. Dies ist insbesondere wichtig für Systemvariable, deren Position innerhalb des Quellcodes relevant ist und nicht durch einen Optimierungslauf außerhalb einer Schleife gesetzt werden dürfen. Diese Speicherklasse wurde in den ANSI Standard aufgenommen, da man in Zukunft mit sehr stark optimierenden Compilern rechnet.

Zusammenfassend folgt ein tabellarischer Überblick über die verschiedenen Speicherklassen und ihre Sichtbarkeit:

Speicherklasse	Lebensdauer	Sichtbarkeit
auto	Block	lokal
register	Block	lokal
static	Programm	lokal/global

8.6 Namensraum

Namensräume (englisch *namespaces*) sind Gültigkeitsbereiche, in denen beliebige Objekte wie Variablen, Funktionen, Klassen, andere Namensräume deklariert werden können. Namensräume sind relativ spät in die C++-Norm aufgenommen worden. Sie lösen folgendes Problem:

Verwendet man umfangreiche eigene und fremde Bibliotheken, so ist die Wahrscheinlichkeit groß, dass irgendwann einmal zwei Funktionen gleichen Namens auftreten. Deklariert man nun jede Bibliothek als eigenen Namensraum, so kann der Compiler die Funktionen gleichen Namens unterscheiden. Alle Bibliotheken der *Standard Template Library* (STL) sind zum Namensraum std zusammengefasst; er wird erklärt durch der using-Anweisung:

```
using namespace std;
```

Ein Namensraum hat in C++ folgende Eigenschaften:

- Er kann deklariert werden. Alle in ihm enthaltenen Objekte können mittels des Scope-Operators :: angesprochen werden.

- Für einen Namensraum darf ein Alias-Name gewählt werden. Ein Namensraum ohne Namen (anonymer Namensraum) erhält vom Compiler einen internen Namen.

- Wird die Verwendung eines bestimmten Namensraums mittels der using-Anweisung erklärt, so kann auf alle Objekte auch ohne Scope-Operator zugegriffen werden.

Ein Programmbeispiel zeigt die Deklaration von Namensräumen:

```
namespace A
{
int i=10;
int f(int x) { return 2*x+1; }
}

namespace B
{
int i=20;
int f(int x) { return 2*x; }
}

int main()
{
```

(Fortsetzung auf der nächsten Seite)

```
cout << "i in Namespace A: " << A::i << endl;
cout << "i in Namespace B: " << B::i << endl;
cout << "f() in Namespace A: " << endl;

for (int x=0; x<5; x++) cout << A::f(x) << " ";
cout << endl;
cout << "f() in Namespace B: " << endl;
for (int x=0; x<5; x++) cout << B::f(x) << " ";
cout << endl;
return 0;
}
```

Man erhält die Ausgabe:

```
i in Namespace A: 10
i in Namespace B: 20
f() in Namespace A:
1   3   5   7   9
f() in Namespace B:
0   2   4   6   8
```

Namensräume können auch verschachtelt werden:

```
namespace A { int a = 11; }
namespace B
{
int b = 15;
namespace C { int c = 17;}
}

int main()
{
int a = 13;
cout << a << endl;
cout << A::a << endl;
cout << B::b << endl;
cout << B::C::c << endl; // doppelter Scope
```

(Fortsetzung auf der nächsten Seite)

```
using namespace A;      // Achtung!
cout << a << endl;      // Ausgabe 13
return 0;
}
```

Die letzte Ausgabe zeigt den lokalen Gültigkeitsbereich von a innerhalb von main(). Es wird das lokale a=13 ausgeben, obwohl eine using-Anweisung vorliegt!

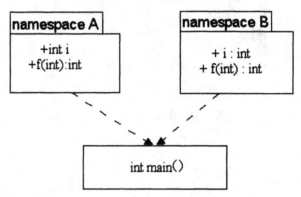

Abb. 8.2   *Darstellung von Namensräumen in der UML*

9 Operatoren und Ausdrücke

9.1 Einteilung der Operatoren

C/C++ kennt, wie kaum eine andere Programmiersprache, eine Vielzahl von Operatoren. Zur besseren Übersicht teilt man sie in folgende Gruppen ein:

1 Klammern bzw. Elementselektor

()、[]、->

2 einstellige (unäre) Operatoren

!、~   (logische und Bit-Negation)

++、--   (Inkrement,Dekrement)

+、-   (Priorität,Vorzeichen)

(type)   (Cast-Operator)

*、&   (Verweis-,Adressoperator)

sizeof()   (Sizeof-Operator)

3 Arithmetische Operatoren

+、-、*、/、%

4 Shift-Operatoren

<<、>>

5 Vergleichs-Operatoren

<、<=、>、>=、==、!=

6 Bit-Operatoren

&、^、|

7 Logische Operatoren

&&、||

8 Bedingungs-Operator

? :

9   Wertzuweisungs-Operatoren

=, +=, -=, *=, /=, %=, <<=, >>=, &=, ^=, |=

10   Komma-Operator

Die folgende Tabelle liefert die Priorität (Rang) der C-Operatoren; die Assoziativität gibt die Richtung an, mit der Terme von Operatoren zusammengefasst werden.

Operator	Rang	Assoziativität
( ),[ ], ->	1	links
!,~,++,- -,(cast), *,&,sizeof	2	rechts
*,/,%	3	links
+,-	4	links
<<,>>	5	links
<,<=,>,>=	6	links
==,!=	7	links
&	8	links
^	9	links
|	10	links
&&	11	links
||	12	links
? (Fragezeichen)	13	rechts
=,+=,-=,*=,/=,%=,<<= >>=,&=,|=,^=	14	rechts
,(Komma)	15	links

Abb. 9.1   Priorität der Operatoren

Der so genannte Bedingungsoperator (oder Fragezeichen-Operator) ist der einzige dreistellige (ternäre) Operator in C. Er hat folgende Syntax:

```
(Ausdruck1) ? (Ausdruck2):(Ausdruck3)
```

Wird Ausdruck1 mit *wahr* bewertet, nimmt der ganze Term den Wert von Ausdruck2 an, ansonsten den von Ausdruck3. Statt

```
if (a>=b) max = a; else max = b;
```

lässt sich damit kürzer schreiben

```
max = (a>=b)? a : b;
```

Soll in einer Tabelle nach je 5 Ausgaben ein Zeilenvorschub erfolgen, codiert man:

```
for (int i=1; i<N; i++)
cout << a[i] << ((i%5 ==0) ? "\n":" ");
```

Viele Funktionen lassen sich damit sehr komprimiert formulieren, z. B.:

```
char toupper(char c)
{
  return(islower(c)? c+'A'-'a' : c);
}
```

Neu in der Norm ist der *einstellige* +-Operator. Mit seiner Hilfe kann bei gleichberechtigten Operatoren eine bestimmte Reihenfolge erzwungen werden. Soll im Term a*b/c zuerst die Division ausgeführt werden, kann man nun schreiben:

```
a*+(b/c)
```

Hier erscheint die Reihenfolge trivial, ist es aber in komplexeren Fällen nicht.

Mit dem sizeof-Operator können die Speicherformate der einzelnen Datentypen ermittelt werden.

Dies kann man verwenden, um die Länge eines Array zu bestimmen:

```
int a[] = {0,1,2,3,4,5};
int n = sizeof(a)/sizeof(n);
```

Die Variable n erhält hier den richtigen Wert der Array-Länge 6.

9.2   Priorität von Operatoren

Um unnötige Schreibarbeit zu vermeiden, wurde eine Prioritätsliste von Operatoren festgelegt, die sich in beigefügter Tabelle (Abb. 9.1) findet. Soll in einem Ausdruck von dem hier gegebenen Vorrang der Operatoren abgewichen werden, müssen entsprechende (runde) Klammern gesetzt werden.

An einigen Beispielen soll das Auswerten von Ausdrücken vorgestellt werden.

Beispiel 1

```
x *= y = z = 4;
```

x = 5 ist initialisiert. Da es sich um gleichwertige Operatoren handelt, erfolgt die Auswertung von rechts:

```
(x *= (y = (z = 4)));
```

Dies liefert nacheinander die Werte: z=4, y = 4, x = 20. Der Ausdruck hat somit den Wert 20.

Beispiel 2

```
x = x && y || z;
```

Die Variablen x=2, y=1, z=0 sind initialisiert. Gemäß der Priorität ist der Ausdruck gleichwertig mit

```
x = ((x&&y)||z);
```

Auswerten ergibt

```
x = (wahr&&wahr)||falsch
```

und somit x = wahr und damit den Wert 1.

Beispiel 3

```
x | y & z;
```

Die Werte x=3, y=2, z=1 sind initialisiert. Die Bewertung liefert (3|(2&1)). Diese Bitverknüpfung ergibt 3|0 oder 3.

Beispiel 4

```
z += z < y ? x++ : y++ ;
```

Die Werte x=3, y=3, z=1 sind vorgegeben. Der Ausdruck ergibt bewertet

```
(z+=((x<y)?(x++):(y++)))
```

oder

```
(z+=(3<3)?(3++):(3++))
```

und somit wegen z+= 3 den Wert 4.

Beispiel 5

```
++ x && ++ y || ++ z
```

Vorgegeben sind x=-1, y=-1, z=-1. Bewerten ergibt

```
((0&&(++y)||0)
```

Dies liefert den Wert 0&&(++y) oder somit 0. Zu beachten ist, dass (++y) nicht mehr ausgewertet wird.

Diese genannten Beispiele wurden nur angegeben, um die Auswertung dieser Terme durch den Compiler zu demonstrieren. Sie stellen keinen empfehlenswerten Programmierstil dar!

9.3 Logische Operatoren

Die drei logischen Operatoren sind

```
&&       "und"
||       "oder"
!        "nicht".
```

Obwohl C/C++ keine expliziten BOOLEschen Variablen kennt, können diese Operatoren auf beliebige Ausdrücke angewandt werden, da in C/C++ jeder Ausdruck implizit einen Wahrheitswert trägt: er ist falsch, wenn er mit Null bewertet wird, andernfalls wahr.

Die Verknüpfung der Wahrheitswerte mittels && und || wird durch folgende Tabellen gegeben:

&&	w	f
w	w	f
f	f	f

Log. und

||	w	f
w	w	w
f	w	f

Log. oder

→	w	f
w	w	w
f	f	w

Impliziert

	w	f
w	f	w
f	w	f

Log. xor

	w	f
w	w	f
f	f	w

Log. äquivalent

!	
w	f
f	w

Log. Negation

Abb. 9.2   *logische Operatoren*

Alle weiteren zweistelligen Wahrheitswert-Verknüpfungen, wie z. B. die Implikation (a imp b aus a folgt b) und das ausschließende Oder (a xor b eXclusiv OR), können mit Hilfe von !,&&,|| gebildet werden.

Folgende Ausdrücke sind gleichwertig

```
a imp b     (!a || b)
a xor b     a != b
```

Mit a, b, a && b, a || b, a imp b, b imp a, a xor b und TRUE sind damit bereits die Hälfte aller 16 möglichen Aussageverknüpfungen von zwei BOOLEschen Variablen gegeben; die 8 fehlenden Verknüpfungen erhält man jeweils durch Verneinung.

Wichtige Anwendungen der logischen Operatoren ergeben sich in der Schaltalgebra. Der Schaltwert eines beliebig vielen ODER-, UND- und Negations-Gattern lässt sich in völliger Analogie zum Rechnen mit Wahrheitswerten realisieren.

9.4 Die Bitoperationen

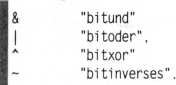

&	0	1
0	0	0
1	0	1

Bit und

|	0	1
0	0	1
1	1	1

Bit oder

^	0	1
0	0	1
1	1	0

Bit xor

~		
	0	1
	1	0

Bit Komplement

Abb. 9.3   Bitoperatoren

Die 4 Bitoperatoren sind

```
&        "bitund"
|        "bitoder",
^        "bitxor"
~        "bitinverses".
```

Diese Bitoperatoren wirken stets auf die Bitdarstellung einer Zahl, die man erhält, wenn man die Zahl ins Binärsystem überträgt. Dabei erhält man eine Darstellung aus Nullen und Einsen, wobei die Einsen genau die Bits darstellen, die gesetzt sind. Die Anwendung der 4 Operatoren liefert folgende Resultate:

a & b   ist die Zahl, deren Bits sowohl bei a wie auch bei b gesetzt sind.

a | b   ist die Zahl, deren Bits bei a oder auch bei b gesetzt sind.

a ^ b   ist die Zahl, deren Bits bei a und b verschieden sind.

~a   ist das Bitkomplement von a, d. h. die Bits von ~a sind genau dort gesetzt, wo a Nullen hat.

Auch die Anwendung der Shift-Operatoren >> und << bewirkt eine Verschiebung der Bitstellen:

a >> x verschiebt die Bitstellen um *x* Stellen nach rechts,

a << x verschiebt die Bitstellen um *x* Stellen nach links.

Die Verschiebung um eine Stelle nach rechts entspricht bei unsigned-int-Zahlen einer ganzzahligen Division durch 2. Entsprechend bewirkt eine einstellige Verschiebung nach links einer Multiplikation mit 2. Zu beachten ist, dass eine int-Zahl vom Typ signed negativ wird, sobald das Vorzeichenbit gesetzt wird.

Als Zahlenbeispiel soll dienen

```
signed int x = 237, y = 255;
```

x und y haben die Binärdarstellung:

```
x = 00000000 11101101
y = 00000000 11111111
```

Die Anwendung der Bitoperatoren liefert die Ergebnisse (vgl. Abb. 9.4)

```
~x = -238
x >> 1 = 118
x >> 2 =  59
x << 1 = 474
x << 2 = 948
x & y = 237
x | y = 255
x ^ y =  18
```

Folgende Prozedur liefert die 16-Bitdarstellung einer int-Zahl:

```
void binout(int x)
{
   int i;
   for (i=15; i>=0; i--)
     putchar((x >>i & 1) ? '1':'0');
}
```

Wie im Abschnitt Bitfelder gezeigt wurde, stellt Rechnen mit Bits ein wichtiges Werkzeug zur System-Programmierung dar.

9.5 Ausdrücke und L-Values

Es gibt es in C/C++ die vielfältigsten Möglichkeiten, einen gültigen Ausdruck zu formulieren. Es kann dies eines der folgenden Objekte sein:

- eine Variable vom Typ int, float, struct, union, pointer
- eine Zahl- oder Stringkonstante wie z. B. PI
- ein Wert einer Funktion wie 3.*sin(x)
- Ergebnis eines Element-Selektors adresse.plz oder datum -> tag
- Ergebnis einer Typumwandlung (double) n
- Ausdruck mit Operatoren wie a%7, c++, x>>7, x=1, &x, *f
- Zusammenfassung obiger Ausdrücke mittels Klammern.

Jedoch kann nicht jeder dieser Ausdrücke auf der rechten Seite einer Wertzuweisung stehen. Ein solcher Wert wird in C/C++ L-Value (abgekürzt für *Left Value*) genannt, da er auf der linken Seite der Anweisung steht.

Betrachtet man eine Wertzuweisung genauer, z. B.

```
i = 25*4;
```

so erkennt man, dass die Anweisung in drei Schritten abläuft:

1. Schritt

   Es wird der Ausdruck auf der rechten Seite (R-Value) ausgewertet.

2. Schritt

   Es wird der Speicherplatz (die Adresse) von i bestimmt.

3. Schritt

   Es wird der Wert der rechten Seite in die Adresse von i geschrieben.

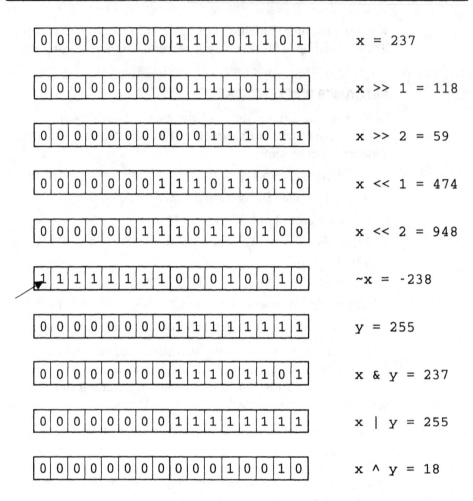

0	0	0	0	0	0	0	0	1	1	1	0	1	1	0	1	x = 237

x = 237

0 0 0 0 0 0 0 0 0 1 1 1 0 1 1 0   x >> 1 = 118

0 0 0 0 0 0 0 0 0 0 1 1 1 0 1 1   x >> 2 = 59

0 0 0 0 0 0 0 1 1 1 0 1 1 0 1 0   x << 1 = 474

0 0 0 0 0 0 1 1 1 0 1 1 0 1 0 0   x << 2 = 948

1 1 1 1 1 1 1 1 0 0 0 1 0 0 1 0   ~x = -238

0 0 0 0 0 0 0 0 1 1 1 1 1 1 1 1   y = 255

0 0 0 0 0 0 0 0 1 1 1 0 1 1 0 1   x & y = 237

0 0 0 0 0 0 0 0 1 1 1 1 1 1 1 1   x | y = 255

0 0 0 0 0 0 0 0 0 0 0 1 0 0 1 0   x ^ y = 18

Abb. 9.4   Bitoperationen

Als L-Value kann somit nur ein Ausdruck auftreten, der eine Adresse besitzt. Da ein L-Value aber nicht nur bei einer Wertzuweisung, sondern u. a. auch als Operand eines Inkrement- oder eines Adress-Operators auftritt, werden L-Values nach Vorschlag der ANSI Norm als Locator-Variable gedeutet. Auch die Ausdrücke in der RETURN-Anweisung einer Funktion oder in der SWITCH-Anweisung müssen solche L-Values sein.

Zusammenfassend dargestellt, erfassen L-Values folgende Ausdrücke:

- Variablen vom Typ int, float, struct usw.,
- Ergebnisse eines Element-Selektors,
- Verweise auf Variablen vom obigen Typ,
- Zusammenfassungen obiger Werte mittels Klammern.

9.6   Übungen

9.1   Bestimmen Sie die Werte folgender Ausdrücke für jeweils die folgenden Anfangswerte x=2, y=1, z=0:

a)   z += z < y ? x++ : y++

b)   ++x | ++y && ++z

c)   x || !y && z

9.2   In einer Computer-Zeitschrift wurde behauptet, dass folgende Ausdrücke gleichwertig sind:

a)   a >> 2   a / 4

b)   a << 2   a * 4

c)   a & 1   a % 2

d)   a & 2   a % 3

Was sagen Sie dazu?

9.3   Schreiben Sie eine Prozedur, die eine Hexadezimalzahl binär darstellt.

9.4   Lösen Sie mit Hilfe von logischen Operatoren folgendes Party-Problem. 5 Leute wollen unter folgenden Bedingungen zu einer Party kommen:

(1)   Wenn A nicht kommt, dann D.

(2)   B kommt nur mit D, oder gar nicht.

(3)   Wenn A kommt, dann auch C und D.

(4)   Wenn C kommt, dann auch E.

(5)   B kommt, wenn E nicht kommt und umgekehrt.

Wer kommt nun zur Party?

10 Rekursion

The transformation from recursion
to iteration is one of the most
fundamental concepts of computer science
Knuth

10.1 Das Rekursionsschema

Eine Funktion, die sich zur Berechnung eines Funktionswertes selbst aufruft, heißt rekursiv. Viele mathematische Funktionen sind rekursiv definiert; das bekannteste Beispiel ist wohl die Fakultätsfunktion:

```
// Rekursionsschema
fak(n) = n*fak(n-1) für n>0
fak(0) = 1 // Rekursionsanfang
```

Wie man sieht, ist der Funktionswert $f(n)$ über den Funktionswert $f(n-1)$ erklärt. Dieses Zurückgreifen vom Fall n auf Fall $(n-1)$ heißt das Rekursionsschema. Damit das rekursive Zurückrechnen sich nicht unbegrenzt fortsetzt, muss ein Funktionswert – hier der Funktionswert an der Stelle 0 – vorgegeben sein. Dieser Wert wird Rekursionsanfang genannt. Ohne diesen Rekursionsanfang gerät das Verfahren in eine Endlos-Schleife.

Es liegt in der Verantwortung des Programmierers, für den korrekten Abbruch eines rekursiven Verfahrens zu sorgen. Die Fakultätsfunktion kann in C/C++ folgendermaßen realisiert werden:

```
long int fak(int n)
{
  if (n==0) return 1;
  else return n*fak(n-1);
}
```

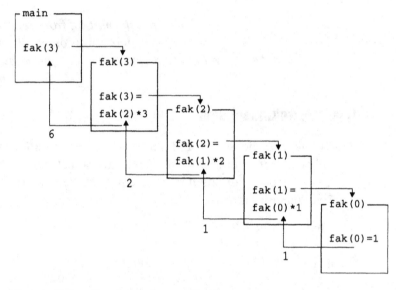

Abb. 10.1   *Rekursive Funktionsaufrufe*

Es gibt eine große Zahl von Anwendungen, die auf einfache Weise rekursiv definiert werden können. Der größte gemeinsame Teiler (ggT) zweier positiver Zahlen lässt sich definieren mittels:

```
ggT(a,b) = ggT(b,a mod b) für b>0
ggT(a,0) = a für b=0
```

In C/C++ liefert dies:

```
int ggt(int a, int b)
{
  if (b!=0) return ggt(b,a % b);
  else return(a);
}
```

Auch das Umkehren der Ziffernfolge einer Zahl kann rekursiv formuliert werden:

```
int reverse(int x)
{
 if (x<10) cout << static_cast<int>(x+'0');
 else
 {
 cout << static_cast<int>(x % 10 +'0');
 reverse(x/10);
 }
```

Das rekursive Schema besteht darin, durch Rechnen modulo 10 solange jeweils die letzte Ziffer abzutrennen, bis die Zahl nur noch aus einer Ziffer besteht. Mit dieser beginnend werden alle Ziffern ausgedruckt. An diesen Beispielen sieht man, dass die Rekursion ein grundlegendes Programmierprinzip ist, mit dessen Hilfe zahlreiche Probleme auf einfache Weise gelöst werden können.

10.2   Grenzen der Rekursion

Ein weiteres bekanntes Beispiel stellen die rekursiv definierten FIBONACCI-Zahlen dar:

```
Fib(n) = Fib(n-1)+Fib(n-2) für n>2
Fib(1) = Fib(2) = 1
```

Das folgende Programm berechnet die FIBONACCI-Zahlen rekursiv und ermittelt gleichzeitig die Anzahl der Aufrufe der Funktion fib():

```
long call = 0; /* global */
long int fib(int);
long int zaehl =0;

long int fib(int x)
{
```

(Fortsetzung auf der nächsten Seite)

```
zaehl++;
if (x>2)
  return (fib(x-1)+fib(x-2));
else return(1);
}

int main()
{
 int N;
 cout << "Nummer welcher Fibonacci-Zahl? ";
 cin >> N;
 cout << "Fib(" << N << ") = " << fib(N) << endl;
 cout << "Zahl der Funktionsaufrufe = " << zaehl <<
endl;
  return 0;
}
```

Prog. 10.1   fibrek.cpp

Das Programm liefert bei Eingabe von N=10, 20 bzw. 30 die
Werte

```
Fib(10) =      55       109 Funktionsaufrufe
Fib(20) =    6765     13529 Funktionsaufrufe
Fib(30) = 632040   1664079 Funktionsaufrufe
```

Wie man sieht, wächst der Rechenaufwand für größere FIBO-
NACCI-Zahlen so stark an, dass eine rekursive Berechnung
nicht mehr praktikabel ist. Mit Hilfe einer Schleife kann die
Zahl Fib(30) viel einfacher iterativ ermittelt werden:

```
long int fib(int x)   /* iterativ */
{
  int f3,f1=1,f2=1;
  if (x>2)
  {
    for (int i=3; i<=x; i++)
    {
```

(Fortsetzung auf der nächsten Seite)

154

```
      f3 = f1+f2;
      f2 = f1; f1 = f3;
    }
    return f3;
  }
  else return 1;
}
```

Daraus folgt, dass eine rekursive Lösung eines solchen Problems, für das es eine einfache iterative Lösung gibt, völlig ineffizient sein kann. Jedoch ist es nicht immer so einfach – wie hier bei den FIBONACCI-Zahlen – das rekursive Schema in ein iteratives umzuwandeln.

10.3   Die Türme von Hanoi

Ein bekanntes, lehrreiches Beispiel dafür, dass ein scheinbar komplexes Problem eine ganz einfache (rekursive) Lösung haben kann, stellt das Problem „Türme von Hanoi" dar.

In der Stadt Hanoi stehen in einem Tempel drei Säulen. Auf einer dieser Säulen sind 64 goldenen Scheiben mit monoton wachsenden Durchmessern aufgetürmt. Seit altersher existiert die Weissagung, dass die Welt in Schutt und Asche zerfällt, wenn die Mönche des Tempels die Scheiben einer Säule unter folgenden Bedingungen auf eine andere gelegt haben:

(1) Niemals darf mehr als eine Scheibe gleichzeitig bewegt werden

(2) Nie darf eine größere Scheibe auf einer kleineren zu liegen kommen.

Dieses Problem wurde 1883 von dem französischen Mathematiker E. LUCAS erdacht. Es soll nun allgemein für n Scheiben rekursiv gelöst werten. Angenommen, das Problem ist für $n-1$ Scheiben bereits gelöst, dann kann das Problem, n Scheiben von A nach C zu bringen, wie folgt angegangen werden (vgl. Abbildung 10.2):

1   Ist *n=1*, so bringe die eine Scheibe von *A* nach *B* – Stop.

2   Bringe die obersten *n-1* Scheiben unter Zuhilfenahme von Turm *B* von *A* nach *C*.

3   Bringe die letzte Scheibe von *A* nach *B*.

4   Bringe die *n-1* Scheiben von *C* unter Zuhilfenahme von *A* nach *B*.

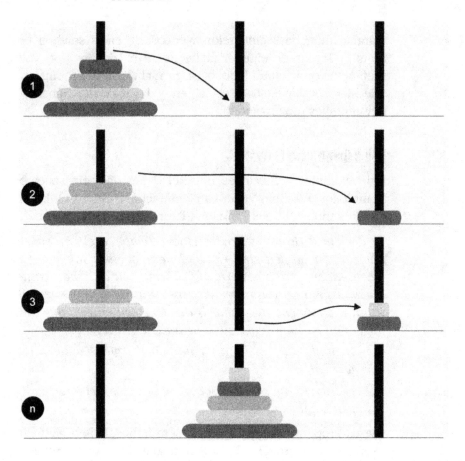

Abb. 10.2   Türme von Hanoi

Die meisten Programmieranfänger, die diese Lösung zum ersten Mal hören, zweifeln daran, dass das Problem damit wirklich erledigt ist. Sie glauben vielmehr, dass das Problem nur von *N* auf *N-1* verschoben worden sei. Dass dies auch tatsächlich die Lösung liefert, zeigt das Programm:

```cpp
#include <iostream>
using namespace std;
int umleg=0;

void transportiere(int,int,int,int);

int main()
{
 int n;
 cout << "Wie viele Scheiben? ";
 cin >> n;
 transportiere(n,1,2,3);
 cout << "\nEs waren " << umleg << " Umlegungen
notwendig\n";
 return 0;
}

void transportiere (int anz,int quelle,
int hilfsturm,int ziel)
{
 if (anz>1) transportiere(anz-1, quelle,
ziel,hilfsturm);
 cout << "Bringe Scheibe " << anz << " vom Turm " <<
quelle << " nach Turm " << hilfsturm << "\n";
 umleg++;
 if (anz>1) transportiere(anz-1,ziel,
hilfsturm,quelle);
 return;
}
```

Prog. 10.2   hanoi.cpp

Für 3 Scheiben erhält man folgende Ausgabe:

```
Bringe Scheibe 1 vom Turm 1 nach Turm 2
Bringe Scheibe 2 vom Turm 1 nach Turm 3
Bringe Scheibe 1 vom Turm 2 nach Turm 3
Bringe Scheibe 3 vom Turm 1 nach Turm 2
Bringe Scheibe 1 vom Turm 3 nach Turm 1
Bringe Scheibe 2 vom Turm 3 nach Turm 2
Bringe Scheibe 1 vom Turm 1 nach Turm 2
7 Umlegungen
```

Allgemein lässt sich zeigen, dass für n Scheiben genau

$$2^n\text{-}1$$

Umlegungen notwendig sind. An diesem Beispiel sieht man sehr gut, wie einfach eine rekursive Lösung sein kann. Einen iterativen Ansatz zu finden ist in diesem Fall nicht einfach. Jedoch gibt es in der Informatik eine Standardmethode, mit der man ein rekursives Schema mit Hilfe von sog. Stacks (Stapelspeicher) iterativ umformen kann.

10.4   Permutationen

Als Beispiel einer kombinatorischen Fragestellung seien hier die Permutationen behandelt. Ordnet man die 3! = 6 Permutationen dreier Zahlen wie folgt an:

```
1 2 3
1 3 2
2 1 3
2 3 1
3 2 1
3 1 2
```

so sieht man, dass jeweils eine Zahl festgehalten wird, und die übrigen systematisch vertauscht werden. Analog erhält man die ersten Permutationen von vier Zahlen

```
1  2  3  4
1  2  4  3
1  3  2  4
1  3  4  2
1  4  3  2
1  4  2  3
2  1  3  4
2  1  4  3
2  3  1  4
2  3  4  1
2  4  3  1
2  4  1  3  usw.
```

Streicht man in den Permutationen von {1, 2, 3, 4} die Zahl 4, erhält man wieder die Permutationen von {1, 2, 3} vierfach. Umgekehrt erhält man die Viererpermutationen, in dem man an jeder Stelle der Dreierpermutationen die Zahl 4 einfügt. Analog erhält man aus den Permutationen von *N-1* Zahlen die Permutationen von *N*, indem man jeder möglichen Stelle die Zahl *N* zufügt. Dieses rekursive Schema wird im folgenden Programm benutzt:

```c
int n,r[11];
long int perm=0L;
void ausgabe();
void permut(int k)
{
  int h = r[k];
  for (int i=k; i<=n; i++)
    {
      r[k] = r[i]; r[i] = h;
      if (k < n) permut(k+1);
      else
      {
        ausgabe(); perm++;
      }
      r[i] = r[k];
```

(Fortsetzung auf der nächsten Seite)

```
      }
r[k] = h;
return;
}

void ausgabe()
{
for (int i=1; i<=n; i++) cout << r[i];
cout << "\n";
return;
}

int main()
{
cout << "Wie viele Zahlen (max. 10)? ";
cin >> n;
for (int i=0; i<=n; i++) r[i] = i;
permut(1);
cout << perm << " Permutationen\n";
return 0;
}
```

Prog. 10.3   permut.cpp

10.5   **Quicksort**

Man kann das Thema Rekursion nicht verlassen, ohne auf das bekannte Quicksort-Verfahren von C. A. R. HOARE (1962) einzugehen. Quicksort ist das anerkannt schnellste Sortierverfahren für Felder, die nicht schon weitgehend sortiert sind. Der Grundgedanke von Quicksort ist es, die zu sortierende Liste durch ein mittleres Element (*Pivot* genannt) in zwei bezüglich des Pivot sortierte Listen zu zerlegen. Auf diese Teillisten wird wiederum diese Teilung ausgeführt, so lange bis rekursiv einelementige Listen vorliegen. Diese sind natürlich geordnet. Das Zusammensetzen dieser Teillisten liefert die Sortierung der ganzen Liste. Der Vorgang soll an einem Zahlenbeispiel demonstriert werden.

Gegeben sei die zehnelementige Liste:

44   33   11   55   90   60   99   26   87   66

Das Pivotelement ist nun $x[(0+9)/2] = 90$. Da alle Zahlen links von der 90 kleiner sind, muss 90 selbst mit 66 vertauscht werden:

44   33   11   55   66   60   99   26   87   90

Da noch 87 und 99 bezüglich 90 verkehrt stehen, werden die 87 und 99 vertauscht.

Somit sind nun alle links von 99 stehende Elemente kleiner als 90. Die Liste wird nun zerlegt in die Teillisten:

(44 33   11   55   66   60   87   26) (99 90)

Das mittlere Element der ersten Liste ist 55. Da alle Elemente links von 55 wieder kleiner sind, muss die 55 selbst mit der 26 vertauscht werden. Alle rechts von der 26 stehende Elemente sind nun größer als 55.

(44   33   11   26   66   60   87   55)   (99   90)

Dies liefert die nächste Teilliste mit dem Pivot 33.

(44   33   11   26)   (66   60   87   55)   (99   90)

Die links von 33 stehende 11 wird wieder vertauscht, ebenso die 44 mit der 26. Die nächste Teilliste ist nun (11 26) mit dem Pivot 11.

(11   26)   (33   44)   (66   60   87   55)   (99   90)

Da die ersten beiden Teillisten bereits sortiert sind, wird die Teilliste (66 60 87 55) behandelt. Das Pivot ist hier 60. Da die 55 rechts von 60 und 66 links steht, werden 55 und 66 vertauscht.

(11   26)   (33   44)   (55   60   87   66)   (99   90)

Die neue Teilliste ist nun (87 66) mit dem Pivot 87. Hier vertauschen nun 66 und 87 ihre Plätze:

(11   26)   (33   44)   (55   60)   (66   87)   (99   90)

Als letztes ist die ganz rechts stehende Liste mit dem Pivot 99 zu verarbeiten. Hier wird 99 mit 90 vertauscht.

(11   26)   (33   44)   (55   60)   (66   87)   (90   99)

Das Zusammensetzen aller Teillisten ergibt die endgültige Sortierung.

Das Verfahren, hier zur Vereinfachung der Eingabe auf 1.000 Zufallszahlen angewandt, kann wie folgt implementiert werden:

```
#include <iostream>
#include <cstdlib>
#include <ctime>
using namespace std;

const int N=1000;
int x[N];
void ausgabe(void);
void quicksort(int,int);
```

(Fortsetzung auf der nächsten Seite)

```
int main()
{
time_t now;
srand((unsigned)time(&now));
for (int j=0; j<N; j++)
    x[j] = rand() % 1000;
cout << "unsortiert\n";
ausgabe();
quicksort(0,N-1);
cout << "sortiert\n";
ausgabe();
return 0;
}

void quicksort(int lo,int hi)
{
 int i = lo,j = hi;
 int pivot = x[(lo+hi)/2];
 do
 {
 while (i<hi && x[i]<pivot) ++i;
 while (j>lo && x[j]>pivot) --j;
 if (i<=j)
   {
   int h = x[i]; x[i] = x[j];
   x[j] = h; i++; j--;
   }
 }while (i <= j);
 if (lo <j) quicksort(lo,j);
 if (i< hi) quicksort(i,hi);
 return;
}

void ausgabe()
{
for (int i=0; i<N; i++)
```

(Fortsetzung auf der nächsten Seite)

```
    cout << x[i] << "  ";
cout << endl;
return;
}
```

Prog. 10.4   quicksrt.cpp

Das Quicksort-Verfahren ist übrigens auch eine Bibliotheksfunktion in C und UNIX. Diese hat die Syntax

```
qsort(*start,num,byte,(compare)())
```

Dabei ist start der Beginn des Felds, num die Zahl der Feld-
elemente, byte die Zahl der Bytes eines Feldelements und
compare() die Vergleichsfunktion für die Elemente. Compa-
re(x,y) muss für die gewünschte Anordnung folgende Werte
liefern:

```
< 0   für x < y
= 0   für x = y;
> 0   für x > y;
```

Das Quicksort-Verfahren ist auch in der Standard Template
Library (STL) realisiert (vgl. Abschnitt 20).

10.6   Partitionen

Unter einer Partition einer natürlichen Zahl versteht man die Anzahl der Zerlegungen der Zahl in Summanden ≥ 1, wobei von der Reihenfolge abgesehen wird. Zur Berechnung der Partitionen wird ein rekursives Schema erstellt, wobei die Fragestellung zunächst erweitert wird: Auf wie viele Arten part(m,n) lässt sich die Zahl m in Summanden $\leq m$ zerlegen?

(1) Es gilt sicher part(m,1)=m, da die Zerlegung in Einsen genau m Summanden hat.

(2) Weiter folgt part(1,n)=1, da die Zahl 1 nur die Zerlegung 1=1 hat.

(3) Da keine Partition von m einen Summanden n>m haben kann, folgt part(m,n)=part(m,m) für m < n.

(4) Analog folgt: part(m,m)=part(m,m-1)+1, da es genau eine Partion der Form m=m gibt, alle anderen enthalten Summanden <m.

(5) Schließlich gilt noch: part(m,n)=part(m,n-1)+part(m-n,n) mit m>n. Ist der Summand n nicht enthalten, so gilt part(m,n-1). Andernfalls liefern die verbleibenden Zerlegungen die Partitionen von m-n.

Aus den Bedingungen (1) bis (5) lässt sich folgende Rekursion herleiten, wobei (1) und (2) als Induktionsanfang dienen.

```
long int part(int m,int n)
{
if (m == 1 || n == 1) return 1;
else
if (m < n) return part(m,m);
else
if (m == n) return part(m,m-1)+1;
else
return part(m,n-1)+part(m-n,n);
}
```

Die Anzahl der Partitionen steigt exponentiell an. Die Zahl 6 hat bereits 11 Partitionen:

```
6 = 6
  = 5 + 1
  = 4 + 2
  = 4 + 1 + 1
  = 3 + 3
  = 3 + 2 + 1
  = 3 + 1 + 1 + 1
  = 2 + 2 + 2
  = 2 + 2 + 1 + 1
  = 2 + 1 + 1 + 1 + 1
  = 1 + 1 + 1 + 1 + 1 + 1
```

Mit dem Hauptprogramm

```
int main()
{
int N;
cout << "Welche Zahl? ";
cin >> N;
cout << "Anzahl der Partitionen = " << part(N,N) <<
"\n";
return 0;
}
```

lassen sich beliebige Partitionszahlen ermitteln. Für m=50 liefert das Programm die Anzahl 204.226.

10.7 Übungen

10.1 Schreiben Sie eine rekursive Funktion zur Berechnung der Quersumme einer ganzen Zahl (vgl. Übung 5.1)

10.2 Schreiben Sie eine rekursive Funktion zum Problem von L. Collatz (vgl. Übung 4.6)

10.3 Die Anzahl f(n) der Gebiete, in die eine Ebene durch den Schnitt von n (nicht-parallelen) Geraden maximal zerlegt wird, ist

$$f(n) = \begin{cases} f(n-1)+n, \text{ für } n > 1 \\ 2 \qquad \text{ für } n = 1 \end{cases}$$

Bestimmen Sie den expliziten Funktionsterm!

10.4 Bestimmen Sie die Funktionswerte der bekannten McCarty-Funktion:

$$f(x) = \begin{cases} x-10 \quad \text{ für } x > 100 \\ f(f(x+11)) \quad \text{ für } x \leq 100 \end{cases}$$

10.5 Bestimmen Sie eine Formel für die Dreieckszahlen (Beispiel von sog. figurierten Zahlen)

Dreieckszahlen:

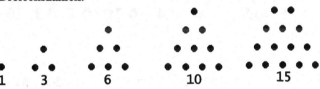

$$1 \qquad 3 \qquad 6 \qquad 10 \qquad 15$$

10.6 Die Legendre-Polynome $P_n(x)$ der Ordnung n erfüllen die Rekursionsgleichung

$$(n+1)P_{n+1}(x) = (2n+1)xP_n(x) - nP_{n-1}(x)$$

$$P_0(x) = 1, P_1(x) = x$$

Schreiben Sie eine rekursive Funktion zur Berechnung der Funktionswerte $P_n(x)$ und tabellieren Sie $P_5(x)$ im Intervall [-1;1].

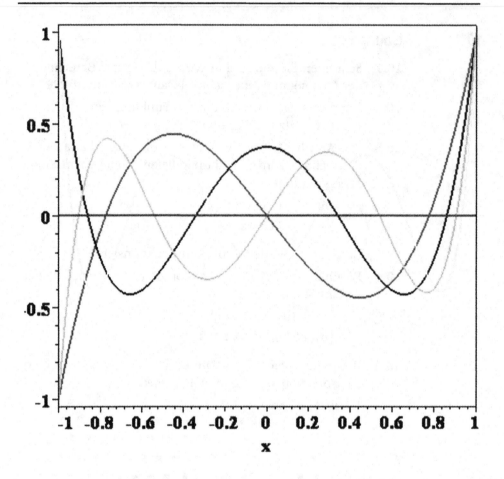

*Abb. 10.3   Legendre-Polynome P3(x) bis P6(x), jeweils erkennbar an der
Anzahl der Nullstellen in [-1,1].*

11 Höhere Datentypen

11.1 Der Aufzählungstyp enum

Den Datentyp enum (englisch *enumerated*) wurde von Pascal in C/C++ übernommen. In Java ist er bis zur Version 1.4 nicht enthalten; er findet sich aber wieder in C#. Dieser Typ wird definiert durch Aufzählung aller möglichen Werte definiert:

```
enum monat { Jan,Feb,Mrz,Apr,Mai,Jun,
             Jul,Aug,Sep,Okt,Nov,Dez};
enum farbe { kreuz,pik,herz,karo};
enum wochtag {son,mon,die,mit,don,fre,sam};
```

Eine Variable vom entsprechenden Typ wird definiert durch:

```
monat mon; // nur C++
farbe f;
```

Hier kann in C++ das Schlüsselwort enum entfallen (aber nicht in C).

Der Datentyp enum wird intern als ganzzahlige Struktur verwaltet. Die Nummerierung beginnt, wie in C/C++ üblich, mit 0. Bei den obigen Beispielen wird daher implizit codiert:

```
Jan=0, Feb=1, Mrz=2 usw.
kreuz=0, pik=1, herz=2 usw.
```

Diese 1:1-Codierung kann mit Hilfe des static_cast-Operators zur Wertzuweisung verwendet werden:

```
farbe f = static_cast<farbe>(i);
```

Diese Standard-Nummerierung kann aber durch eine explizite Wertzuweisung geändert werden, z. B.

```
enum farbe {karo = 9,herz,pik,kreuz };
```

Karo erhält damit den Wert 9. Die folgenden Werte werden – sofern nicht eine weitere Nummerierung gesetzt wird – monoton steigend weitergezählt. Bei diesem Beispiel würde folgen:

```
Herz=10, Pik=11, Kreuz=12.
```

Wie in Pascal können Variablen vom enum-Typ eine FOR-Schleife durchlaufen:

```
for (wochtag tag=son; tag<=sam; tag++)
```

Ebenso können Enum-Typen als Fallunterscheidung bei einer switch-Anweisung auftreten:

```
switch(tag)
{
 case son: cout << "Sonntag"; break;
 case mon: cout << "Montag"; break;
 case die: cout << "Dienstag"; break;
 case mit: cout << "Mittwoch"; break;
 case don: cout << "Donnerstag"; break;
 case fre: cout << "Freitag"; break;
 case sam: cout << "Samstag"; break;
}
```

Die Abkürzung „do" für Donnerstag ist hier nicht möglich wegen der Kollision mit dem Schlüsselwort do. Zur Demonstration des enum-Typs sollen alle 32 Skat-Karten ausgedruckt werden:

```
#include <iostream>
using namespace std;
enum wert {sieben,acht,neun,bube,dame,
koenig,zehn,as};
enum farbe {karo,herz,pik,kreuz};
int main()
{
for (farbe f=karo; f<=kreuz; f++)
```

(Fortsetzung auf der nächsten Seite)

```
for (wert w=sieben; w<=as; w++)
{
switch(f)
{
case karo : cout << "Karo";break;
case herz : cout << "Herz"; break;
case pik  : cout << "Pik"; break;
case kreuz: cout << "Kreuz";
}
switch(w)
{
case sieben: cout << "-Sieben\n"; break;
case acht  : cout << "-Achter\n"; break;
case neun  : cout << "-Neuner\n"; break;
case bube  : cout << "-Bube\n"; break;
case dame  : cout << "-Dame\n"; break;
case koenig: cout << "-Koenig\n"; break;
case zehn  : cout << "-Zehner\n"; break;
case as    : cout << "-As\n";
}}
return 0;
}
```

Prog. 11.1   kartenspiel.cpp

Ein enum-Typ darf auch als Funktionswert auftreten.

```
enum wochtag {son,mon,die,mit,don,fre,sam};
wochtag tag_danach(wochtag tag)
{
int t = (int)tag;
return static_cast<wochtag>((t+1) % 7);
}
```

Einer der bekanntesten Algorithmen zur Bestimmung des Wochentags eines beliebigen Datums ist die Formel von ZEL-LER. Die ZELLERsche Formel ist hier vom Autor so modifiziert, dass negative Nummerierungen vermieden werden.

```
#include <iostream>
using namespace std;
enum wochtag {son,mon,die,mit,don,fre,sam};

wochtag zeller(int t,int m,int j)
// modifiziert vom Autor
{
if (m > 2) m -= 2;
else { m += 10; j--; }
int c = j/100;
j %= 100;
int w = (j/4+c/4+(13*m-1)/5 +t+j+5*c) % 7;
return static_cast<wochtag>(w);
}

int main()
{
 int t,m,j;
 cout << "Gueltiges Datum in der Form " <<
        "TT MM JJJJ eingeben! ";
 cin >> t >> m >> j;
 wochtag w = zeller(t,m,j);
 switch(w)
  {
  case son: cout << "Sonntag\n"; break;
  case mon: cout << "Montag\n"; break;
  case die: cout << "Dienstag\n"; break;
  case mit: cout << "Mittwoch\n"; break;
  case don: cout << "Donnerstag\n"; break;
  case fre: cout << "Freitag\n"; break;
  case sam: cout << "Samstag\n";
  }
}
```

Prog. 11.2   *kalender.cpp*

In C++ gibt es ferner noch die sog. anonymen enum-Typen in der Form

    enum{k=5};

Dies ist eine einfache, jedoch wenig elegante Methode eine Konstante in eine Klasse einzubringen.

Einige Autoren glauben, das enum-Typen entbehrlich sind; sie werden aber vermutlich in die Java-Version 1.5 aufgenommen.

11.2 Der Verbund struct

Während in Reihungen stets Variablen vom gleichen Typ zusammengefasst, kann der Verbund (englisch *structure*) auch verschiedenartige Daten zu einem Ganzen vereinen. Er entspricht dem Datentyp *record* in Pascal. Dieser Datentyp wurde in C++ verallgemeinert zum Typ der Klasse; ein Verbund ist somit eine Klasse, die nur Daten(elemente) enthält, auf die stets von außen (d.h. öffentlich) zugegriffen werden kann. Eine Struktur kann somit in C++ auch statische Variable und Funktionen enthalten.

```
struct spielkarte
{ wert w;
  farbe f;
};
struct student
{ string familienname;
  int semester;
  bool ist_eingeschrieben()
  long int matrikel_nr;
};
```

Mittels der TYPEDEF-Anweisung kann in C eine Struktur einen Namen erhalten:

```
typedef struct
{ int nenner;
  int zaehler;
} BRUCH;
```

Ein Verbund kann auch als Komponente eines Verbunds auftreten; d. h. Verbunde können verschachtelt werden.

```
struct datum
{
  int tag;
  int monat;
  int jahr;
};
struct personalie
{
  string name;
  datum geburtstag;
  familienstand famstand;
};
```

Dabei ist der Familienstand als Aufzählungstyp erklärt worden:

```
enum familienstand
{ledig,verheiratet,verwitwet,geschieden};
```

Die Komponenten eines Verbunds können mit Hilfe des Element-Operators "." einzeln angesprochen werden.

```
BRUCH bruch;
bruch.nenner = 5; bruch.zaehler = 2;
personalie person;
person.name = "Franz Xaver";
person.adresse.wohnort = "München";
person.geburtstag.jahr = 1950;
```

Im Falle eines Zeigers auf einen Verbund existiert ein noch weiterer Element-Operator ->. Er ersetzt die Kombination der beiden Operatoren * und . (Punkt). Man schreibt daher verkürzt:

```
*(person).name -> person->name
*(datum).jahr -> datum->jahr
```

11.3 Polarkoordinaten

Auch Polarkoordinaten können als Verbunde definiert werden.

```cpp
#include <iostream>
#include <cmath>
using namespace std;
struct Polar { double r,phi; };
struct Kart
{
double x,y;
double betrag(){ return sqrt(x*x+y*y);}
};

Polar Polarform(Kart k)
{
  Polar z;
  z.r = sqrt(k.x*k.x + k.y*k.y);
  z.phi = 180./M_PI*atan2(k.y,k.x);
  return z;
}

int main()
{
 Kart k;
 cout << "Gib Kart.Koordinaten ein! ";
 cin >> k.x >> k.y;
 if (k.betrag() != 0)
 {
 Polar z = Polarform(k);
 cout << "\nRadiusvektor r = " << z.r;
 cout << "\nPolarwinkel phi = " << z.phi
      << "°\n";
 }
 return 0;
}
```

Prog. 11.3   polar.cpp

Auch die kartesischen Koordinaten x,y sind als struct definiert. Die Eingabe "3 4" liefert z. B. die Polarkoordinaten

```
Radiusvektor = 5
Polarwinkel = 53.130102°
```

Analog stellt sich folgende Definition eines Punktes dar.

```
struct Punkt {double x,y;} P;
```

Der Zugriff funktioniert wieder mittels Punkt-Operator:

```
P.x = 4; P.y = -3;
```

Die generelle Bedeutung der Strukturen ist, dass sie gleichsam die Urform der Klassen sind. Deshalb sind auch Funktionen in C++-Strukturen zugelassen, wie am Programm-Beispiel 11.5 ersichtlich ist. Der Klassentyp ist eine Verallgemeinerung der Struktur, da Klassen zusätzlich verfügen über

- Zugriffsrechte
- selbstdefinierte Konstruktoren
- selbstdefinierte Destruktoren
- selbstdefinierte Operatoren
- virtuelle Funktionen
- Referenzen auf Basisklassen

Die Behandlung der Strukturen als Klassen erfolgt im Abschnitt 15.9.

11.4   Der Datentyp union

Während in einem Verbund alle Komponenten festliegen, ist es manchmal nützlich, mit variablen Komponenten zu arbeiten. Ein solcher Verbund wird dann auch Variante genannt. Die Komponenten können u. U. sogar verschiedene Datentypen enthalten. Z. B. könnte in einer Datenbank die Adresse wahlweise eine Geschäfts- bzw. eine Privatadresse sein. Varianten können in C mit dem Datentyp union realisiert werden.

Eine Literaturstelle soll z. B. wahlweise ein Buch oder ein Zeitschriftenartikel sein:

```
union literaturstelle
{
 struct BUCH buch;
 struct ARTIKEL artikel;
};
```

Dabei sind die Strukturen BUCH und ARTIKEL etwa wie folgt definiert:

```
typedef struct
{
  char *autor;
  char *titel;
  char *verlag;
  int erschein_jahr;
} BUCH;
```

Der Compiler muss so viel Speicherplatz reservieren, dass entweder BUCH oder ARTIKEL gespeichert werden kann. Der Zugriff auf die richtige Struktur liegt in der Hand des Programmierers.

Der Datentyp union diente früher im Rahmen der Systemprogrammierung zum Packen von int-Werten und Bytes an beliebigen Adressen. Im Zeitalter des objektorientierten Programmierens hat der Typ union an Bedeutung verloren und kann stets durch eine Klasse ersetzt werden.

11.5   Der Datentyp Bitfeld

Ein Spezialfall des Verbundes STRUCT ist das Bitfeld. Bei vielen Systemfunktionen wie Bildschirmsteuerung, Speicherzugriffen und Zeichenmustern werden solche Bitfelder verwendet. Die Bildschirm-Attribute z. B. werden unter MS-DOS durch ein Byte, d. h. durch 8 Bits, wie folgt codiert:

```
struct video_attrib
{
 unsigned int foreground : 3;  // Bit 0..2
 unsigned int intense    : 1;  // Bit 3
 unsigned int background : 3;  // Bit 4..6
 unsigned int blinker    : 1;  // Bit 7
}
```

Die Komponenten eines Bitfeldes müssen vom int-Typ sein. Bitfelder unterliegen jedoch einigen Einschränkungen: So sind Felder aus Bitfeldern nicht erlaubt, ebenso wenig kann ein Adress-Operator oder ein Pointer auf sie angewandt werden. Ein ganz wesentlicher Nachteil gegenüber anderen Datentypen ist bei den Bitfeldern zu beachten: Sie sind nämlich maschinenabhängig, da die Größe eines Maschinenworts (16 oder 32 Bits) und die Nummerierung der Bits (z. B. von rechts nach links oder umgekehrt) explizit in die Definition des Bitfelds eingeht.

Bitfelder sind daher im Sinne der OOP als veraltet anzusehen und hier nur noch der Vollständigkeit halber erwähnt.

12 Bibliotheken und Header-Dateien

12.1 Die Header-Dateien

Eine wichtige Aufgabe des Präprozessors ist das Einbinden der Systemroutinen aus der Bibliothek mittels der sog. Header-Dateien in den jeweiligen Quellcode.

```
#include <iostream>
#include <cmath>
```

Ist der Header-Dateiname in spitzen Klammern eingeschlossen, so wird die Datei im Unterverzeichnis /include des Compilers gesucht. Befindet sich der Dateiname in Anführungszeichen " ", so wird die Datei im aktuellen Pfad gesucht.

Gemäß der Norm müssen mindestens folgende C-Header-Dateien vorhanden sein:

Include-Datei	Zweck
assert.h	Diagnose
ctype.h	char-Funktionen
float.h	Implementation des float-Typs
errno.h	Fehler im Klartext
limits.h	Implementationsgrenzen
locale.h	setlocal-Funktion
math.h	mathematische Funktionen
setjmp.h	nicht-lokale Sprünge
signal.h	Signal-Funktionen
stdarg.h	variable Argumente
stddef.h	Implementation von size_t usw.
stdio.h	Standard-Ausgabe/Eingabe

Include-Datei	Zweck
stdlib.h	Allgemeine Funktionen
string.h	Stringfunktionen
time.h	Datums- u. Zeitroutinen

Um die C-Header von den C++-Header-Dateien zu unterscheiden – z.B. bei der Bibliothek <limits> – werden nun alle Namen der reinen C-Header mit einem vorangestellten c versehen (vgl. Abschnitt 12.11).

12.2 <cerrno>

Die Datei <cerrno> definiert Kurzformen häufig vorkommender Fehler, z. B.:

EMFILE	4	Zu viele Dateien geöffnet
EACCES	5	Zugang verweigert
ENOMEM	8	Nicht genug Speicher
EINVAL	19	falsches Argument
E2BIG	20	Argumentliste zu groß
ENOEXEC	21	Falsches EXE-Format
EDOM	33	Math. Bereichsfehler
ERANGE	34	Resultat zu groß
EEXIST	35	Datei existiert bereits

12.3 <limits> bzw. <climits>

Hier sind die Datei <climits> und <limits> zu unterscheiden. Die Datei <climits> enthält die Bereichsgrenzen der jeweiligen Ganzzahl-Arithmetik:

CHAR_BIT	8	8 Bits je Character
SCHAR_MIN	-127	signed char Minimum
SCHAR_MAX	127	signed char Maximum
CHAR_MIN	0	char Minimum

CHAR_MAX	255	char Maximum
INT_MIN	-32767	int Minimum
INT_MAX	32767	int Maximum
UINT_MAX	65535	unsigned int Minimum
LONG_MIN	-21474826477L	long int Minimum
LONG_MAX	21474826477L	long int Maximum
ULONG_MAX	4294967295UL	unsigned long int Maximum

Die Verwendung der Header-Datei <limits> kann die Anwendung von <climits> vollständig und die Anwendung von <cfloat> weitgehend ersetzen.

Die C++-Version <limits> enthält insbesondere die wichtige Template-Klasse <numerics_limits>, in dem die Compilerhersteller ihre Maschinengenauigkeiten definieren können:

```
FLT_EPSILON
DBL_EPSILON
```

12.4   <cfloat>

Für C-Bibliotheken enthält <cfloat> die Grenzen der float-bzw. double-Arithmetik

DBL_DIG	15	Stellenzahl von double-Variablen
FLT_DIG	6	Stellenzahl von float-Variablen
DBL_EPSILON	1.2204460492503303131e-16	kleinste positive double-Zahl mit 1.0+x<>x
FLT_EPSILON	1.19209290e-7	analog float
DBL_MIN	2.2250738585072014e-308	kleinste positive double-Zahl
FLT_MIN	1.17549435e-38F	analog float

12.5   <cmath>

Neben den mathematischen Standardfunktionen enthält die Header-Datei <cmath> auch die Ausnahmebehandlungen (englisch *exceptions*):

DOMAIN	1	Bereichsüberschreitung
SING	2	Singularität d.Funktion
OVERFLOW	3	
UNDERFLOW	4	
TLOSS	5	Totaler Genauigkeitsverlust
PLOSS	6	Teilweiser Genauigkeitsverlust

Diese sind definiert durch:

```
struct exception
{ int type;  // Nummerierung wie oben
  char *name; // Name der Funktion
  double arg1; // Wert des 1.Arguments
  double arg2;  //* ev. 2.Argument
  double retval; /* Zurückgeg. Wert
}
```

Diese Fehlermeldungen können mit Hilfe der Funktion matherr() ausgegeben werden. Elegantere Methoden liefern der Ausnahmefall-Mechanismus (Exceptions) in C++ (vgl. Kapitel 19).

12.6   <clocale>

Mit der Datei <clocale> versucht man, vom Amerikanischen abweichende Schreibweisen wie Dezimalzeichen, Datums- und Zeit-Formate usw. greifbar zu machen. Die Datei enthält die Funktion

```
char *setlocale(category,locale)
```

mit der der lokale Parametersatz (category) gesetzt oder abgefragt werden kann. Die lokalen Parameter beginnen mit den Buchstaben LC:

```
LC_ALL          (alle Kategorien)
LC_CTYPE        (Char-Funktionen)
LC_NUMERIC      (Dezimalzeichen)
LC_TIME         (Ausgabe durch strftime())
```

usw. Alle lokalen Parameterwerte können mit folgendem Programm abgefragt werden:

```
#include <clocale>
using namespace std;
int main()
{
    cout << setlocale(LC_ALL,"");
}
```

Die Datei <clocale> wird von vielen früheren Compilerversionen noch nicht voll unterstützt. Folgendes Programm ersetzt in numerischen Ausgaben den anglo-amerikanischen Dezimalpunkt durch ein deutsches Dezimal-Komma.

```
#include <iostream>
#include <iomanip>
#include <cmath>
#include <locale>
using namespace std;
int main()
{
cout.imbue(locale("de_DE"));
cout.setf(ios::fixed);
double f = sqrt(2.);
cout << setprecision(14) << f << endl;
return 0;
}
```

Statt 1.41421356237310 wird hier für $\sqrt{2}$ 1,41421356237310 mit 14 Dezimalstellen ausgegeben.

12.7   <ctime>

Die Header-Datei <ctime> enthält, darunter auch die Systemzeit, die meist zum Starten des Zufallszahlen-Generators verwendet wird.

```
time_t now;
srand(unsigned) time(&now));// auch
srand(time(NULL));
```

Weitere enthaltene Zeitfunktionen sind:

```
double difftime()      //Zeitdifferenz in Sek.
time_t time()          // Kalenderzeit
clock_t clock()        // Rechnerzeit
char *asctime()        // Datum,Zeit in Stringform
size_t strftime()
struct tm *localtime() // Lokalzeit
struct tm *gmtime()    // Universal Time
```

Dabei wird das Datum mit Uhrzeit durch folgenden Verbund
repräsentiert:

```
struct tm
{ int tm_sec;    // Sekunden 0..59
  int tm_min;    // Minuten 0..59
  int tm_hour;   // Stunden 0..23
  int tm_mday;   // Tag 1..31
  int tm_mon;    // Monat 0..11
  int tm_year;   // Jahr seit 1900
  int tm_wday;   // Tage seit Sonntag 0..6
  int tm_yday;   // Tage seit 1.Jan 0..365
  int tm_isdst;  // Sommerzeit j/n
};
```

Die Funktion

```
size_t strftime(char *s,size_t smax,
                const char *fmt,const struct tm *tp)
```

gibt dabei Datum und Zeit von *tp in s gemäß dem Format fmt aus. Sie wird von älteren Compilerversionen noch nicht unterstützt. Diese Formate sind ähnlich wie bei der printf()-Funktion. So bedeuten:

```
%d  Tag im Monat
%H  Stunde (0..23)
%i  Stunde (0..12)
%j  Tag im Jahr (1..366)
%m  Monat (1..12)
%M  Minute (0..59)
```

Mit dem folgenden Programm können die Lokalzeit und die Universalzeit UT (früher *Greenwich Mean Time* GMT) ermittelt werden:

```
#include <iostream>
#include <ctime>
#include <cstddef>
using namespace std;
int main()
{
  struct tm *local,*gmt;
  time_t t = time(NULL);
  local = localtime(&t);
  cout << "Lokalzeit und Datum : " <<
        asctime(local) << "\n";
  gmt = gmtime(&t);
  cout << "Greenwich Mean Time und Datum :" <<
asctime(gmt) << "\n";
}
```

Die Funktion asctime() liefert jeweils Datum und Zeit im folgenden Format:

```
Mon  Aug  11  16:54:48  2003
```

12.8   <cassert>

Die Header-Datei <cassert> enthält das Macro

```
void assert (ausdruck)
```

das, wenn der Ausdruck falsch wird, folgende Meldung an die Fehlerausgabe stderr ausgibt:

```
Assertion failed : Expression, File name, Line xxx
```

Die Verifikation mittels Invarianten bzw. Zusicherungen ist ein neueres, wichtiges Anliegen in der Informatik. Diese Zusicherungen erlauben eine mathematische Analyse des Algorithmus und erhöhen die Lesbarkeit der Programme, indem die Zusicherungen in Form von Kommentaren eingefügt wird. Das Einsetzen der assert-Macros bei der Programmentwicklung wird daher stark empfohlen.

Als Anwendungsbeispiel für die assert-Anweisung dient die Parameterkontrolle im folgenden Programm.

```
#include <iostream>
#include <cmath>
#include <cassert>

int main()
{
  double a,b,x;
  cout << "Gib Numerus und Basis " <<
       "des Logarithmus ein! ";
  cin >> a >> b;
  assert(a>0 && b>0 && b!=1. );
  x = log(a)/log(b);
  cout << "Logarithmus = " << x << "\n";
  return 0;
}
```

Prog. 12.1   assert.cpp

Bei Eingabe einer negativen Zahl liefert die Programmausführung im DEBUG-Modus folgende Fehlermeldung.

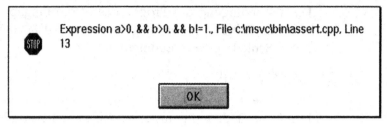

Abb. 12.1   Typische Fehlermeldung von <cassert>

Gemäß der ANSI Norm sollte nach Verletzen einer assert-Bedingung das Programm durch Aufruf von abort() abgebrochen werden.

Wie bereits erwähnt, ist die Entwicklung von sicheren Programmen ein grundlegendes Problem der Informatik. Am Beispiel der schon gezeigten ägyptischen Multiplikation soll die Verifikation eines Programm vorgeführt werden.

```cpp
#include <iostream>
using namespace std;

int main()
{
   int a,b,sum =0;
   cout << "Eingabe a b ";
   cin >> a >> b;
   while (a>0)
   {
    if (a % 2 == 1) sum += b;
    a /= 2 ;
    b *= 2 ;
   }
   cout << "Produkt = " << sum << "\n";
   return 0;
}
```

Prog. 12.2   aegypt.cpp

Die Vorbedingung des Programms ist die Eingabe zweier natürlicher Zahlen. Daher ist gefordert $(a>=0)\&\&(b>=0)$. In der WHILE-Schleife gilt die Bedingung

z +x*y = a*b

Es solche Bedingung heißt daher auch *Schleifeninvariante*. Damit die Bedingung auch bei Schleifeneintritt gilt, setzt man z=0 bzw. x=a und y=b. Eine solche Bedingung heißt *Zusicherung*. Ist a oder b gleich Null, so stellt z bereits das gesuchte Produkt dar. Die Schleifeninvariante erkennt man daran, dass sie bei allen Anweisungen innerhalb der Schleife unverändert bleibt. Wird y verdoppelt und x ganzzahlig halbiert, so bleibt die Bedingung z +x*y = a*b tatsächlich bestehen. Nach Verlassen der Schleife gilt x=0. Eine solche Bedingung heißt *Nachbedingung*. Aus der Invarianten und der Nachbedingung ergibt sich

$$(z + xy = ab) \wedge (x = 0) \Rightarrow z = ab$$

Somit ist mathematisch bewiesen (verifiziert), dass das Ergebnis z das Produkt von a und b darstellt.

12.9   <cstddef>

Der Header <cstddef> enthält wichtige Standarddefinitionen wie

size_t	Ganzzahltyp für sizeof
ptrdiff_t	Ganzzahltyp für Pointerdiff.
wchar_t	Wide Character Type
NULL	ASCII-Null oder '\0'

12.10   <cstdlib>

Der Header <cstdlib> enthält einige mathematischen Funktionen wie rand(), die aus historischen Gründen nicht zu <cmath> gehören.

int abs(int)	Absolutbetrag
long abs(long)	Absolutbetrag
long labs(long)	Absolutbetrag
div_t div(int,int)	Divisionsstruktur
int rand()	Zufallszahl
void srand()	Start Zufallsgenerator
void abort()	Programmabbruch
void exit(int)	Programmabbruch mit Parameterübergabe
int atoi(char*)	C-String als int
long atol(char*)	C-String als long
double atof(char*)	C-String als double
void *bsearch(..)	Binärsuche
void qsort(..)	Quicksort

12.11 C-Header im Namensraum std

Im Standard-Namensraum von C++ werden die Namen der C-Header-Dateien geändert durch ein Voranstellen von c, gleichzeitig entfällt der Anhang .h. Einige neue Bezeichner zeigt die Tabelle:

Name in C	Name in Std C++
math.h	<cmath>
stdlib.h	<cstdlib>
assert.h	<cassert>
ctype.h	<cctype>
limits.h	<climits>
stddef.h	<cstddef>
string.h	<cstring>
time.h	<ctime<
iso646.h	<ciso646>
stdio.h	<cstdio>
float.h	<cfloat>

12.12   C++-Header

Folgende spez. C++-Header-Dateien muss jeder Compiler unterstützen:

<limits>	C++-Version von <climits>
<string>	String
<exceptions>	Fehlerbehandlung
<stdexcept>	Fehlerbehandlung
<memory>	Speicherverwaltung
<new>	Speicherverwaltung

Weitere C++-Header sind

<typeinfo>	Laufzeitkennung
<algorithm>	Algorithmen
<complex>	Komplexe Zahlen
<numerics>	Numerisches
<utility>	Hilfsfunktionen
<functional>	Hilfsfunktionen

Diese Header werden mittels der using-Anweisung

```
using namespace std;
```

in den Namensraum std aufgenommen.

13 Programmier-Prinzipien

Stößt man auf eine besonders elegante Formulierung eines Algorithmus, fragt man sich oft, wie der Autor auf die entsprechende Programmidee gekommen ist. Mustert man jedoch eine Vielzahl von Programmen genauer, erkennt man bald, dass es im Grunde nur wenige grundlegende Programmierprinzipien gibt. Einige dieser Programmiertechniken sollen im Folgenden dargestellt werden.

13.1 Die Iteration

Die Iteration ist eine der ältesten Programmiertechniken, die insbesondere in der numerischen Mathematik zahlreiche Anwendungen findet. Ein Problem, z. B. eine nichtlineare Gleichung, wird gelöst, indem man sich – von einem Startpunkt oder beim letzten Schritt erhaltenen Punkt ausgehend – schrittweise der gesuchten Lösung nähert. Dabei wird ein Iterationsschema durchlaufen, das bei jedem Schritt sicherstellt, dass man sich der Lösung nähert oder zumindest nicht entfernt. Die Iteration wird beendet, wenn die erreichte Lösung „nahe genug" an der gesuchten Lösung ist.

Werden Iterationsverfahren bei Problemen verwendet, die mehrere Lösungen haben, so kann im Allgemeinen jedoch nicht immer vorausgesagt werden, gegen welche Lösung das Iterationsverfahren konvergiert. Dies ist insbesondere bei der Bestimmung von Nullstellen oder Extremwerten der Fall. Hier muss zusätzlich geprüft werden, ob noch weitere Nullstellen oder Extrema existieren.

Zwei bekannte Iterationsverfahren stellen die in Abschnitt 4.2 besprochene Methode des arithmetischen und geometrischen Mittels (Programm `ln.c`) und die in Abschnitt 4.3 behandelte NEWTON-Iteration (Programm `wurzel.cpp`) dar. Eine weiteres

Verfahren ist die Fixpunkt-Iteration, die hier zur Lösung der nichtlinearen Gleichung $x = \cos(x)$ angewendet werden soll.

```cpp
#include <iostream>
#include <iomanip>
#include <cmath>
#include <limits>
using namespace std;

int main()
{
double x,y=1.; // Startwert
cout.setf(ios::fixed);
do{
  x = y;
  y = cos(x);
  cout << setprecision(12) << y << endl;
  }while(fabs(x-y)>1e3*DBL_EPSILON);
  cout << "Fixpunkt = " << y << endl;
return 0;
}
```

Prog. 13.1   fixpunkt.cpp

Die Konstante DBL_EPSILON aus <cfloat> gibt die Maschinengenauigkeit für double-Werte an. Die letzten 10 Iterationsschritte sind:

```
0.739085133218
0.739085133213
0.739085133216
0.739085133214
0.739085133216
0.739085133215
0.739085133215
0.739085133215
0.739085133215
0.739085133215
Fixpunkt = 0.739085133215
```

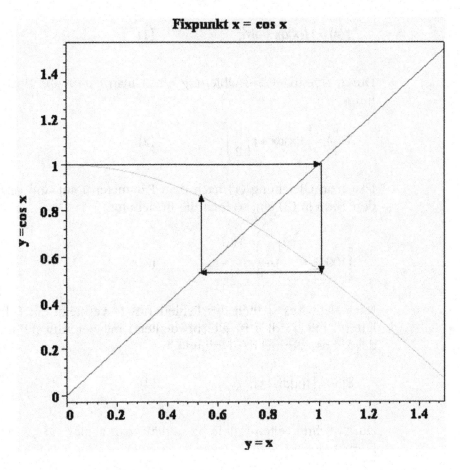

Fixpunkt x = cos x

Abb. 13.1 Fixpunkt-Iteration cos x=x

13.2 Die Extrapolation

Die Extrapolation ist ein numerisches Prinzip, das versucht bei bekanntem Verhalten des Verfahrensfehlers diesen gegen Null zu „extrapolieren". Als Beispiel wird hier die Trapezformel zur numerischen Integration gewählt. Die Trapezregel hat die Fehlerordnung 2, dass heißt der Verfahrensfehler geht mit dem Quadrat der Schrittweite h. Es gilt also eine Gleichung der Art:

$$T(h) = \int_a^b f(x)dx + ah^2 \qquad (1)$$

Durch Schrittweiten-Halbierung erhält man daraus die Beziehung

$$T(\frac{h}{2}) = \int_a^b f(x)dx + a\left(\frac{h}{2}\right)^2 \qquad (2)$$

Löst man Gleichung (1) nach dem Parameter a auf und setzt den Term in (2) ein, so folgt die Beziehung

$$\int_a^b f(x)dx = \frac{4T\left(\frac{h}{2}\right) - T(h)}{3} \qquad (3)$$

Nach dem Ausschalten des Fehlerterms h^2 verbleibt ein Fehlerterm mit h^4; dies ist gleichbedeutend mit der Anwendung der Simpsonformel der Ordnung 4:

$$S(h) = \int_a^b f(x)dx + bh^4 \qquad (4)$$

Durch Schrittweiten-Halbierung erhält man analog zu (3) die Formel

$$\int_a^b f(x)dx = \frac{16S\left(\frac{h}{2}\right) - S(h)}{15}$$

Das beschriebene Extrapolationschema stammt von L.F. RICHARDSON; die Fortsetzung des Verfahrens (bis eine vorgegebene Fehlerschranke unterschritten ist) wird nach W. ROMBERG benannt.

Die Extrapolation wird im folgenden Programm durch zweimalige Schrittweitenhalbierung durchgeführt:

```cpp
#include <iostream>
#include <iomanip>
#include <cmath>
using namespace std;

double f(double x)
{ return sqrt(1.+exp(x*x/2.));}

double trapezformel(double a,double b,int n)
{
double sum = f(a)+f(b);
double h = (b-a)/n;
for (int i=1; i<n; i++) sum += 2.*f(a+i*h);
return sum*h/2;
}

double extrapolation(double t2,double t1,int p)
{
return t2 + (t2-t1)/(p*p-1.);
}

void ausgabe(double t0,double t1,double t2)
{
cout << setw(15) << setprecision(12) << t0
<< setw(15) << setprecision(12) << t1
<< setw(15) << setprecision(12) << t2 << endl;
return;
}

int main()
{
double a=1,b=2; // Integrationsintervall
int n=20;  // Anzahl der Anfangsintervalle
double t,t1,t2,s,s1,s2;
t = trapezformel(a,b,n);
```

(Fortsetzung auf der nächsten Seite)

```
ausgabe(t,0,0);

t1 = trapezformel(a,b,2*n);
s = extrapolation(t1,t,2);
ausgabe(t1,s,0);

t2 = trapezformel(a,b,4*n);
s1 = extrapolation(t2,t1,2);
s2 = extrapolation(s1,s,4);
ausgabe(t2,s1,s2);
return 0;
}
```

Prog. 13.2   extrapolation.cpp

Für das Integral $\int_{1}^{2}\sqrt{1+e^{x^2/2}}\,dx$ erhält man das Schema

2.09926102227	0	0
2.09894159908	2.09883512468	0
2.09886173456	2.09883511306	2.09883511228

Hier sind alle im letzten Schritt erhaltenen Dezimalen exakt!

Die Extrapolation eignet sich auch im Fall der numerischen Differenziation. Am einfachsten ist hier die symmetrische Differenz

$$f'(x) \approx \frac{f(x+h)-f(x-h)}{2h} = D(h)$$

mit einem Fehlerterm der 2.Ordnung:

$$D(h) = f'(x) + ah^2 \qquad (5)$$

Schrittweitenhalbierung zeigt

$$D(\frac{h}{2}) = f'(x) + \tfrac{1}{4}ah^2 \qquad (6)$$

Auflösen von (6) nach a und Einsetzen in (5) liefert analog zu (3):

$$f'(x) = \frac{4D\left(\dfrac{h}{2}\right) - D(h)}{3}$$

Im Programm zur Extrapolation muss dazu nur die Trapezformel durch die numerischen Ableitung mittels symmetri-
scher Differenz ersetzt werden:

```
double symmdifferenz(double x,double h)
{
return (f(x+h)-f(x-h))/(2*h);
}
```

Bei der gegebenen Funktion $f(x) = \sqrt{1 + e^{x^2/2}}$ erhält man für
die Ableitung $f'(1)$ das Schema:

0.506526209287	0	0
0.506523754454	0.506522936176	0
0.506523140747	0.506522936178	0.506522936178

13.3   Die Rekursion

Ein Objekt bzw. eine Funktion heißt rekursiv, wenn es sich
selbst enthält oder auf sich selbst zurückgreift. Die in Abschnitt 10.1 gegebene Definition des Euklidschen Algorithmus
zur Bestimmung des größten gemeinsamen Teilers ist ein bekanntes Beispiel einer rekursiv definierten Funktion:

$$ggT(a,b) = \begin{cases} ggT(b, a \bmod b) & \text{für } b > 0 \\ a & \text{für } b = 0 \end{cases}$$

Viele Algorithmen und Datenstrukturen wie z. B. die verkette-
te Liste (vgl. Kapitel 12) sind in natürlicher Weise rekursiv, so
dass eine Transformation auf ein iteratives Schema nicht notwendig ist. Die Erzeugung aller 01-Folgen der Länge k – auch
01-k-Tupel genannt – ist ein Beispiel eines einfachen rekursiven Schemas, ähnlich dem im Kapitel 10 gegebenen Permuta-
tionsschema (vgl. Abb. 13.2).

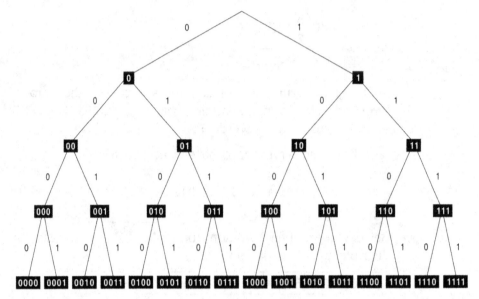

Abb. 13.2 *Binärbaum zur Erzeugung von 01-Folgen. Rekursive Erzeugung der 01-Tupel.*

Hieran erkennt man das Rekursionsschema leicht: die Elemente der Tupel werden abwechselnd 0 bzw. 1 gesetzt, und dieses Setzen wird solange fortgesetzt, bis die gewünschte Länge k erreicht ist.

```cpp
#include <iostream>
using namespace std;
int N,zaehl=0;
int* a;
void ausgabe()
{
zaehl++;
for (int i=1; i<=N; i++) cout << a[i] << " ";
cout << "\n";
return;
}
void erzeuge(int m)
{
```

(Fortsetzung auf der nächsten Seite)

```
a[m] = 0;
if (m<N) erzeuge(m+1); else ausgabe();
a[m] = 1;
if (m<N) erzeuge(m+1); else ausgabe();
return;
}

int main()
{
cout << "Welche Laenge der 01-Tupel? ";
cin >> N;
a = new int[N+1];
for (int i=0; i<=N; i++) a[i]=0;
erzeuge(1);
cout << zaehl << " 01-Tupel gefunden\n";
delete [] a;
return 0;
}
```

Prog. 13.3   01tupel.cpp

Für k=5 liefert das Programm die Ausgabe:

00000	00001	00010
00011	00100	00101
00110	00111	01000
01001	01010	01011
01100	01101	01110
01111	10000	10001
10010	10011	10100
10101	10110	10111
11000	11001	11010
11011	11100	11101
11110	11111	

```
32 01-Tupel gefunden
```

Damit nicht bei jedem Prozeduraufruf das Array übergeben werden muss, sind hier das Array und der Zähler als globale Variable realisiert.

13.4 Das Teile-und-Herrsche-Prinzip

Das Teile-und-Herrsche-Prinzip (engl. *divide and conquer*) ist eine Programmiertechnik, bei der der jeweilige Problemumfang schrittweise auf die Hälfte oder einen anderen Bruchteil reduziert wird. Diese Reduktion wird dann solange fortgesetzt, bis die verbleibenden Fälle in einfacher Weise gelöst werden können. Die Gesamtlösung setzt sich dann – meist rekursiv – aus den Einzellösungen zusammen.

Genau diese Strategie liegt der Binärsuche zu Grunde, die im Abschnitt 5.4 programmiert wurde. Hierbei wird die zu untersuchende Liste jeweils auf die Hälfte reduziert, in der sich das gesuchte Element befindet. Die Binärsuche endet spätestens dann, wenn die Liste nur noch ein Element enthält. Das Prüfen dieses Elements zeigt den Erfolg der Suche.

Auch beim rekursiven Quicksort (siehe Abschnitt 10.6) führte das Teile-und-Herrsche-Prinzip auf immer kleiner werdende Teillisten, die, richtig angeordnet, die Gesamtsortierung der ganzen Liste liefern.

Dass beim Teile-und-Herrsche-Prinzip manchmal der Umfang des Problems auch gedrittelt werden kann, zeigt das bekannte Wägeproblem, bei dem eine schwerere Münze aus 12 anderen mit höchsten 3 Wägungen herausgefunden werden soll. Diese Dreiteilung ist hier sehr effektiv, da sich durch Auswiegen zweier Drittel stets sagen lässt, wo sich die schwerere Münze befindet. Ist eines der beiden Drittel schwerer, so enthält es die gesuchte Münze; sind die beiden Drittel gleich schwer, so kann sich die gesuchte Münze nur im letzten Drittel befinden. Durch fortgesetztes Dritteln wird die schwere Münze leicht gefunden.

```cpp
#include <iostream>
using namespace std;
int kugel[101];
void auswiegen(int,int&,int&);

int main()
```

(Fortsetzung auf der nächsten Seite)

```
{
int index,anzahl,obgrenze,waegezahl;
cout << "Wie viele Kugeln? ";
cin >> anzahl;
cout << "Welche Kugel soll schwerer sein?";
cin >> index;
for (int i=0; i<=anzahl; i++) kugel[i]=1;
kugel[index]++;
auswiegen(anzahl,obgrenze,waegezahl);
cout << "Die schwerere Kugel hatte die Nr. " <<
obgrenze;
cout << "\nEs waren "<< waegezahl << " Waegungen
noetig\n";
return 0;
}


void auswiegen(int anzahl,int& obgrenze,
               int& waegezahl)
{
int grenze1,grenze2,laenge,gewicht1,
gewicht2,untgrenze;
untgrenze = 1;
obgrenze = anzahl;
waegezahl=0;

do{
  laenge = (obgrenze-untgrenze+2)/3;
  grenze1 = untgrenze + laenge - 1;
  grenze2 = grenze1 + laenge;
  gewicht1 = gewicht2 = 0;
  for(int i=untgrenze;i<=grenze1; i++)
      gewicht1 = gewicht1 + kugel[i];
  for(int i=grenze1+1;i<=grenze2;i++)
      gewicht2 = gewicht2 + kugel[i];
 waegezahl++;
 if (gewicht1 == gewicht2) untgrenze = grenze2+1;
```

(Fortsetzung auf der nächsten Seite)

```
else
if (gewicht1 > gewicht2) obgrenze = grenze1;
else{
    untgrenze = grenze1+1;
    obgrenze = grenze2;
    }
}while (obgrenze != untgrenze);
return;
```

Prog. 13.4   waegeproblem.cpp

Im Programm werden die gewöhnlichen Kugeln durch das Gewicht 1, die schwerere Kugel durch das Gewicht 2 dargestellt. Es kann eingegeben werden, welche der Kugeln die schwerere sein soll. Der Programmlauf zeigt, dass bei 12 Münzen stets die Lösung mit maximal 3 Wägungen gefunden wird.

13.5   Die Simulation

Die Simulation ist ein Programmierprinzip, bei dem ein Experiment oder ein komplexer Vorgang am Rechner nachvollzogen wird. Dies geschieht meist, wenn die Durchführung entweder technisch nicht möglich, zu kostspielig oder gefährlich ist. Die Anwendungen für Simulationen sind vielfältig: Neben Automobil- und Flugzeug-Simulatoren gibt es sogar solche, bei denen der Betrieb eines Kernkraftwerkes nachgeahmt wird. Eine weitere wichtige Anwendung findet die Simulation in der dynamischen Systemtheorie, bei denen Auswirkungen in vernetzten Regelkreisen studiert werden können. Die Behandlung des schiefen Wurfs erfolgt im Abschnitt 23.5.

13.5.1   Simulation des Springballs

Als Beispiele werden hier physikalische Simulation gewählt, wir beginnen mit dem springenden Ball.

Berührt der Ball den Boden nicht, so unterliegt er dem freien Fall, seine Beschleunigung ist damit die Erdbeschleunigung g. Andernfalls wird der Ball beim Berühren des Bodens zusammengedrückt mit einer Kraft, die wie bei einer elastischen Feder, proportional zur Stauchung des Ball ist.

```
#include <iostream>
#include <cmath>
using namespace std;
const double g = 9.81; // m/s^2
const double r = 0.05; // m
const double m = 1.;   // kg
const double k = 1e4;  // N/m
double a(double y,double v) /* Beschleunigung */
{
if (y >= r) return -g;
else return (k*(r-y) - m*g)/m;
}
int main()
{
double t = 0.;
double dt;     // Zeitschritt
double v = 0.; // Geschwindigk. m/s
double y = 1.; // Hoehe in m
while(t<3.19)
   {
   if (y > r) dt = 1e-4; else dt = 1e-6;
   double k1 = a(y,v)*dt;
   double k2 = a(y,v+k1/2)*dt;
   v += k2;
   y += v*dt;
   t += dt;
   // cout << t << "\t" << y << "\t" << v << "\n";
   }
return 0;
}
```

Prog. 13.5   springball.cpp

Das Programm verwendet folgende Parameter: Masse=1 kg, Radius r=5 cm, Elastizitätskonstante k=1e4 N/m Die y-Achse ist nach oben gerichtet, die Erdbeschleunigung ist somit entgegengesetzt: g=-9.81 m/s^2. Lässt man die vom Programm gelieferten Werte plotten, so erhält man die Abbildung 13.4.

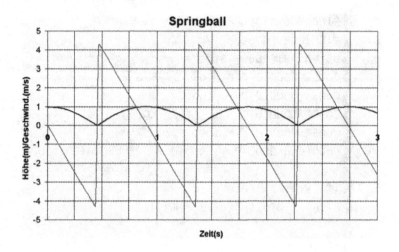

Abb. 13.3   Springball

Diese Abbildung zeigt deutlich die periodische Springen des Balls und die Geschwindigkeitsumkehr beim Auftreffen auf den Boden.

13.6   Die Monte-Carlo(MC)-Simulation

Eine besondere Form der Simulation ist diejenige, bei der eine Wahrscheinlichkeit oder ein Erwartungswert mit Hilfe von Zufallszahlen ermittelt wird. Dieses Programmier-Prinzip heißt MONTE-CARLO-Simulation nach dem berühmten Spielcasino in Monaco. Diese Methode war 1942 in den USA von S.M.ULAM, METROPOLIS und J. VON NEUMANN beim Bau der Atombombe entwickelt worden, um die Streuung von Neutronen in einem Moderator an Hand eines Modells studieren zu können.

13.6.1 Simulation von Aktienkursen

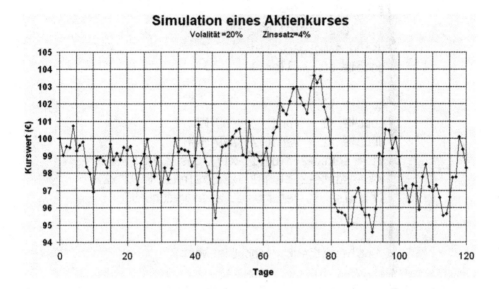

Simulation eines Aktienkurses
Volalität =20%   Zinssatz=4%

Abb. 13.4   Simulation von Aktenkursen

Eine neue Interpretation der Brownschen Molekularbewe-
gung schließt die Simulation einer Aktie ein. Ist σ die Stan-
dardabweichung der zugrunde liegenden Log-Standardvertei-
lung (Volalität genannt), r der zu erzielende Zinssatz und z
eine normal verteilte Zufallszahl, so gilt für die Aktienwerte:

$$s_{n+1} = \exp(\log(s_n) + (r - \tfrac{1}{2}\sigma^2)\Delta t + z\sigma\sqrt{\Delta t})$$

Das folgende Programm erzeugt normalverteilte Zufallszahlen
mit Hilfe der BOX-MULLER-Transformation:

$$y_1 = \sqrt{-2\log(x_1)}\,\cos(2\pi x_2)$$
$$y_2 = \sqrt{-2\log(x_1)}\,\sin(2\pi x_2)$$

dabei sind x_1, x_2 zwei gleichverteilte Zufallszahlen.

```cpp
#include <iostream>
#include <cmath>
#include <ctime>
#include <cstdlib>
using namespace std;
double box_muller()
{
double y1,y2;
double x1 = rand()/(RAND_MAX+1.);
double x2 = rand()/(RAND_MAX+1.);
y1 = sqrt(-2.*log(1.-x1))*cos(2.*M_PI*x2);
y2 = sqrt(-2.*log(1.-x1))*sin(2.*M_PI*x2);
if (x1<0.5) return y1; else return y2;
}

double aktienkurs(double wert)
{
double sigma = 0.20; // Volalitaet
double r = 0.04; // risikofreier Zinssatz
double dt = 1./360; // Zeit 1 Banktag
double z = box_muller();
double s = log(wert) + (r-sigma*sigma/2)*dt +
z*sigma*sqrt(dt);
return exp(s);
}
int main()
{
time_t now;
srand((unsigned) time(&now));
double wert = 100.; // Anfangswert
for (int t=1; t<=120; t++)
    {
    wert = aktienkurs(wert);
    cout << t << "\t" << wert << endl;
    }
return 0; }
```

Prog. 13.6   *aktienkurs.cpp*

Plottet man die erhaltenen Werte in einem Koordinatensystem, so erhält man eine Grafik ähnlich zur Abb.13.5.

13.6.2 Simulation einer Wahrscheinlichkeit

Als zweites Beispiel zur MC-Simulation soll eine Wahrscheinlichkeit ermittelt werden:

Romeo und Julia wollen sich zwischen 0 und 1 Uhr im Stadtpark treffen. Jeder kommt zufällig und wartet – aus Angst entdeckt zu werden – maximal 10 Minuten auf den anderen. Mit welcher Wahrscheinlichkeit treffen sie sich unter diesen Bedingungen?

Die Ankunftszeit der beiden ist eine reelle Zufallszahl zwischen 0 und 1. Zu einer Begegnung kommt es, wenn sich beide Ankunftszeiten höchstens um 1/6 (entsprechend 10 Min.) unterscheiden. Ist dies der Fall, wird ein entsprechender Zähler erhöht. Die relative Häufigkeit der Begegnungen ist der simulierte Wert der gesuchten Wahrscheinlichkeit. Man erhält hier ein zufälliges Ergebnis in der Nähe der exakten Wahrscheinlichkeit 11/36.

```cpp
#include <iostream>
#include <cmath>
#include <cstdlib>
#include <ctime>
using namespace std;

int main()
{
int anzahl,zaehl=0;
time_t now;
srand((unsigned)time(&now));
cout << "Wie viele Simulationen? ";
cin >> anzahl;
for (int i=0; i<anzahl; i++)
   {
   double ankunft1 = rand()/(1.+RAND_MAX);
```

(Fortsetzung auf der nächsten Seite)

```
double ankunft2 = rand()/(1.+RAND_MAX);
if (fabs(ankunft1-ankunft2) < 1./6)
    zaehl++;
}

double p = double(zaehl)/anzahl;
cout << "Sie treffen sich mit der " <<
  "Wahrscheinlichkeit " << p << "\n";
return 0;
}
```

Prog. 13.7   romeo.cpp

13.6.3   Simulation eines Erwartungswerts

Eine wichtige Aufgabe der MC-Simulation ist auch die Bestimmung von Erwartungswerten. Als einfaches Beispiel wird hier eine geometrische Fragestellung gewählt: Wie lang ist eine zufällige Sehne im Einheitskreis?

Wie bei vielen geometrischen Wahrscheinlichkeiten ist hier durch die Fragestellung noch nicht die Vorgehensweise festgelegt. Dies führt dazu, dass manche geometrisch-stochastische Fragestellungen mehrere Lösungen haben, was meist als Paradoxon angesehen wird. Hier legen wir der Einfachheit halber einen Punkt A(1|0) auf der x-Achse fest, wobei der Ursprung des Koordinatensystems in den Mittelpunkt des Einheitskreises gelegt wird. Ein zweiter Punkt B wird zufällig ausgelost über einen Zufallswinkel im Bogenmaß aus $[0; 2\pi)$. Der mittlere Wert der Sehnenlänge [AB], gemittelt über eine größere Zahl von Simulationen, kann als der gesuchte Erwartungswert betrachtet werden.

```
#include <iostream>
#include <cstdlib>
#include <ctime>
#include <cmath>
using namespace std;
```

(Fortsetzung auf der nächsten Seite)

```
double abstand(double x1,double y1,double x2,double
y2)
{
return sqrt((x2-x1)*(x2-x1)+(y2-y1)*(y2-y1));
}

int main()
{
srand(time(NULL));
const int n = 100000;
double sum = 0.;
double x1=1,y1=0; // fester Punkt
for (int i=0; i<n; i++)
  {
  double phi = 2.*M_PI*rand()/(RAND_MAX+1.);
  double x2 = sin(phi);
  double y2 = cos(phi);
  sum += abstand(x1,y1,x2,y2);
  }
sum /= double(n);
cout << "Erwartungswert = " << sum << endl;
return 0;
}
```

Prog. 13.8   kreissehne.cpp

Man erhält hier ein zufälliges Ergebnis in der Nähe des exakten Erwartungswerts $\frac{4}{\pi} \approx 1{,}27324$.

13.7 Das Backtracking

Das Backtracking (deutsch etwa *Rückverfolgung*) ist ein spezielles rekursives Verfahren zur Entwicklung einer „intelligenten" Suchtechnik. Dabei müssen diejenigen Schritte zur Lösung des Problems, die in eine Sackgasse führen, rückgängig gemacht werden und ein neuer Anlauf gestartet werden. Mit Hilfe des Backtracking kann z. B. ein Weg aus einem Labyrinth gesucht werden; es stellt somit eine grundlegende Methode zur Entwicklung von künstlicher Intelligenz dar. In nicht-prozeduralen Programmiersprachen wie Prolog ist das Backtracking sogar Bestandteil der Programmiersprache; d. h. das Programm versucht selbstständig mittels Backtracking alle gegebenen Regeln und Prädikate zu erfüllen.

Nach WIRTH kann das Backtracking durch folgende rekursive Prozedur beschrieben werden:

```
versuche(int i)
{ int k=0;
  do
  { k++;
    wähle k-ten Kandidaten;
    if (annehmbar) zeichne ihn auf;
    if (i<n) versuche(i+1);
    if (!erfolgreich) lösche Aufzeichnung;
  } while (!erfolgreich && k<m); }
```

Ein bekanntes Beispiel, das mittels Backtracking gelöst werden kann, ist das Acht-Damen-Problem. Wie viele Möglichkeiten gibt es, acht Damen so auf ein Schachbrett zu stellen, dass sie sich gegenseitig nicht bedrohen? Da es hier nicht weniger als 92 Stellungen gibt, verwundert es nicht, dass C. F. GAUSS 1850 nicht alle Lösungen fand. Wendet man das obengegebene Backtracking-Schema auf das Damenproblem an, so ergibt sich:

```
versuche(int i)
{
  initialisiere Wahl für i-te Dame;
  do
  {
  wähle nächste Dame;
  if (!bedroht) setze Dame;
  if (i<8) versuche(i+1);
  if (!erfolgreich) entferne Dame;
  }while (!erfolgreich
    && !(alle Positionen probiert)); }
}
```

Um die Bedrohung der Damen in den Diagonalen des Schachbretts geeignet codieren zu können, werden die Diagonalen gemäß Abb. 13.6 nummeriert.

```
#include <iostream.h>
using namespace std;
bool hpt_diag[16],neb_diag[16],zeil[9];
int spalt[9],zaehl=0;
void ausgabe()
{
for(int i=1; i<9;cout << spalt[i++]<< " ");
cout << "\n";
zaehl++;
return;
}

bool versuch(int i)
{
for (int j=1; j<9 ; j++)
if (hpt_diag[i+j-1] && neb_diag[i-j+8] && zeil[j])
{
spalt[i] = j;
hpt_diag[i+j-1] = neb_diag[i-j+8]
= zeil[j] = false;
```

(Fortsetzung auf der nächsten Seite)

```
if (i<8) versuch(i+1);
else ausgabe();
hpt_diag[i+j-1] = neb_diag[i-j+8] = zeil[j] = true;
}
return true;
}
int main()
{
for(int i=1; i<16; i++) hpt_diag[i] =
neb_diag[i]=true;
for(int i=1; i<9;zeil[i++]=true);
versuch(1);
cout << zaehl << " Loesungen gefunden\n";
return 0;
}
```

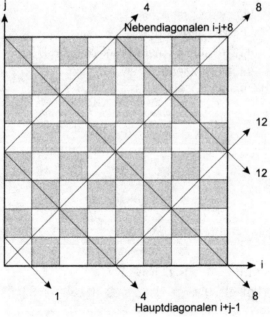

Abb. 13.5   Koordinatensystem beim 8-Damenproblem

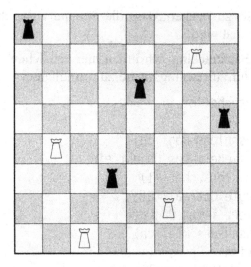

Abb. 13.6   1. Lösung des 8-Damen-Problems

Die erste der 92 Lösungen ist

1 5 8 6 3 7 2 4

D. h., die erste Dame steht in Zeile 1, die zweite in Zeile 5; entsprechend die restlichen in den Zeilen 8, 6, 3, 7, 2 und 4. Diese Lösung wird in Abb. 13.7 dargestellt.

13.8   Branch & Bound

Das *Branch&Bound*-Verfahren ist ein Spezialfall des Backtrackings, bei dessen Lösungssuche zwar alle Verzweigungen (*branch*) durchlaufen werden, jedoch die Wege nicht länger verfolgt werden, die eine Lösung oberhalb einer bestimmte Grenze (*bound*) liefern.

Als Beispiel wird ein bekanntes Problem des Operations Research, das sog. *Rucksack-Problem*, behandelt. Welche Investitionen soll ein Unternehmer starten, wenn er nur ein beschränktes Kapital zur Verfügung hat und die Ertragssumme maximal sein soll? Anschaulich gesehen ist das Problem gleich bedeutend mit der Aufgabe, einen Rucksack von beschränktem Fassungsvermögen mit möglichst vielen

Objekten so zu packen, dass die Summe aller eingepackten Werte maximal wird.

Wie beim Backtracking, wird man hier versuchen, eine rekursive Prozedur zur Lösungssuche zu formulieren:

```
void versuche(int i)
{
 if (Einschluss möglich)
     schließe i-tes Objekt ein;
 if (i<n) versuche(i+1);
 else prüfe Optimalität;
 eliminiere i-tes Objekt;
 if (Ausschluss möglich)
     if (i<n) versuche(i+1);
     else prüfe Optimalität;
}
```

Ein Objekt kann eingepackt werden, wenn die Hinzunahme seines Gewichtes nicht die vorgegebene Schranke überschreitet. Ein Objekt wird ausgeschlossen, wenn der mit der gegenwärtigen Auswahl noch erreichbare Wert kleiner ist als das bisherige Optimum.

Als Zahlenbeispiel wird ein Rucksack vom Fassungsvermögen 110 behandelt, in den folgende Objekte gepackt werden sollen:

```
Gewichte: 10,11,12,13,14,15,16,17,18,19
Werte:  18,20,17,19,25,21,27,23,25,24
```

```
#include <iostream>
using namespace std;
const int N=10;
const int hoechstgew=110;
struct objekt
{
int v; // value
int w; // weight
};
```

(Fortsetzung auf der nächsten Seite)

```
objekt obj[N+1];
static int gewicht[N+1] =
  {0,10,11,12,13,14,15,16,17,18,19};
static int wert[N+1] =
  {0,18,20,17,19,25,21,27,23,25,24};
int s[N+1],opt[N+1],maxv;


void versuche(int i,int tw, int av)
{
if (tw+obj[i].w <= hoechstgew)
  {
  s[i] = true;   /* Versuche Objekt Nr.i */
  if (i<N)
  versuche(i+1,tw+obj[i].w,av);
  else if (av>maxv) /* neues Maximum */
    {
    maxv = av;
    for (i=1; i<=N; i++) opt[i]=s[i];
    }
  s[i] = false; /* Gib Objekt Nr.i auf */
  }
  if (av > maxv+obj[i].v)
  {
  if (i<N)
    versuche(i+1,tw,av-obj[i].v);
  else {
      maxv = av-obj[i].v;
      for (i=1; i<=N; i++) opt[i]=s[i];
      }
  }
return;
}
int main()
{
int totalv=0,gesv=0,gesw=0;
maxv = 0;
```

(Fortsetzung auf der nächsten Seite)

```
for(int i=0; i<=N; i++)
  {
  obj[i].w = gewicht[i];
  obj[i].v = wert[i];
  totalv += obj[i].v;
  }
for (int i=0; i<=N; i++) s[i] = opt[i] = false;
versuche(1,0,totalv);
cout << "Optimale Auswahl Nr.:\n";
for (int i=1; i<=N; i++)
if (opt[i])
  {
  gesv += obj[i].v;
  gesw += obj[i].w;
  cout << i << " ";
  }
cout << "\noptimaler Wert = " << gesv << "\n";
cout << "erreichtes Gewicht = " << gesw << "\n";
cout << "Hoechstgewicht = " << hoechstgew << "\n";
return 0;
}
```

Prog. 13.9   rucksack.cpp

Die Objekte sind als Feld von Verbunden aus Gewicht obj.w
und Wert obj.v definiert. Die Variablen av und maxv liefern
jeweils den aktuellen bzw. den maximalen Gesamtwert
(*Bound*). totalw gibt das Gesamtgewicht an; die Menge der
aktuellen bzw. optimalen Objekte sind in den Feldern s bzw.
opt mit dem Wert 1 gespeichert. Bei einem Fassungsvermögen von 110 Gewichtseinheiten besteht die optimale Auswahl
aus den Objekten mit folgenden Gewichten:

10, 11, 12, 13, 14, 15, 16, 18

Dadurch erreicht die optimale Rucksackfüllung den Gesamtwert 172.

14 Einführung in die OOP

> *No turning back. Object-orientation is
> the future, and the future is here and now.*
> E.Yourdon 1990

Die *objektoriertierte* Programmierung (OOP) trennt nicht mehr
Algorithmus und Datenstruktur, sondern modelliert die Prob-
lemstellung durch interagierende Objekte, die bestimmter
eingebauter Methoden fähig sind. Alle Aktivitäten gehen dabei von diesen Objekten aus, die wiederum andere Objekte
durch Aussenden von geeigneten Botschaften (*messages*) zu
Aktionen bzw. Interaktionen auffordern. Objekte mit glei-
chem Verhalten werden in sog. *Klassen* definiert.

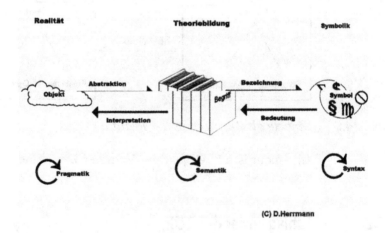

Abb. 14.1   *Rolle der Symbole und Objekte in der Wissenschaft*

Mit Hilfe solcher Objekte lassen sich komplexe Modelle der
realen Welt nachbilden; die verwendeten Objekte lassen sich
bausteinartig für ähnliche Probleme wieder verwenden (Mo-
dularität). Das Konzept der Klassen wurde von der Program-

miersprache SIMULA 76 übernommen. Als erste rein objektorientierte Programmiersprache gilt SMALLTALK (1980). Die Programmiersprache C++ ist eine hybride Sprache, da sie neben der Objektorientierung aus Effizienzgründen auch prozedurales Programmieren erlaubt.

14.1   Objekte

Was ist nun ein Objekt genau? Nach SHLAER und MELLOR (1988) lassen sich alle Objekte in folgende fünf Typen einteilen:

- Erfassbare Dinge (z.B. Auto, Bankkonto)
- Rollen (z.B. Chauffeur, Kontoinhaber)
- Ereignisse (z.B. Fahrt, Bankabrechnung)
- Interaktionen (z.B. Leasingvertrag, Auszahlung)
- Spezifikationen (z.B. kennzeichnende Eigenschaften).

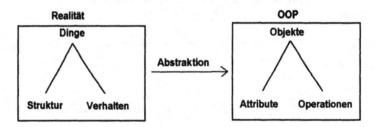

Abb. 14.2   Objekte als Abstraktion der Realität

Allgemein ist ein Objekt ein Vertreter bzw. eine Instanz einer Klasse.

14.2   Schlagwörter der OOP

Das OOP wird in der Literatur durch folgende Schlagworte gekennzeichnet:

- Geheimnisprinzip/Datenkapselung (*information hiding/ data encapsulation*),

- Unterstützung abstrakter Datentypen (*data abstraction*),

- Vererbung (*inheritance*),

- Polymorphismus (*polymorphism*),

- Wiederverwendbarkeit (*reusability*).

Unter *Datenkapselung* versteht man das Abschirmen eines Objekts und seiner Methoden nach außen. Die Kapselung ermöglicht somit, Elemente und Funktionen einer Klasse gegen einen Zugriff von außen, z. B. von einem anderen Objekt, zu schützen.

Bei der Vererbung können bestimmte Methoden des Objekts ausgeschlossen werden. Die Kapselung ist eine Anwendung des allgemeineren Geheimnisprinzips (*information hiding*), das 1972 von D. Parnas postuliert wurde. Jedes Programm-Modul soll nach diesem Prinzip so wenig wie möglich über seine interne Arbeitsweise aussagen.

Vererbung heißt die Fähigkeit eines Objekts, Eigenschaften und Methoden automatisch von einem anderen Objekt zu erben. Kann ein Objekt nur von einem anderen erben, so spricht man von einfacher Vererbung (*single inheritance*). Können jedoch Eigenschaften von mindestens zwei Objekten geerbt werden, so handelt es sich um mehrfache Vererbung (*multiple inheritance*). Die vererbende Klasse heißt auch *Basisklasse*, die erbende Klasse *abgeleitet*.

Unter *Polymorphismus* versteht man die Fähigkeit, dass verschiedene Objekte auf dieselbe Methode mit unterschiedlichen Aktionen reagieren können. In der Sprache von C++ heißt das, dass Objekte, die über einen Zeiger auf die Basisklasse angesprochen werden können, so agieren als wären sie von der Art der abgeleiteten Klasse. Diese können während eines Programmlaufs mehrere verschiedene Typen annehmen. Der Compiler kann erst zur Laufzeit entscheiden, welches Objekt bei der jeweiligen Methode aufgerufen wird. Dieser Prozeß heißt dynamisches Binden (*dynamic binding*) oder spätes Binden (*late binding*).

Alle Aspekte des prozeduralen Programmierens sind zu einem gewissen Grad auch im OOP vertreten. Anstatt weitgehend Datentyp-unabhängige Funktionen und Prozeduren zu entwickeln, definiert man geeignete Methoden, die nun direkter Bestandteil der speziellen Objektklassen sind. Während man früher überlegt hat, durch welche Datenstrukturen ein Algorithmus optimal implementiert werden kann, werden Klassen bereits bei der Definition so konzipiert, dass sie der Struktur des Objekts und seines Datenaustausches entsprechen.

Einen wichtigen Aspekt der Code-Wiederverwendbarkeit (Reusability) stellt das Design mittels Entwurfsmuster (englisch Design by Pattern) dar. Das Buch „Design Pattern" von GAMMA, HELM, JOHNSON und VLISSIDES (*Gang of Four* genannt) werden 23 fundamentale Entwurfsmuster entwickelt. Zwei bekannte Pattern sind

- Singleton // erlaubt genau 1 Instanz

- Visitor // erlaubt neue Verknüpfung ohne Änderung der Klasse

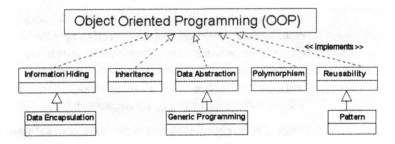

15 Klassen

Eine Klasse im Sinne der objektorientierten Programmierung (OOP) ist abstrakter Datentyp, der jeweils einen vorgegebenen, änderbaren Zustand hat und mit genau definierten Aktionen mit seiner Umgebung kommuniziert. Diese Kommunikation besteht aus dem Austausch von *Nachrichten*, auf die die Klasse mittels ihrer vorgegebenen Methoden reagiert.

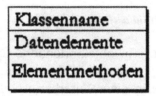

Abb. 15.1   Darstellung einer Klasse in UML (Unified Modeling Language)

Eine *Klasse* besteht aus

- Namen,
- Daten-Elementen (member data), die die internen Eigenschaften repräsentieren,
- Element-Funktionen (member functions).

Dabei stellen die Element-Funktionen die Menge aller Methoden dar, über die die Klasse verfügt. Dies sind die Funktionen, Prozeduren und Operatoren, die auf den Daten-Elementen operieren. Eine Klasse ist somit eine Erweiterung des Datentyps `struct`, bei dem neben den Daten auch noch Funktionen und Operatoren hinzukommen und für jede enthaltene Komponente ein Zugriffsrecht festgelegt ist. Genau die public-Komponenten sind von außen ansprechbar und bilden somit die Schnittstelle nach außen (vgl. Abb.15.2).

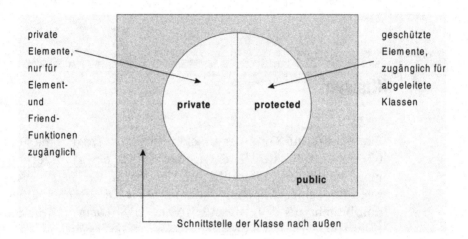

Abb. 15.2   Zugriffskontrolle auf eine Klasse

C++ ist keine rein objektorientierte Sprache wie SMALLTALK oder EIFFEL, bei der alle Zahlen, Zeichenketten usw. automatisch Objekte in einer Vererbungshierarchie sind. Die Datenkapselung wird in C++ durch die Zugriffsspezifizierer private, protected und public geregelt. Nur auf public-Elemente kann von außen zugegriffen werden, protected-Elemente dürfen nur geerbt werden. Die Klasse selbst trägt in C++ keinen Zugriffsspezifizierer; auf sie kann stets zugegriffen werden, in diesem Sinne ist sie als public anzusehen.

15.1   Eine Punkt-Klasse

Ein Punkt in einem kartesischen Koordinatensystem hat zwei (nicht notwendig ganzzahlige) Koordinaten x und y. Die Datenelemente der Klasse schreibt man daher

```
class Punkt
{
private: // Default-Einstellung
double x,y; // kartesische Koord.
// Weitere Elementfunktionen
}
```

Der Spezifizierer private für die am Anfang stehenden Datenelemente braucht nicht explizit geschrieben zu werden, da dies der Defaultwert (Voreinstellung) ist.

Da die x bzw. y-Koordinate privat ist, brauchen wir zur Abfrage eine Elementfunktion, etwa

```
public:
double getX() { return x; }
double getY() { return y; }
```

Um die Koordinaten nachträglich ändern zu können, formulieren wir noch

```
void setX(double X) { x = X; }
void setY(double Y) { y = Y; }
```

Nützlich wäre es auch einen Punkt auf einen anderen Punkt B verschieben zu können:

```
void moveto(Punkt B)
{ x = B.x; y = B.y; }
```

Etwas ganz Wichtiges fehlt noch: Wir haben noch keine Elementfunktion zum Erzeugen eines Punktes! Eine solche Methode heißt Konstruktor. Diese trägt stets den Namen der Klasse (in gleicher Schreibweise). Ein Konstruktor könnte sein

```
Punkt(double X,double Y){ x = X; y = Y; }
```

Soll ein Punkt nur deklariert werden, so ist der sog. Default-Konstruktor

```
Punkt(){}
```

Legt man im Default-Konstruktor die Koordinaten irgendwie fest, z. B. durch den Ursprung, so erhält man aus der Deklaration die Definition

```
Punkt(){ x = y = 0; }
```

Es ist möglich beide Konstruktoren zu verwenden, da diese – wie Funktionen – überladen werden können. Mit Hilfe von Default-Werten, können die Konstruktoren durch eine Definition vereinbart werden:

```
Punkt(double X=0.double Y=0){ x = X; y = Y; }
```

Jetzt fehlt uns noch eine Ausgabefunktion für Punkte in der Form (x,y). Dies macht

```
void ausgabe()
{ cout << "(" << x << "," << y << ")";
```

Hier kann die return-Anweisung am Ende einer Prozedur entfallen. Eleganter wäre es, wenn man den Punkt direkt mit dem Operator << ausgeben könnte. Dies funktioniert zunächst nur mit den Standard-Datentypen. Für selbst definierte Typen muss der Operator speziell überladen werden; dies wird später erklärt.

Mit Hilfe der Abstandsformel

$$\overline{AB} = \sqrt{(x_A - x_B)^2 + (y_A - y_B)^2}$$

schreiben wir noch eine Elementfunktion

```
double abstand(Punkt B)
{
return sqrt((x-B.x)*(x-B.x)+(y-B.y)*(y-B.y));
}
```

Da diese Elementfunktion mit irgend einem Punkt A aufgerufen wird, sind die x,y die Koordinaten des aufgerufenen Punkts. Die Koordinaten des zweiten Punkts B sind nicht durch den Aufruf klar; es müssen explizit in der Parameterliste als B.x,B.y erklärt werden. Unsere Punkt-Klasse lässt sich damit schreiben als:

```
#include <iostream>
#include <cmath> // math fuer Borland
using namespace std;
class Punkt
{
double x,y; // kart.Koordinaten
public:
Punkt(double X=0.double Y=0){ x = X; y = Y; }
```

(Fortsetzung auf der nächsten Seite)

```
void setX(double X) { x = X; }
void setY(double Y) { y = Y; }
double getX() { return x; }
double getY() { return y; }
void moveto(Punkt B){ x = B.x; y = B.y; }
void ausgabe()
{ cout << "(" << x << "," << y << ")";}
double abstand(Punkt B)
{
return sqrt((x-B.x)*(x-B.x)+(y-B.y)*(y-B.y));
}};
```

Manche Autoren bevorzugen die umgekehrte Reihenfolge: sie geben zuerst die public-Elemente als Schnittstelle nach außen an und fügen dann die private-Daten am Ende an.

In einem Hauptprogramm, das im Gegensatz zu Java *nicht* zur Klasse gehört, können wir nun Punkte als Objekte der Klasse definieren und Abstände berechnen.

```
int main()
{
Punkt A(1,3);
Punkt B(4,7);
Punkt C; // Default
cout << "Gegebene Punkte:\n";
A.ausgabe();
B.ausgabe();
C.ausgabe();
cout << "Abstand AB = " << A.abstand(B) <<"\n";
return 0;
}
```

Die Ausgabe ist wie erwartet:

```
Gegebene Punkte:
(1,3)
(4,7)
(0,0)
Abstand AB = 5
```

Man hätte die Abstandsfunktion aus Symmetriegründen auch als Methode von Punkt B aufrufen können in der Form

```
cout << "Abstand AB = " << B.abstand(A);
```

Eine andere Sichtweise wäre, die Abstandsfunktion nicht als Eigenschaft spezieller Punkte anzusehen, sondern als Methode der Klasse schlechthin. Solche Methoden heißen statisch; sie werden im Abschnitt 15.3 erklärt.

Im Sinne der Wiederverwendbarkeit ist es günstig, die Klassendefinition in eine Header-Datei auszulagern. Nach Bedarf kann die Klassendefinition mit einer einfachen Include-Anweisung der Form

```
#include "punkt.h"
```

in das aktuelle Programmierprojekt eingeschlossen werden. Eine Header-Datei zur oben stehenden Klasse Punkt ist:

```
#ifndef _punkt_h
#define _punkt_h
#include <iostream>
#include <cmath>
using namespace std;
class Punkt
{
double x,y; // kart.Koordinaten
public:
Punkt(double X=0,double Y=0){ x = X; y = Y; }
double getX() { return x; }
double getY() { return y; }
void moveto(Punkt B)
{ x = B.x; y = B.y; return; }
void ausgabe()
{ cout << "(" << x << "," << y << ") \n";}
double abstand(Punkt B)
{
return sqrt((x-B.x)*(x-B.x)+(y-B.y)*(y-B.y));
}};
#endif
```

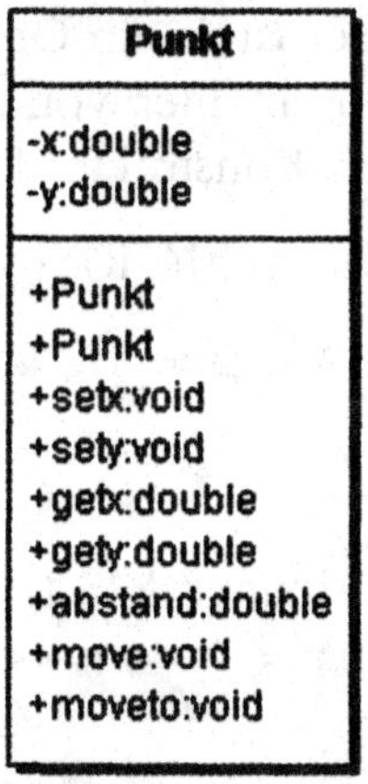

Punkt
-x:double
-y:double
+Punkt
+Punkt
+setx:void
+sety:void
+getx:double
+gety:double
+abstand:double
+move:void
+moveto:void

Abb. 15.3   UML-Klassendiagramm der Klasse Punkt. Private Elemente sind durch -, public durch + gekennzeichnet.

Eine Header-Datei muss nicht die vollständige Definition einer Klasse enthalten. Im Sinne des *information hiding* ist es möglich nur die Deklaration der Klasse; d.h. nur die Prototypen der Methoden aufzunehmen. Die fehlenden Definitionen müssen beim Compilieren dann vorliegen, z. B. als compilierte Objektdatei *.obj.

15.2   Eine Klasse, die Objekte einer anderen verwendet

Ein Kreis ist ein geometrisches Objekt, das einen Mittelpunkt und einen Radius hat. Ferner besitzt es einen Umfang und Flächeninhalt. Somit lässt sich folgende Klasse formulieren

```
class Kreis
{
Punkt M; // Mittelpunkt
double r; // Radius
public:
// Konstruktor
double umfang() { return 2.*M_PI*r; }
double flaeche() { return M_PI*r*r; }
// Ausgabe
};
```

Hier verwendet der Kreis ein Objekt der Klasse Punkt als Mittelpunkt. Man spricht hier von der „Uses A" bzw. „Has A"-Relation. Der Kreis-Konstruktor lässt sich somit schreiben als

```
Kreis(Punkt M1,double R) { M = M1; r = R; }
```

entsprechend die Ausgabe

```
void ausgabe()
{
cout << "Mittelpunkt M"; M.ausgabe();
cout << "Radius = " << r << endl;
}
```

Mit drei weiteren Methoden zum Setzen und Abrufen der Kreisparameter folgt die vollständige Klasse zu:

```
#include "punkt.h"
class Kreis
{
private:
Punkt M; // Mittelpunkt
double r; // Radius
public:
Kreis() {}
Kreis(Punkt M1,double R) { M=M1; r = R; }
double getradius()const { return r; }
void setradius(double R) { r = R; }
void setMitte(Punkt P) { M.moveto(P); }
double flaeche() const { return M_PI*r*r; }
double umfang() const { return 2.*M_PI*r; }
void ausgabe()
{
cout << "Mittelpunkt M"; M.ausgabe();
cout << "Radius = " << r << endl;
}};
```

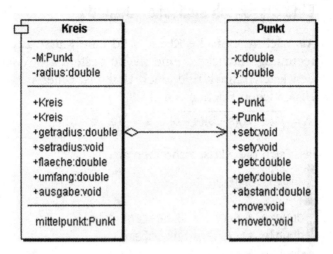

Abb. 15.4   Die Klasse Kreis enthält ein Objekt der Klasse Punkt

Die beiden Methoden flaeche() und umfang() ändern die Datenelemente des Kreises nicht und sollen daher als const spezifiziert werden. Damit wird eine Compilerprüfung ermöglicht, ob eine Änderung der Datenelemente auftritt. Zu Beachten ist, das Schlüsselwort const für Elementfunktionen muss hier nachgestellt werden.

```
double flaeche() const { return M_PI*r*r; }
```

Ein mögliches Hauptprogramm ist:

```
int main()
{
Kreis K(Punkt(1,3),5);
K.ausgabe();
cout << "Flaeche = " << K.flaeche() <<"n";
cout << "Umfang = " << K.umfang() << "n";
cout << "neuer Mittelpunkt:\n";
K.setMitte(Punkt(3,7));
K.ausgabe();
return 0;
}
```

15.3   Eine Klasse mit statischer Methode

Als nächste einfache Klasse wird eine Klasse zur Dreiecksberechnung entwickelt. Eine Klasse besteht aus 3 Seiten, hat einen Flächeninhalt und einen Umkreis. Unter Verwendung der HERONschen Flächenformel

$$A = \sqrt{s(s-a)(s-b)(s-c)}; \quad s = \tfrac{1}{2}(a+b+c)$$

lässt sich die Klasse schreiben als:

```
class Dreieck
{
double a,b,c; // 3 Seiten
double s; // halber Umfang
double A; // Flaeche
public:
Dreieck(double x,double y,double z){
a = x; b = y; c = z;
s = (a+b+c)/2;
A = sqrt(s*(s-a)*(s-b)*(s-c));
}
```

Ein Problem ergibt sich hier im Konstruktor für die Flächenformel. Falls die 3 eingegebenen Seiten kein Dreieck bilden, ist die Wurzel u. U. nicht mehr definiert, da der Radikand negativ werden kann. Die Frage wäre gelöst, wenn es bei falscher Eingabe gar nicht erst zum Konstruktor-Aufruf kommen würde. Da ohne diesen Aufruf weder ein Objekt noch eine Elementfunktion existiert, kann man hier nur eine statische Funktion einsetzen, die zur Klasse selbst gehört und nicht an die Existenz eines Objekts gebunden ist.

Eine solche statische Funktion trägt den Spezifizierer static und darf prinzipiell nur auf statische Datenelemente zugreifen. Dies bedeutet, dass die benötigten Parameterwerte explizit in der Parameterliste übergeben werden müssen, da statische Methoden nicht notwendig mit einem Objekt aufgerufen werden. Die folgende statische Funktion ist genau dann wahr, wenn die Parameter a,b,c (hier als Seiten eines Dreieck zu interpretieren) die Dreiecksungleichung erfüllen:

```
static bool ist_Dreieck(double a,double b,double c)
{
return (a+b>c) && (fabs(a-b)<c);
}
```

Damit lässt sich die Eingabe überprüfen und sicherstellen, dass nur im Existenzfall der Konstruktor aufgerufen wird.

Die vollständige Klasse ergibt sich damit zu:

```
class Dreieck
{
double a,b,c; // 3 Seiten
double s; // halber Umfang
double A; // Flaeche

public:
Dreieck(double x,double y,double z)
{
a = x; b = y; c = z;
s = (a+b+c)/2;
A = sqrt(s*(s-a)*(s-b)*(s-c));
}

static bool ist_Dreieck(double a,double b,double c)
{
return (a+b>c) && (fabs(a-b)<c);
}
double umkreisradius() { return a*b*c/(4*A);}
double inkreisradius() { return A/s;}
void ausgabe()
{
cout << "Gegebene Seiten: " << a << "," << b << ","
<< c << endl;
cout << "Flaeche = " << A << endl;
}};
```

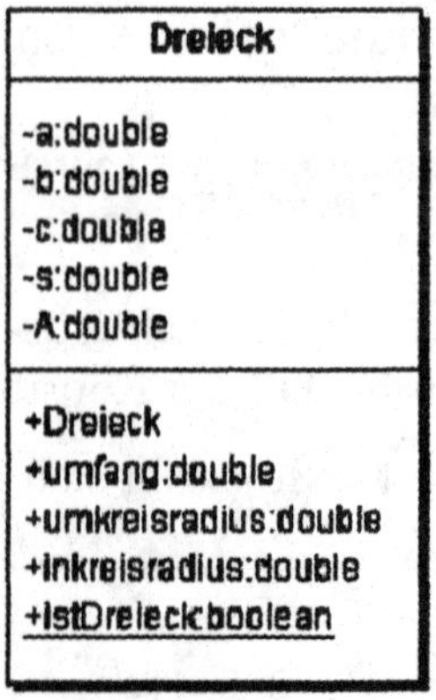

Dreieck

-a:double
-b:double
-c:double
-s:double
-A:double

+Dreieck
+umfang:double
+umkreisradius:double
+inkreisradius:double
+istDreieck:boolean

Abb. 15.5   UML-Diagramm der Klasse Dreieck. Statische Elemente sind hier unterstrichen.

Im Hauptprogramm kann die statische Funktion mit dem Scope-Operator :: aufgerufen werden:

```
int main()
{
double a,b,c;
cout << "Gib 3 Seiten a b c ein! ";
cin >> a >> b >> c;
if (Dreieck::ist_Dreieck(a,b,c))
   {
   Dreieck d(a,b,c);
   d.ausgabe();
   }
else cout << "Dreieck existiert nicht!\n";
return 0;
}
```

15.4   Eine Klasse mit Operator-Überladen

Als weiteres Beispiel soll eine Klasse Bruch zum Bruchrechnung definiert werden. Ein Bruch besteht aus einem Paar von ganzen Zahlen, dem Zähler bzw. Nenner. Die Klasse ergibt sich damit zu:

```
class Bruch
{
int zaehl; // Zaehler
int nenn; // Nenner
Bruch(int Z,int N=1){ zaehl = Z; nenn = N;}
// Ausgabe
};
```

Damit auch eine Ganzzahl wie 3 stellvertretend für den Bruch 3/1 eingegeben kann, wird der Nenner mit dem Default-Wert 1 versehen. Für den Fall, dass der eingegebene Nenner negativ ist, wird das Vorzeichen in den Zähler gezogen. Außerdem ist es wünschenswert, die Brüche in gekürzte Form zu bringen. Daher schreiben wir eine Prozedur kuerzen(). Zum Kürzen des Bruchs wird der größte gemeinsamen Teilers (ggT) benötigt, der als statische Funktion realisiert wird. Der Konstruktor hat damit die folgende Form:

```
Bruch(int N,int Z) // Konstruktor
{
zaehl = Z; nenn = N;
// assert(nenn != 0);
kuerzen();
}
```

Die Methoden kuerzen() und ggT() werden wie folgt realisiert

```
void kuerzen()
{
if(nenn<0){ nenn = -nenn; zaehl = -zaehl; }
int g = ggt(zaehl,nenn);
if (g>1) { zaehl /= g; nenn /= g; }
}
static int ggt(int a,int b)
{
a = abs(a); b= abs(b);
int r = b;
```

(Fortsetzung auf der nächsten Seite)

```
while(r>0) { r = a % b; a = b; b = r; }
return a;
}
```

Was noch fehlt, sind geeignete Rechenoperationen, hier wollen wir uns auf die Addition beschränken. Im Sinne der Datenabstraktion soll die Addition mittels Rechenoperator + ausgeführt werden. Da Brüche keine Standardtypen sind, muss der Operator geeignet überladen werden.

```
Bruch operator +(const Bruch& B)
{
  int z1 = zaehl*B.nenn+nenn*B.zaehl;
  int n1 = nenn*B.nenn;
  return Bruch(z1,n1);
}
```

Auch der Ausgabeoperator "<<" soll zur Bruchausgabe überladen werden. Da die Ausgabe der Klasse ostream nicht vom Typ Bruch ist, kann sie keine Elementfunktion darstellen. Damit der Strom *ostream* aber auf die private Zähler und Nenner zugreifen kann, muss er als sog. *friend*-Funktion oder befreundete Funktion definiert werden.

```
friend ostream& operator<<(ostream& o,const Bruch&
B)
{
o << B.zaehl << "/" << B.nenn;
return o;
}
```

Auch der Cast oder Typumwandlung-Operator *double* soll so überladen werden, sich er den Dezimalwert des Bruchs ergibt:

```
operator double (){ return double(zaehl)/ nenn; }
```

Damit erhält unsere Klasse folgenden Code:

```
class Bruch
{
int zaehl,nenn;
public:
Bruch(){}
Bruch(int Z,int N=1)
{
zaehl = Z; nenn = N;
// assert(nenn != 0);
kuerzen();
}

void kuerzen()
{
if (nenn<0){nenn = -nenn; zaehl = -zaehl;}
int g = ggt(zaehl,nenn);
if (g>1) { zaehl /= g; nenn /= g; }
}
static int ggt(int a,int b)
{
a = abs(a); b= abs(b);
int r = b;
while(r>0) { r = a % b; a = b; b = r; }
return a;
}
Bruch operator+(const Bruch& B)
{
int n1 = nenn*B.nenn;
int z1 = zaehl*B.nenn+nenn*B.zaehl;
return Bruch(z1,n1);
}
operator double()
{ return double(zaehl) /nenn; }
friend ostream& operator<<(ostream& o,const Bruch&
B)
{
```

(Fortsetzung auf der nächsten Seite)

```
o << B.zaehl << "/" << B.nenn;
return o;
}};
```

Prog. 15.1   bruch.cpp

Ein mögliches Hauptprogramm ist:

```
int main()
{
Bruch a(1,6);
Bruch b(7,12);
cout << "Gegeben a = " << a << endl;
cout << "Gegeben b = " << b << endl;
Bruch c = a + b;
cout << "c = a + b = " << c << endl;
cout << "Dezimalwert b = " << double(b) << endl;
return 0;
}
```

Bei der Anweisung

```
Bruch c = a+b; // Copy-Konstruktor
```

tritt ein weiterer Konstruktor auf; c wird hier als Kopie der Summe a+b erzeugt. Dieser sog. Copy-Konstruktor wird hier implizit vom Compiler erzeugt.

Die Ausgabe des obigen Hauptprogramms ist

```
Gegeben a = 1/6
Gegeben b = 7/12
c = a + b = 3/4
Dezimalwert b = 0.583333
```

15.5   Eine Klasse mit statischen Datenelementen

Wie statische Elementfunktionen gehören auch die statischen Datenelemente der ganzen Klasse. jedoch können beliebige statische Datenelemente *nicht* innerhalb der Klasse definiert werden. Die C++-Norm schreibt vor, dass nur statische Konstanten vom ganzzahligen Typ innerhalb der Klasse definiert werden können, z. B.

```
static const int xmax = 100;
```

Die folgende Klasse simuliert die Wahrscheinlichkeit, dass zwei natürlichen Zahlen a,b teilerfremd sind. Dies ist der Fall, wenn ggT(a,b)=1 gilt. Zum Zählen der teilerfremden Zahlenpaare wird ein statischer, aber nicht konstanter Zähler verwendet. Die gesuchte Wahrscheinlichkeit wird als konstante statische double-Zahl vorgegeben, sie ist jedoch nicht von einem ganzzahligen Typ.

```
class Teilerfremdheit
{
int anzahl;// Simulationen
static int zaehl;
static const double wahrsch;
public:
Teilerfremdheit(int n)
    {anzahl = n; simulation(); }

void simulation()
{
for (int i=0; i<anzahl; i++)
    {
    int a = rand() % RAND_MAX;
    int b = rand() % RAND_MAX;
    if (ggt(a,b) == 1) ++zaehl;
    }
}
// ggt wie Programm 15.4
```

(Fortsetzung auf der nächsten Seite)

```
void ausgabe()
{ cout << "Wahrscheinlichkeit = " <<
double(zaehl)/anzahl
<< "\nexakt: " << wahrsch << endl; }
};

int Teilerfremdheit::zaehl = 0;
const double Teilerfremdheit::wahrsch =
6/(M_PI*M_PI);
```

Die beiden statischen Variablen werden außerhalb der Klasse initialisiert; der Spezifizierer static erscheint aber nur bei der Deklaration oder beim Prototyp innerhalb der Klasse.

Ein mögliches Hauptprogramm ist

```
int main()
{
srand(time(NULL));
Teilerfremdheit T(100000);
T.ausgabe();
return 0;
}
```

Man erhält hier zufallsbestimmt einen Wert in der Nähe der exakten Wahrscheinlichkeit $\dfrac{6}{\pi^2}$

15.6   Eine Klasse mit dynamischen Array

Zum Vergleich zum Benchmark-Programm Primzahlsieb aus Abschnitt 5.6, soll hier der klassische Algorithmus von ERATOSTHENES angegeben werden. Das Primzahlsieb wird hier als dynamisch erzeugtes Array *sieb von Wahrheitswerten realisiert.

```
class Sieb
{
static int zaehl;
int maxElem; // max.Element
bool *sieb;
public:
Sieb(int N);              // Konstruktor
~Sieb() { delete [] sieb;} // Destruktor
void fuellen();
void aussieben();
void ausgeben();
};
int Sieb::zaehl = 0;
```

Der Konstruktor generiert das Array und führt die einzelnen Schritte durch

```
Sieb::Sieb(int N)
{
sieb = new bool[maxElem = N];
fuellen();
aussieben();
}
```

Das vom Konstruktor dynamisch erzeugte Array soll bei Programmende aus dem Speicher gelöscht werden. Dies macht eine Elementmethoder, die als *Destruktor*, bezeichnet wird; er ist das Gegenstück zum Konstruktor. Er wird gekennzeichnet durch den überladenen Bit-Negationsoperator und das Schlüsselwort delete.

```
~Sieb(){ delete [] sieb; }
```

Die Methode fuellen() füllt das Sieb, in dem alle Zahlen auf wahr gesetzt werden; *(sieb+i) ist gleichbedeutend mit sieb[i].

```
void Sieb::fuellen()
{
for (int i=0; i<maxElem; i++) *(sieb+i)=true;
}
```

Die Methode `aussieben()` erzeugt alle Vielfachen der im Sieb verbleibenden Zahlen und streicht diese, in dem der Wahrheitswert auf falsch gesetzt wird.

```
void Sieb::aussieben()
{
*(sieb+0) = *(sieb+1) = false; /* 0;1 nicht prim */
for (int i=0; i<maxElem; i++)
if (*(sieb+i))
for (int k=2*i; k<maxElem; k+=i)
    *(sieb+k)=false;
}
```

Die Methode `ausgabe()` gibt alle verbleibenden (d. h. wahren) Elemente aus und zählt diese mit Hilf eines statischen Zählers.

```
void Sieb::ausgabe()
{
for (int i=0; i<maxElem; i++)
  if (*(sieb+i))
  { cout << i << "\t";  ++zaehl; }
cout << "\n" << zaehl << " Primzahlen gefunden\n";
};
```

Alle genannten Methoden stehen hier außerhalb der der Klasse und müssen daher mit dem Scope-Operator ihre Zugehörigkeit aufzeigen. Ein mögliches Hauptprogramm übergibt die Obergrenze an den Konstruktor und ruft ggf. die Ausgabe auf.

```
int main()
{
Sieb S(10000);
S.ausgabe();
return 0;
}
```

Prog. 15.2   sieb.cpp

Bis zur Obergrenze 10.000 findet das Programm 1229 Primzahlen.

15.7 Basismethoden und Kanonische Form einer Klasse

Jede C++-Klasse muss zur vollen Funktionalität über folgende vier Basismethoden verfügen, die, falls im Programm nicht explizit gegeben, vom Compiler implizit erzeugt werden:

- Default-Konstruktor

- Copy-Konstruktor

- Zuweisungsoperator

- Destruktor

Ein Default-Konstruktor ist ein Konstruktor, der ohne Argumente aufgerufen werden kann. Ein Copy-Konstruktor hat die Form

```
Typ(const Typ&)
```

Er wird in folgenden drei Fällen aufgerufen:

- wenn ein neu deklariertes Objekt initialisiert wird,

- wenn ein Objekt durch Call-by-Value an eine Funktion übergeben wird,

- wenn ein Funktionswert an eine Variable gebunden wird.

Der Zuweisungsoperator (*assigment operator*) ist ein überladener Operator der Form

```
Typ& operator=(const Typ&)
```

Beispiel eines Zuweisungsoperators A = B für die Klasse Bruch ist

```
Bruch& Bruch::operator(const Bruch& B)
{
nenn = B.nenn;
zaehl = B.zaehl;
return *this; // impliziter Zeiger auf A
}
```

Ein Destruktor hat die Form

```
~Typ()
```

wobei hier der Bit-Negationsoperator (auch Bit-Komplement-Operator genannt) überladen wird. Er wird stets aufgerufen, wenn ein Objekt seinen Gültigkeitsbereich verlässt.

Eine Klasse erfüllt die sog. *kanonische Form*, wenn folgende Elementfunktionen implementiert sind:

- Standard-Konstruktor

- Copy-Konstruktor

- Zuweisungsoperator

- Vergleichsoperator == bzw. !=

- alle weiteren benötigte Vergleichsoperatoren

Die im Abschnitt 15.1 besprochene Klasse Punkt soll nun entsprechend erweitert werden.

15.8 Überladen von Konstruktoren und Operatoren

Der Copy-Konstruktor erzeugt ein Objekt durch Kopieren eines anderen Objekts: Im Fall der Punkt-Klasse hat der Kopierkonstruktor die Form P(Q); der zugehörige Code ist

```
Punkt(const Punkt& Q) { x = Q.x; y = Q.y; }
```

Für Objekte ohne Zeiger oder Referenzen – wie hier die der Punkt-Klasse – liefert der Compiler den folgenden Zuweisungsoperator implizit

```
Punkt& operator=(const Punkt& Q)
{ if (this==&Q) return *this;   // nichts tun
  else {x = Q.x; y = Q.y; return *this;}}
```

Für Objekte mit Zeigern muss eine sog. tiefe Kopie gemacht; d.h. Zeiger *und* Inhalte müssen entsprechend kopiert werden. Bei einer flachen Kopie würde bei A = B nur der Zeiger kopiert werden; das Objekt B wäre dann nicht mehr adressierbar.

Hier der Zuweisungsoperator für den Fall einer Klasse von C-Strings.

```
string& operator=(const string& B)
{
if (this==&B) return *this; // nichts tun
delete [] str; // loeschen
len = B.len;
str = new char[len+1]; // neu erzeugen
strcpy(str,B.str);
}
```

Auch hier muss verhindert werden, dass ein Objekt mit Zeiger sich selbst zugewiesen wird. Dann wird der alte String gelöscht, um Platz für die neue, eventuell größere Kopie zu schaffen.

Wichtig ist ferner, dass der Zuweisungsoperator eine Referenz zurückliefert, damit die Wertzuweisungen hintereinander geschrieben, d. h. verkettet, werden können.

Die Vergleichsoperatoren == bzw. != werden so definiert, dass sie einen Wahrheitswert zurückgeben:

```
bool operator==(const Punkt& Q) const
{ return (x == Q.x && y == Q.y); }
bool operator!=(const Punkt& Q) const
{ return (x != Q.x || y != Q.y); }
```

Sollen die Objekte angeordnet oder sortiert werden, so muss auch noch ein Vergleichsoperator für die Relation < bzw. <= definiert werden. Die Punktklasse verwendet dazu die Abstandsrelation. Ein Punkt P ist genau dann „kleiner" als Punkt Q, wenn der Abstand von P zum Ursprung kleiner ist als der entsprechende Abstand von Q. Dazu definiert man die überladene Methode abstand().

```
double abstand() const
    { return sqrt(x*x+y*y); }
```

Damit lässt sich die Kleiner-Relation definieren als

```
bool operator<(const Punkt& Q) const
    { return abstand() < Q.abstand(); }
bool operator<=(const Punkt& Q) const
    { return abstand() <= Q.abstand(); }
```

Die ausgebaute Klasse Punkt lautet somit:

```
class Punkt
{
static const Punkt Ursprung;
double x,y; // kart.Koordinaten
public:
Punkt(){}
Punkt(double X,double Y){ x = X; y = Y; }
Punkt(const Punkt& Q) { x = Q.x; y = Q.y; }
Punkt& operator=(const Punkt& Q)
{ if (this==&Q) return *this;
  else {x = Q.x; y = Q.y; return *this;}}
bool operator==(const Punkt& Q) const
    { return (x == Q.x && y == Q.y); }
bool operator!=(const Punkt& Q) const
    { return (x != Q.x || y != Q.y); }
bool operator<(const Punkt& Q) const
    { return abstand() < Q.abstand(); }
Punkt operator~() { Punkt P(y,x);  return P;}
// setX() wie 15.1
// getX()
// moveto()
double abstand() const
    { return sqrt(x*x+y*y); }
double abstand(Punkt ) // wie 15.1
};
const Punkt Ursprung(0,0);
```

Zusätzlich ist hier noch der Ursprung als statisches Element ausgezeichnet worden.

Als weitere Anwendung soll gezeigt werden, wie der Bit-Negationsoperator ~ als Spiegelungsoperator überladen werden kann. Er soll dazu dienen, Punkte an der Symmetrieachse y=x zu spiegeln. Soll die Spiegelung einen neuen Punkt liefern, so schreibt man

```
Punkt operator~() { Punkt P(y,x); return P;}
```

Hier werden die Koordinaten vertauscht und ein entsprechender Punkt erzeugt.

Im Hauptprogramm kann der Spiegelungsoperator aufgerufen werden in der Form

```
Punkt P(3,-4);
Punkt Q = ~P;
cout << "Q = " << Q << endl;
~(~P);
cout << "P = " << P << endl;
```

Der Punkt Q erhält hier die Koordinaten (-4|3). Die doppelte Spiegelung von P liefert wieder die gegebenen Koordinaten (3|-4).

15.9 Strukturen und Unions als Klassen

Strukturen sind nach Definition Klassen mit public-Elementen. Dennoch ist es möglich, Zugriffsspezifizierer wie private zu vergeben. Alle dem Prädikat private folgenden Elemente bzw. Methoden werden damit als privat geschützt. Die wesentliche Differenz zu den Klassen ist also die Voreinstellung public. Ein Beispiel zeigt dies.

```
struct Rechteck
{
double a,b;
public:
Rechteck(double A,double B):a(A),b(B){}
double flaeche() const;
};
double Rechteck::flaeche() const { return a*b; }
```

Die Voreinstellung für die Datenelemente einer Struktur ist hier public; im Gegensatz zu einer Klasse, bei der alle Elemente bis zur public-Spezifikation privat sind. Ein direkter Zugriff auf die Datenelemente im Hauptprogramm ist somit möglich:

```
int main()
{
Rechteck R(4,7);
cout << R.a << endl; // moeglich
cout << "Flaeche = " << R.flaeche() << endl;
return 0;
}
```

Es wird daher empfohlen, nur solche Klassen als struct zu definieren, die ausschließlich public-Elemente besitzen.

Auch enum-Typen können als Klassen dienen. Dies wird an folgendem Beispiel beim Überladen des ++-Operators gezeigt.

```
enum Jahreszeit {fruehling,sommer, herbst, winter};
```

Bei der Anwendung des Operators ++ muss zwischen der Präfix- und Postfix-Form unterschieden werden:

```
Jahreszeit s,j = fruehling;
s = j++; // Postfix
s = ++j; // Praefix
```

Damit man bei der Schreibweise operator++ die beiden Formen unterscheiden kann, erhält ist Postfix-Form einen zusätzlichen int-Parameter. Die Präfix-Form wird wie folgt realisiert: Für jede Jahreszeit – außer dem Winter – ist die nachfolgende Jahreszeit definiert mittels

```
Jahreszeit(static_cast<int>(j+1));
```

Für den Winter wird der Nachfolger fruehling direkt definiert. Dies gibt die Operatormethode:

```
Jahreszeit& operator++(Jahreszeit& j) //Praefix
{
if (j != winter)
   j = Jahreszeit(static_cast<int>(j+1));
else j = fruehling;
return j;
}
```

Bei der Postfix-Form muss die Zuweisung mit dem alten Wert erfolgen, erst dann wird die Jahreszeit „weitergezählt":

```
Jahreszeit operator++(Jahreszeit& j,int) // Postfix
{
Jahreszeit s = j;
++j;
return s;
}
```

Auch die Ausgabe wird mittels Operator-Überladen codiert:

```
ostream& operator<<(ostream& o,Jahreszeit&  j)
{
switch(j)
  {
  case fruehling: o << "Fruehling"; break;
  case sommer:    o << "Sommer";    break;
  case herbst:    o << "Herbst";    break;
  case winter:    o << "Winter";
  }
return o;
}
```

Die Funktionalität dieser Klasse in Form eines enum-Typs lässt sich mit Hilfe eines Hauptprogramms überprüfen:

```
int main()
{
Jahreszeit j(fruehling);
for (int i=0; i<8; i++)
  {
  Jahreszeit s = ++j; // j++
  cout << s << endl;
  }
return 0;
}
```

Man erhält hier die erwarteten acht aufeinander folgenden Jahreszeiten:

```
Fruehling
Sommer
Herbst
Winter
Fruehling
Sommer
Herbst
Winter
```

Auch mit Hilfe des Datentyps union, wie

```
union info
{
int a;
double x;
char ch;
}
```

der Daten enthält, auf die wahlweise zugriffen werden kann, können Klassen (mit gewissen Einschränkungen) implementiert werden. Diese Einschränkungen sind:

- keine Vererbung,

- keine virtuellen Funktionen,

- keine statischen Datenelemente,

- keine Datenelemente als Referenzen.

16 Vererbung

Die Vererbung ist – wie im Abschnitt 14 erläutert – eines der wesentlichen Prinzipien der objektorientierten Programmierung (OOP). Wegen der Wichtigkeit soll der Vererbung ein eigener Abschnitt gewidmet werden.

16.1 Was ist Vererbung?

Unter Vererbung versteht man die Tatsache, dass eine Klasse imstande ist, Datenelemente und Methoden an eine „erbende" Klasse zu vererben. Die „vererbende" Klasse wird einfacher oft auch als die Basisklasse (englisch *base class*), die „erbende" Klasse als abgeleitete Klasse (englisch *derived class*) bezeichnet.

Leitet sich jede Klasse genau von einer Basisklasse ab, so spricht man von *einfacher Vererbung*. Bei *mehrfacher Vererbung* erbt eine Klasse von mehreren Klassen; hier gibt es Probleme, wenn mindestens zwei der Basisklassen über gleichnamige Methoden gleicher Signatur verfügen. Da weder Java noch C# die Mehrfach-Vererbung unterstützen, ist C++ ist die einzige C-Sprache mit dieser Fähigkeit.

Auch die Vererbung wird durch Zugriffsspezifizierer geregelt. Bei der public-Vererbung behalten private und public-Elemente ihre Zugriffsmöglichkeit. Die nicht-public Datenelemente, die zur Vererbung vorgesehen sind, tragen den Zugriffsspezifizierer protected.

Bei der private-Vererbung werden alle Elemente und Methoden privat. Bei der protected-Vererbung werden alle Elemente protected außer den privaten, die natürlich privat bleiben. Wie man sieht ist beim private und protected-Erbgang der Zugriff auf die Basisklasse weitgehend verwehrt, sie werden daher kaum verwendet. Die wichtigste Rolle spielt daher die öffentliche Vererbung. Die Syntax für die drei Fälle ist:

```
class A: public B    // public Vererbung
class A: protected B // protect. Vererbung
class A: private B   // private Vererbung
```

Wie bei der Biologie sollte Vererbung von A auf B nur statt-
finden, wenn B ein Nachfahre von A ist; d. h. wenn ein Objekt von Klasse B auch vom Typ A ist. Dies ist der Fall bei

- Spezialisierung,
- Generalisierung.

Bei der Spezialisierung wird die Basisklasse eingeschränkt,
nach dem Motto *Jede Rose ist eine Blume* oder *Der Chef ist
auch nur ein Mensch*. Die Spezialisierung erfordert meist zu-
sätzliche Bedingungen und eine Einschränkung der abgeleiteten Methoden.

Bei der Generalisierung werden die abgeleiteten Methoden
entsprechend verallgemeinert.

16.2   Konstruktoraufruf der Basisklasse

Der Zugriff auf die Basisklasse erfolgt über den Konstruktoraufruf der Basisklasse.

Gegeben sei folgende Basisklasse Person:

```
class Person
{
public:
enum Familienstand
{ledig,verheiratet,geschieden,verwitwet};
protected:
  string name;
  string adresse;
  char geschlecht; //'m','w'
  Familienstand famstand;
public:
  Person(string N,string A,char G, Familienstand F)
{ name = N; adresse = A;
```

(Fortsetzung auf der nächsten Seite)

```
        geschlecht = G; famstand = F;}
  void ausgabe() const;
};
```

Die Eigenschaften der Klasse Person werden nun auf die Klasse Arbeitnehmer abgeleitet. Von einer Person unterscheidet sich der Arbeitnehmer dadurch, dass er/sie zusätzlich über ein Gehalt verfügt:

```
class Arbeitnehmer : public Person
{
double gehalt;
public:
Arbeitnehmer(string N,string A,geschlecht
G,Familienstand F,double G1):
Person(N,A,G,F){gehalt = G1;}
void ausgabe();
};
```

Die geerbten Datenelemente Name, Adresse, Geschlecht usw. erscheinen nicht mehr in der abgeleiteten Klassen; sie sind jedoch in der Parameterliste des Konstruktors vertreten. Die die Basisklasse betreffenden Parameter werden an den Konstruktor dieser Basisklasse weitergereicht. Die Basisklasse muss in C++ mit dem genauen Namen genannt werden, im Gegensatz zu Java oder C#, wo die Basisklasse den festen Namen super bzw. base besitzt.

```
Arbeitnehmer(string N,string A,geschlecht
G,Familienstand F,double G1):
Person(N,A,G,F){gehalt = G1;}
```

Die Ausgabe der Klasse Arbeitnehmer kann über die Ausgabefunktion der Klasse Person mittels Scope-Operators :: verfügen.

```
Person::ausgabe();
```

Ein weiteres Beispiel einer Basisklasse ist die Klasse Konto:

```
class Konto
{
protected:
double kontostand;
public:
Konto(double K){ kontostand = K; }
void einzahlen(double betrag)
          { kontostand += betrag; }
void auszahlen(double betrag)
          { kontostand -= betrag; }
void ausgabe()
  { cout << "Kontostand = " << kontostand << "\n"; }
};
```

Die Klasse kann abgeleitet werden auf spezielle Klassen wie
Girokonto, Sparkonto, Tilgungskonto u. a. Hier beschränken
wir uns auf Girokonto. Es ist gekennzeichnet durch die Tatsache, dass hier stets ein Kreditrahmen gegeben ist. Dies liefert die Ableitung

```
class Girokonto : public Konto
{
private:
double kreditrahmen;
//assert kreditrahmen < 0
public:
Girokonto(double K,double R):Konto(K) { kreditrahmen
= R; }

void auszahlen(double betrag)
{
if (kontostand-betrag > kreditrahmen)
   kontostand -= betrag;
else cout << "Auszahlung nicht moeglich,da" << "
sonst Kreditrahmen ueberschritten!\n";
}
};
```

Die Methode double auszahlen(double) der Basisklasse wurde in der abgeleiteten Klasse mit gleicher Signatur überschrieben unter Einbeziehung des Kreditrahmens.

In C++ gibt es keinen speziellen Spezifizierer, der dafür sorgt, dass nicht die ganze Klasse abgeleitet werden kann. In Java bzw. C# existieren dafür die Spezifizierer final bzw. sealed.

Ebenso wenig gibt es in C++ eine Klasse, von der *alle* Klasse erben. In Java und C# sind dies die Klassen Object bzw. System.

16.3 Abstrakte Basisklasse

Eine Basisklasse heißt abstrakt, wenn sie mindestens eine Elementfunktion enthält, die nur deklariert ist in der Absicht diese Methode in der abgeleiteten Klasse neu zu definieren. Das Schlüsselwort abstract erscheint in C++ nicht in der Syntax – im Gegensatz zu Java oder C#. Solche Methoden heißen in C++ rein virtuell. Die Syntax wird hier am Beispiel eines geometrischen Flächeninhalts erklärt.

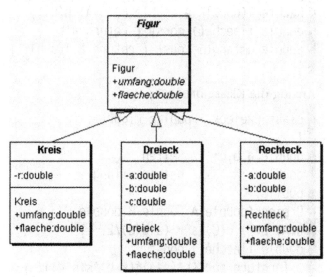

Abb. 16.1   UML-Klassendiagramm zur Vererbung der Klasse Figur

```
virtual double flaeche() const = 0;
```

Behandelt wird hier die Klasse (geometrische) Figur:

```
class Figur
{
public:
virtual double flaeche() const = 0;
virtual double umfang() const = 0;
};
```

Von solchen abstrakten Basisklassen können keine Objekte erzeugt werden. Dies geschieht erst in den abgeleiteten Klassen; dort müssen die virtuellen Methoden erst implementiert; d. h. spezialisiert werden. Beispiel für die Ableitung der Klasse Figur soll die Klasse Rechteck sein:

```
class Rechteck : public Figur
{
double a,b; // Seiten
public:
Rechteck(double A,double B):a(A),b(B){}
double flaeche() const { return a*b; }
double umfang() const { return 2.*(a+b); }
};
```

Analog die Klasse Dreieck:

```
class Dreieck : public Figur
{
double a,b,c; // Seiten
double s;     // halber Umfang
public:
Dreieck(double A,double B,double C):
a(A),b(B),c(C){s = (a+b+c)/2.; }
double flaeche() const
   { return sqrt(s*(s-a)*(s-b)*s(s-c)); }
double umfang() const { return 2.*s; }
};
```

und die Klasse Kreis:

```
class Kreis : public Figur
{ private:
    double r;
  public:
    Kreis(double R) { r = R;}
    double umfang() const { return 2.*M_PI*r;}
    double flaeche() const { return M_PI*r*r;} };
```

16.4 Virtuelle Methoden

Das Schlüsselwort *virtual* sagt dem Compiler, dass es zu der entsprechenden Methode der Basisklasse in einer abgeleiteten Klasse eine Methode gleichen Namens (und gleicher Signatur) gibt. D.h. bei einem Aufruf dieser Funktion muss der Compiler prüfen, welche der beiden Methoden einzusetzen ist.

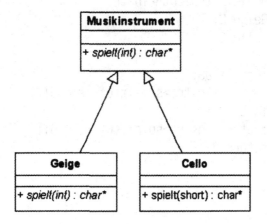

Abb. 16.2   Vererbung mit virtuellen Funktionen

Betrachtet wird folgendes Beispiel.

```
class Musikinstrument
{ public:
    virtual char* spielt(int) { return "Musik"; }};
```
                    (Fortsetzung auf der nächsten Seite)

```
class Geige : public Musikinstrument
{ public:
  char* spielt(int) { return "Geige"; } };
class Cello : public Musikinstrument
{ public:
  char* spielt(short) { return "Cello"; } };
```

Hier enthält die abgeleitete Klasse Geige eine gleichnamige Methode

```
char* spielt(int)
```

gleicher Signatur wie die Basisklasse. Setzt man einen Zeiger der Basisklasse wahlweise auf ein Objekt Geige oder Cello, so überdeckt nur Geige::spielt(int) die Basismethode. Betrachtet wird das Hauptprogramm:

```
int main()
{
Musikinstrument* instr;
Geige G;
Cello C;

instr = &G;
cout << instr->spielt(0) << endl;
instr = &C;
cout << instr->spielt(0) << endl;
return 0;
}
```

Die Ausgabe ist somit

```
Geige
Musik
```

Das Hauptprogramm enthält zwei gleich lautende Anweisungen

```
instr->spielt(0)
```

die aber zur Programmlaufzeit etwas Verschiedenes bewirken. Man nennt dies *Polymorphismus*.

16.5 Virtueller Destruktor

Beim Erzeugen eines Objektes einer abgeleiteten Klasse ist es klar, welchen Typ es besitzt. Wird das Objekt aber als Objekt der Basisklasse verwendet, so ist nicht klar, welche Klasse das Objekt „aufräumen" soll; d.h. welcher Destruktor zum Löschen berechtigt ist. Das Problem wird gelöst, indem man in der Basisklasse einen *virtuellen Destruktor* definiert. Dieser sorgt dafür, dass für die in Frage kommenden Elemente ein anderer Destruktor nicht wirksam wird und die Elemente schließlich vom virtuellen Destruktor der Basisklasse gelöscht werden. Es empfiehlt also, bei jeder Vererbung einen virtuellen Destruktor zu definieren. Der vom Compiler erzeugte Default-Destruktor kann diese Aufgabe nicht übernehmen.

```
class Person
{ public:
    Person(...)          // Konstruktor
    virtual ~Person()    // virt.Destruktor }
```

16.6 Beispiel: Sortierverfahren

Als weiteres Beispiel zur Vererbung einer abstrakten Basisklasse werden die elementaren Sortierverfahren gewählt. Die Basisklasse Sortierverfahren enthält die virtuelle Methode sort(), die für jedes Verfahren spezialisiert wird:

```
class Sortierverfahren
{
protected:
int N;                // Anzahl
int *a;               // zu sort. Zahlen
public:
Sortierverfahren(int);
virtual ~Sortierverfahren() { delete [] a; }
protected:
virtual void sort() = 0;
void ausgabe();
};
```

Der Konstruktor wird wie folgt codiert:

```
Sortierverfahren::Sortierverfahren(int n)
{
N = n;
a = new int[n];
for (int i=0; i<n; i++) a[i] = 1 + rand() % 99;
}
```

Bei der Ausgabe machen wir einen kleinen Vorgriff auf die copy()-Funktion der STL (siehe Abschnitt 21):

```
void Sortierverfahren::ausgabe()
{
copy(a,a+N,ostream_iterator<int>(cout," "));
cout << endl;
}
```

Davon wird die Klasse BubbleSort abgeleitet.

```
class BubbleSort : public Sortierverfahren
{
public:
BubbleSort(int N):Sortierverfahren(N){}
void sort(){
for (int i=N-1; i>=1; i--){
for (int j=0; j<i; j++)
{ if (a[j] > a[j+1]) swap(a[j],a[j+1]); }
ausgabe();
}}};
```

Das Sortieren mittels Einfügen wird als EinfuegSort realisiert.

```
class EinfuegSort : public Sortierverfahren
{
public:
EinfuegSort(int N):Sortierverfahren(N){}
void sort() {
for (int i=1; i<N; i++){
    int x = a[i]; // einzuf.Element
```

(Fortsetzung auf der nächsten Seite)

```
   int k = i;
   while(k>0 && x <= a[k-1]) //Suchen
      { a[k] = a[k-1]; k--; }
   a[k] = x; // Einfuegstelle gefunden
   ausgabe();
   }
}};
```

Als letztes der elementaren Verfahren wird das Sortieren durch Austausch des jeweiligen Minimums abgeleitet.

```
class AustauschSort : public Sortierverfahren
{
public:
AustauschSort(int N): Sortierverfahren(N){}
void sort() {
for (int i=0; i<N; i++){
   int imin = i; // Suche der Min.stelle
   for (int j=i+1; j<N; j++)
      { if (a[j] < a[imin]) imin = j; }
      swap(a[i],a[imin]);
      ausgabe();
      }
}};
```

Das Vertauschen der Elemente geschieht hier mittels der swap()-Funktion aus der Algorithmen-Bibliothek der STL (siehe Abschnitt 21.2).

Mit einem Hauptprogramm wird die Anzahl der zu sortierenden Elemente erfragt und das gewünschte Sortierverfahren aufgerufen.

```
int main()
{
time_t now;
srand((unsigned) time(&now));
int n;
cout << "Wie viele Zahlen sortieren? ";
```

(Fortsetzung auf der nächsten Seite)

```
cin >> n;
string name;
cout << "Welches Sortierverfahren(Bubble|Einfueg|
Austausch)? ";
cin >> name;
if (name == "Bubble")
    { BubbleSort b(n); b.sort(); }
else if (name == "Einfueg")
    { EinfuegSort e(n); e.sort(); }
else { AustauschSort a(n); a.sort(); }
return 0;
}
```

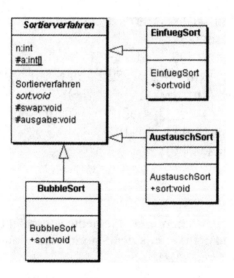

Abb. 16.3   Klassendiagramm zur Vererbung der Sortierverfahren

16.7   Eine mehrfache Vererbung

Die Mehrfach-Vererbung gibt es nur in C++. Weder Java noch in C# unterstützen dem Namen nach das gleichzeitige Erben von mehreren Basisklassen. Tatsache ist, dass auch Java-Klassen mehrfach erben, nur nennt man den Sachverhalt *Realisation einer Schnittstelle*.

Als einfaches geometrisches Beispiel erbt das Quadrat gleichzeitig die Eigenschaften (*property*) einer Raute und eines Rechtecks:

```
class Raute
{
public:
void property() { cout << "Bin Raute mit 4 gleichen
Seiten!\n"; }
};

class Rechteck
{
public:
void property() { cout << "Bin Rechteck mit 4
rechten Winkeln!\n"; }
};
```

Die Syntax der Ableitung von zwei Basisklassen ist folgende: die Basisklassen stehen mit ihren Spezifizierern in einer durch Kommas getrennten Liste.

```
class Quadrat : public Raute,public Rechteck
{
public:
void property()
{
Raute::property();
Rechteck::property();
}};
```

Da beide Basisklassen die gleichnamige Methode property() aufweisen, wäre deren Aufruf *nicht* eindeutig. Daher wird gefordert, dass in solchen Fällen, die Herkunft der gleichnamigen Methoden durch den Scope-Operator :: zu kennzeichnen sind. Dadurch wird der Aufruf

```
Raute::property();
Rechteck::property();
```

eindeutig. Ein Hauptprogramm dazu ist

```
int main()
{
cout << "Eigenschaften des Quadrats:\n";
Quadrat Q;
Q.property();
return 0;
}
```

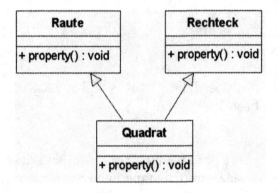

Abb. 16.4   Klassendiagramm zur Mehrfachvererbung

17 Template-Klassen

Die Wiederverwendbarkeit (englisch *reusibility*) von Code ist ein grundlegendes Ziel der OOP. Dies geschieht vor allem durch Programmierung von generischen, d. h. von datentypunabhängigen, Funktionen und Klassen. Solche Template-Funktionen wurden bereits im Abschnitt 7.11 behandelt; daher soll es im Folgenden um Template-Klassen gehen.

Angenommen es wird eine Klasse Punkt mit ganzzahligen Koordinaten und eine solche mit Fließkomma-Koordinaten benötigt. Dann ist es ökonomischer eine generische, d. h. datentypunabhängige Klasse zu schreiben. Dies ist das Anliegen des generischen Programmierens (englisch *generic programming*). In C++ heißen solche Funktionen bzw. Klassen – wie schon erwähnt – templates, was manche Autoren mit dem Wort Schablone übersetzen.

Die Template-Klasse Punkt kann nach Bedarf für ganzzahlige und kommazahlige Koordinaten dienen. Damit ist die angesprochene Wiederverwendbarkeit gewährleistet. Auch für das Funktionieren einer verketteten Liste, wie sie in der STL definiert wird, ist es unerheblich, ob sie aus Zahlen, Strings, Buchstaben oder selbst definierten Typen besteht.

17.1   Eine Punktklasse als Template

Ersetzt man in der folgender Punkt-Klasse

```
class Punkt
{
double x,y; // kart.Koordinaten
public:
Punkt(double X,double Y){ x = X; y = Y; }
double getX() const { return x; }
double getY() const { return y; }
double abstand() const
    { return sqrt(x*x+y*y); }
};
```

jedes double (außer in abstand()) durch den unbestimmten Typ T, so erhält man folgende Form

```
template<typename T>
class Punkt
{
typedef T value_type;
T x,y; // kart.Koordinaten
public:
Punkt(T X,T Y){ x = X; y = Y; }
T getX() const { return x; }
T getY() const { return y; }
double abstand() const
   { return sqrt((double)x*x+y*y); }
};
```

Damit der Compiler diesen Code als Klasse verwalten kann, muss erklärt werden, dass T als Typenname dient. Das geschieht, indem man folgende Template-Spezifikation vor die Klasse setzt:

```
template<typename T> // oder
template<class T>
```

Ferner kann – wie für alle Container der STL – der Datentyp mittels value_type erklärt werden. Sowohl die x-, wie die y-Komponente, ist hier wieder von Typ T.

Ein Problem gibt es noch bei der Abstandsfunktion. Wenn man annimmt, dass der Abstand zweier ganzzahliger Punkte weiterhin als Resultat der Wurzelfunktion vom Typ double ist, muss die Signatur der Funktion abstand() nicht geändert.

Einen ganzzahligen Punkt P erzeugt man mit dem Aufruf

```
Punkt<int> P(3,-4)
```

Entsprechend liefert

```
Punkt<double> Q(2.,5.)
```

einen Punkt Q mit Fließkomma-Koordinaten.

In der STL ist auch der Typ komplexer Zahlen als Template definiert. Komplexe Zahlen mit Fließkommaformat im Real- und Imaginärteil können definiert werden mittels

```
typedef complex<double> komplex
```

Will man eine Punktklasse mit komplexen Koordinaten definieren, so funktioniert obiger Code nicht, da der Realteil, der der x-Komponente entspricht, *nicht* vom Typ komplex ist. Analoges gilt für den Imaginärteil.

In Fällen, in denen eine Template-Klasse nicht an einen Typ angepasst werden kann, muss die *ganze* Klasse für diesen Fall spezialisiert werden (Spezialisierung einer Template-Klasse). Im komplexen Fall erhält man hier

```
class Punkt<komplex>
{
double x,y; // Real-,Imaginaerteil
public:
Punkt(komplex Z){x=Z.real(); y=Z.imag();}
double getX() const { return x; }
double getY() const { return y; }
double betrag() const { return sqrt(x*x+y*y); }
};
```

Mit folgendem Hauptprogramm kann die obige Template-Klasse getestet werden:

```
int main()
{
Punkt<int> P(3,4);
cout << P.betrag() << endl;
Punkt<double> Q(2.,5.);
cout << Q.betrag() << endl;
komplex z(4,-1);
Punkt<komplex> R(z);
cout << R.betrag() << endl;
return 0;
}
```

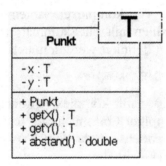

Abb. 17.1   UML-Diagramm einer Template-Klasse

17.2   Template-Klasse mit numerischen Typen

Neben den generischen Typen treten auch numerische Parameter in Templates auf. Der Fall von generischen Vektoren beliebiger Dimension soll nun behandelt werden.

```
template<class T,int n>
class Vektor
{
typedef T value_type;
public:
Vektor(){}
Vektor(T v0); // Setzen auf Wert v0
T& operator[](int i); // [] ueberladen
void ausgabe();
Vektor<T,n> operator+(const Vektor<T,n>); //
Vektoraddition
private:
T vec[n]; // internes Array vom Typ T
};
```

Hier ist nur die Vektoraddition realisiert, ein Skalarprodukt kann in analoger Weise codiert werden.

Der Konstruktor, der den Vektor beliebiger Länge auf den Anfangswert v0 setzt, wird wie folgt codiert

```
template<class T,int n>
Vektor<T,n>::Vektor(T v0)
{ for (int i=0; i<n; i++) vec[i] = v0; }
```

dabei ist vec[] das interne Array, das die Komponenten unseres Vektors speichert. Ebenfalls komponentenweise, getrennt von einem Komma, erfolgt die Ausgabe

```
template<class T,int n>
void Vektor<T,n>::ausgabe()
{
cout << "(";
for (int i=0; i<n-1; i++) cout << vec[i]  << ",";
cout << vec[n-1] << ")\n";
}
```

Zur Vektoraddition wird der Additions-Operator + überladen.

```
template<class T,int n>
Vektor<T,n>
    Vektor<T,n>::operator+(const Vektor<T,n> w)
{
Vektor<T,n> v;
for (int i=0; i<n; i++) v[i] = vec[i] + w.vec[i];
return v;
}
```

Um die Vektorkomponenten über den Index ansprechen zu können, wird der Operator [] geeignet überladen:

```
template<class T,int n>
T& Vektor<T,n>::operator[](int i)
{
// assert 0 <= i < n
if (i<0 || i>=n)
{ cerr << "Indexfehler bei Vektor!\n"; exit(1); }
else
return vec[i];
}
```

Mit einem kleinen Hauptprogramm kann die Template-Klasse getestet werden. Es wird ein ganzzahliger Vektor der Länge 3 und Vektor mit Kommazahlen der Dimension 5 definiert:

```
int main()
{
Vektor<int,3> a,b;
for (int i=0; i<3; i++)
    { a[i] = 1-i*i; b[i] = 4-2*i; }
Vektor<int,3> sum = a + b;
cout << "Summenvektor = "; sum.ausgabe();

Vektor<double,5> x,y;
for (int i=0; i<5; i++)
  { x[i] = sin(i*0.1); y[i] = sqrt(i+1.);}
```

(Fortsetzung auf der nächsten Seite)

```
Vektor<double,5> z = x + y;
cout << "Summenvektor = "; z.ausgabe();
return 0;
}
```

Die Ausgabe ist hier

```
Summenvektor = (5,2,-3)
Summenvektor = (1,1.51405,1.93072,2.29552, 2.62549)
```

17.3   Eine rekursive Template-Klasse

Template-Klassen mit einem numerischen Parameter können auch rekursiv definiert werden. Standardbeispiel ist hier die Fakultätsfunktion n!

$$n! = \begin{cases} 1 \text{ für } n = 0 \\ n(n-1)! \text{ für } n \geq 1 \end{cases}$$

```
template<int N>
class Fakultaet
{
public:
enum{value = N*Fakultaet<N-1>::value};
};
```

Wichtig für das Abbrechen der Rekursion ist das Erreichen des Rekursionsanfangs. Dieser wird wieder als vollständige Spezialisierung des Templates erreicht (Fall 0!=1).

```
class Fakultaet<0>
{
public:
enum{value = 1};
};
```

Der Aufruf erfolgt im Hauptprogramm

```
int main()
{
const int x = Fakultaet<6>::value;
cout << x << endl;
return 0;
}
```

Das Programm liefert den Wert 6! = 720.

17.4   Eine Template-Klasse zum Datentyp Stack

Zur Vorbereitung auf die Datentypen der Standard Template Library (STL) (Kapitel 22) soll hier der generische Stack erklärt werden.

Ein Stack ist ein Container; d.h. er stellt eine Datenstruktur dar, die wiederum andere Datentypen speichert. Elemente können nur oben eingefügt werden (englisch *push*) und auch nur oben entfernt werden (englisch *pop*). Der Stack funktioniert also nach dem Prinzip *Last in, first out* (LIFO); d. h. das zuletzt eingefügte Element muss auch als erstes entfernt werden.

Der selbstdefinierte Stack wird als Array definiert; wichtig ist damit der überwachte Array-Zugriff. Bevor ein Element entnommen wird, muss geprüft werden, ob der Stack nicht leer ist. Dies macht die Methode isEmpty(). Analog muss vor dem Einfügen getestet werden, ob der Stack nicht schon voll ist; dies geschieht mittels Methode isFull().

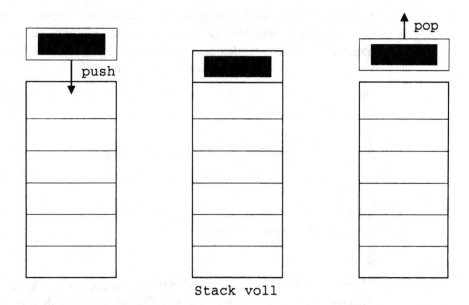

Stack voll

Abb. 17.2   Stack-Operation push und pop

```
template<class T>
class Stack
{
public:
Stack(int = 25); // Default Size
~Stack() { delete [] stackarr; } // Destr.
int push(const T&);
int pop(T&);
bool isEmpty() const { return top==-1; }
bool isFull() const { return top==size-1;}
private:
int size;
int top;
T *stackarr; // internes Array
};
```

Die Größe des Stacks ist gegeben durch das Datenelement size mit der Voreinstellung 25. Das oberste Element top signalisiert den Zustand des Stacks. Falls leer, gilt top =-1. Analog gilt: top=size-1, wenn der Stack gefüllt ist.

Der Konstruktor generiert ein dynamisches Array in der gewünschten Größe.

```
template <class T>
Stack<T>::Stack(int s) // Konstruktor
{
size = s;
top = -1; // empty
stackarr = new T[size];
}
```

Wegen der Erzeugung eines dynamischen Arrays ist ein Destruktor ~Stack() definiert worden. Die Methode push() prüft zunächst ob der Stack voll ist, legt das Element auf den Stapel und gibt einen entsprechenden Wahrheitswert zurück.

```
template <class T>
int Stack<T>::push(const T &item)
{
if(!isFull())
   {
   stackarr[++top] = item;
   return true;
   }
return false;
}
```

Die Methode pop() prüft zunächst ob der Stack leer ist, nimmt das oberste Element vom Stapel und liefert ebenfalls einen entsprechenden Wahrheitswert zurück.

```
template <class T>
int Stack<T>::pop(T &item)
{
if(!isEmpty())
   {
   item = stackarr[top--];
   return true;
   }
return false;
}
```

Diese Klassendefinition kann in einer Headerdatei `stack.h` gespeichert werden. Das Testen des Stacks mittels Ganzzahlen erfolgt in einem Hauptprogramm der Art

```
#include "stack.h"
int main()
{
Stack<int> istack(10);
int i=0;
cout << "Stack ist leer!";
cout << "\nFuellen mit int" << endl;
while (istack.push(i))
    { cout << i << ' '; i++; }
cout << "\nStack ist voll!";
cout << "\nLeeren des Stacks\n";
while (istack.pop(i)) cout << i << ' ';
cout << "\nStack ist leer!!" << endl;
return 0;
}
```

Ein Test mit Buchstaben wäre:

```
Stack<char> cstack(10);
char c ='A';
cout << "\nFuellen mit char" << endl;
while (cstack.push(c))
    { cout << c << ' '; c = (char) (c+1); }
```

(Fortsetzung auf der nächsten Seite)

```
cout << "\nStack ist voll!";
cout << "\nLeeren des Stacks\n";
while (cstack.pop(c)) cout << c << ' ';
cout << "\nStack ist leer!\n";
```

Die Eingabe ist hier:

```
Fuellen mit char
A B C D E F G H I J
Stack ist voll!
Leeren des Stacks
J I H G F E D C B A
Stack ist leer!
```

18 Ein- und Ausgabe

Die Ein-/Ausgabe in C++ ist, wie schon erwähnt, nicht von der ANSI Norm vorgeschrieben, sondern wird durch eine Auswahl der Bibliothekfunktionen gesteuert. In diesem Kapitel soll die objektorientierte Ein-/Ausgabe behandelt werden, die durch Familie der Header-Dateien

```
<iostream>  // In/Output(IO)
<iomanip>   // IO mit Manipulatoren
<fstream>   // File-Stream
```

vorgegeben wird. Das Kapitel Ein-/Ausgabe kann in einer Vorlesung erst relativ spät behandelt werden, da es die Kenntnis von Vererbung und der Template-Klassen voraussetzt.

18.1 Die Standard-Ausgabe (stdout)

Die zugrunde liegende Idee ist, dass jede Ein- und Ausgabe einen Datenstrom (englisch *stream*) darstellt, der von einer Quelle zum Ziel „fließt". Die Standard-Ausgabe erfolgt durch vordefinierte Instanzen der Klasse

```
ostream
```

Für die Standard-Ein-/Ausgabe sind die Bit-Shift-Operatoren << und >> für alle Standardtypen als Templates überladen. Hier der Fall für die Ausgabe (*stdout*):

```
class ostream
{
//...
public:
ostream& operator<<(char )..
```

(Fortsetzung auf der nächsten Seite)

```
ostream& operator<<(int )..
ostream& operator<<(float )..
ostream& operator<<(double )..
// usw.
}
```

Die Klasse ostream mit der Methode cout.operator<<()
kann nun auch vom Programmierer (m/w) für eine eigene
Klasse überladen werden. Hier die Ausgabe der Bruchklasse
in Form a/b

```
friend ostream& operator<<(ostream& o,const Bruch&
B)
{
o << B.nenn << "/" << B.nenn;
return o;
}
```

Die Ausgabe einer komplexen Zahl in der Form a±j*b erfolgt durch

```
ostream& operator<<(ostream& o,const komplex& z)
{
o << z.real();
if (z.imag() >0) o << " +j*" << z.imag();
else o << " -j*" << fabs(z.imag());
return o;
}
```

Wichtig ist, dass dabei eine *Referenz* auf ostream übergeben
wird, so kann die Ausgabe mit beliebigen Zeichen, Strings
und Daten als Ausgabestrom verkettet werden, wie man an
folgendem Beispiel sieht

```
int i=17;
double x = 3.14;
string leerstelle = " ";
string comment = "kommentar";
char tab = '\t';
```

(Fortsetzung auf der nächsten Seite)

```
char newline = '\n';
cout << i << leerstelle << x << tab << comment <<
newline;
```

Das Wesen der objektorientierten Ausgabe ist, dass sie generisch und sicher ist. D. h. sie funktioniert sicher für *jeden* einfachen Datentyp. Dagegen scheitert die Ausgabe mittels printf() aus <stdio.h>, wenn der Formatparameter nicht angepasst ist.

```
double x=3.1415;
printf("%d",x); // falsch,x nicht dezimal
```

18.2   Die Standard-Eingabe (stdin)

Der Standard-Eingabe erfolgt durch vordefinierte Instanzen der Klasse

```
istream
```

Intern wird die Eingabe über Templates gesteuert

```
class istream
{
//...
public:
istream& operator>>(char& )..
istream& operator>>(int& )..
istream& operator>>(float& )..
istream& operator>>(double& )..
// usw.
}
```

Auch die Klasse istream mit der Methode cin.operator>> kann vom Programmierer für eigene Zwecke überladen werden. Hier die flexible Eingabe einer komplexen Zahl (nach STROUSTRUP), die eine der folgenden Formen $z,(z),(z,z)$ akzeptiert.

```
istream& operator>>(istream& s,komplex& z)
{
double re=0,im=0;
char c=0;
s >> c;
if (c == '(') {
s >> re >> c;
if (c == ',') s >> im >> c;
if (c != ')') s.clear(ios_base::badbit);
} else {
s.putback(c);
s >> re; }
if (s) z = complex(re,im);
return z;
}
```

Der Parameter badbit der Klasse ios_base signalisiert hier einen Fehler während der Eingabe.

18.3   Der Fehlerkanal (stderr)

Damit bei einer Umleitung des Ausgabestrom an einen Drucker oder ein anderes Gerät eine Fehlermeldung an den Überwachungsmonitor gelangt, gibt es einen weiteren Strom zum Fehlerkanal. Er wird erreicht, indem man cout durch cerr ersetzt:

```
cerr << "Datei kann nicht geladen werden\n";
```

18.4   Formatierte Ausgabe

In der Klasse ios_base sind eine Reihe von Formatierungsflags deklariert, die Werte der Flags sind jedoch implementationsabhängig. Diese Flags sind:

boolalpha	Ein-/Ausgabe von bool als true,false
skipws	Übergehen von whitespace
left	Ausrichtung linksbündig

right	Ausrichtung rechtsbündig
internal	Ausfüllen zwischen Vorzeichen und Zahl
dec	Dezimalsystem
oct	Oktalsystem
hex	Hexadezimalsystem
showbase	Präfix für Zahlensystem
showpoint	Dezimalpunkt und führende Nullen
showpos	"+" für positive,ganze Zahlen
uppercase	Große Hexziffern und Exponent"E"
scientific	Gleitkomma
fixed	Festkomma
adjustfield	Ausrichtung
basefield	Stellenwertsystem
floatfield	Fließkommaformat
unitbuf	Leerung des Ausgabepuffers nach cout
stdio	Leerung des Ausgabepuffers nach Textzeichen

Tabelle 18.1 Formatierungsflags

Der Zugriff auf die Flags erfolgt in der Form:

```
ios_base::fixed
ios::fixed // veraltet
```

Zum Setzen der Flags dient die Funktion setf(). Als zweiter Parameter sind folgende drei Bitmasken definiert:

adjustfield	**left|right|internal**
basefield	**dec|oct|hex**
floatfield	**scientific|fixed**

Ein Programmbeispiel zur Stellenwertanzeige ist:

```
#include <iostream>
using namespace std;

int main()
{
```

(Fortsetzung auf der nächsten Seite)

```
int x = 4711;
cout.setf(ios_base::showbase);
cout << x << endl;
cout.setf(ios_base::oct);
cout << x << endl;
cout.setf(ios_base::hex|ios::uppercase);
cout << x << endl;
return 0;
}
```

Die Ausgabe zeigt die Darstellung im Dezimal, Oktal- und Hexadezimalsystem.

```
4711
011147
0X1267
```

Man erkennt, dass Oktalzahlen mit führender Null und Hexadezimalzahlen mit dem Präfix 0X oder 0x ausgegeben werden.

Typische Beispiele mit Formatierungsflags sind weiter:

```
cout.setf(ios_base::boolalpha) // Ausgabe
"true/false"
cout.setf(ios_base::scientific,ios_base::floatfield)
// Fliesskomma mit Exponent
cout.setf(ios_base::fixed,ios_base::
floatfield) // Festkomma
cout.setf(ios_base::left,ios_base::adjustfield ) //
linksbündig
```

Mit der Funktion unsetf() können die Flags wieder „abgeschaltet" werden.

```
cout.unsetf(ios::hex); // schaltet hex ab
```

18.5   Manipulatoren

Mit Hilfe von sog. *Manipulatoren* können Flag-Ausdrücke kürzer geschrieben werden. Statt

```
cout.setf(ios_base::hex,ios_base::basefield); cout
<< x<< endl;
```

schreibt man eleganter

```
cout << hex << x << endl;
```

Obiges Programm wird damit verkürzt zu:

```
#include <iostream>
using namespace std;

int main()
{
int x = 4711;
cout << "dezimal " << x << endl
     << "hexadezimal " << hex << x << endl
     << "oktal " << oct << x << endl
     << "wieder dezimal " << dec << x << endl;
return 0;
}
```

Da die Priorität der Bit-Shift-Operatoren ziemlich hoch ist, empfiehlt es sich, arithmetische und logische Ausdrücke im Ausgabestrom explizit zu klammern. Manche Compiler monieren hier eine Zweideutigkeit und geben eine Warnung der Art *Ambigous operators need parentheses* aus.

Ein Beispiel zur Steuerung der Stellenzahl und der bündigen Ausgabe folgt:

```
double x = 1234.5678;
cout.precision(2);
cout.setf(ios_base::scientific,ios_base::
floatfield);
cout << x << endl;
```

(Fortsetzung auf der nächsten Seite)

```
cout.setf(ios_base::fixed,ios_base:: floatfield);
cout << x << endl;
cout.precision(8);
cout.setf(ios_base::scientific,ios_base::
floatfield);
cout << x << endl;
cout.setf(ios_base::fixed,ios_base:: floatfield);
cout << x << endl;
long y = 123456;
cout.setf(ios_base::showpos);
cout.width(12);
cout.setf(ios_base::right,ios_base:: adjustfield);
cout << y << endl;
cout.setf(ios_base::internal,ios_base::
adjustfield);
cout << y << endl;
cout.setf(ios_base::left,ios_base:: adjustfield);
cout << y << endl;
```

Die Ausgabe ist hier kommentiert:

```
1.23e+03 // scientific, 2 Nachkommastellen
1234.57 // fixed, 2 Nachkommastellen
1.23456780e+03 // scientific, 8 Nachkommast.
1234.56780000 // fixed, 8 Nachkommastellen
      +123456  // rechtsbündig mit Vorzeichen
+      123456  // internal mit Vorzeichen
+123456        // linksbündig mit Vorzeichen
```

Ein Beispiel zu fill() ist:

```
int x = 1234;
cout << x << endl; // Ausgabe "1234"
cout.width(6);
cout.fill('*');
cout << x << end; // Ausgabe "**1234"
```

Zur unformatierten Ausgabe existieren die Funktionen:

```
basic_ostream& put(char_type) // Schreiben
e.Zeichens
basic_ostream& write(const char_type*, streamsize
n)// Schreibt n Zeichen von Array
basic_ostream& flush()// Leeren des Puffers
```

Folgende (teilweise schon erwähnten) Manipulatoren sind verfügbar:

boolalpha	setf(ios_base::boolalpha)
noboolalpha	unsetf(ios_base::boolalpha)
showbase	setf(ios_base::showbase)
noshowbase	unsetf(ios_base::showbase)
showpoint	setf(ios_base::showpoint)
noshowpoint	unsetf(ios_base::showpoint)
showpos	setf(ios_base::showpos)
noshowpos	unsetf(ios_base::showpos)
skipws	setf(ios_base::skipws)
noskipws	unsetf(ios_base::skipws)
uppercase	setf(ios_base::uppercase)
nouppercase	unsetf(ios_base::uppercase)
internal	setf(ios_base::internal)
left	setf(ios_base::left)
right	setf(ios_base::right)
dec	setf(ios_base::dec)
hex	setf(ios_base::hex)
oct	setf(ios_base::oct)
fixed	setf(ios_base::fixed)
scientific	setf(ios_base::scientific)

Tabelle 18.2 Standard-Manipulatoren

Parametrisierte Manipulatoren erfordern die Header-Datei
<iomanip>.

```
setbase(int) // Zahlensystem
setfill(int)// setzt Füllzeichen
setprecision(int) // Genauigkeit
setw(int) // Ausgabebreite
```

```
resetiosflags(long) // Löschen von Flags
setiosflags(long) // Setzen von Flags
```

Der Manipulator setprecision() steuert die Anzahl der Nachkommastellen bei scientific bzw. fixed.

```
#include <iostream>
#include <iomanip>
#include <cmath>
using namespace std;

int main()
{
double x = M_PI; // Zahl Pi
for (int i=1; i<=12; i++)
    cout << setprecision(i) << x << endl;
return 0;
}
```

Damit erhält man die (jeweils korrekt gerundete) Ausgabe:

```
3
3.1
3.14
3.142
3.1416
.........
3.1415926536
3.14159265359
```

18.6   Die Statusfunktionen

Neben den Flags der Klasse ios_base verfügt die Klasse basic_ios noch über weitere Funktionen zum Zugriff auf die Statusflags:

```
int eof()   // end-of-file
int clear() // Löschen der Fehler-Flags
int good()  // wahr,wenn bad,fail,eof falsch
```

```
bool fail()  // wahr,wenn Eingabe nicht ok
bool bad()   // wahr, wenn Eingabe scheitert
iostate setstate(iostate s)// setzt Status
iostate rdstate()// liefert Status
```

Die Funktionen verwenden die Flags:

```
failbit // Eingabe falsch, aber korrigierbar
badbit  // Eingabe gescheitert
goodbit // Eingabe korrekt
```

Die Wirkung der Manipulatoren lässt sich am folgenden Programm erkennen:

```
#include <iostream>
using namespace std;
void showflags() // Istream-Zustand
{
cout << "rdstate: " << cin.rdstate() << endl;
cout << "eof    : " << cin.eof() << endl;
cout << "fail   : " << cin.fail() << endl;
cout << "bad    : " << cin.bad() << endl;
cout << "good   : " << cin.good() << endl;
}
int main()
{
int x;
cout << "istream-Status vor Eingabe " << endl;
showflags();
cout << "Eingabe Ganzzahl ";
cin >> x; // falsche Eingabe wie 'A'
cout << "istream-Status nach falscher Eingabe " <<
endl;
showflags();
cin.clear(); // Rueckstellung der Flags
cout << "istream-Status nach clear() " << endl;
showflags();
return 0;
}
```

Gibt man hier statt des int-Typs einen Buchstaben ein, so signalisieren die Flags den Fehlerstatus des Eingabestroms. Das Programm liefert im Fehlerfall die Ausgabe:

```
istream-Status vor Eingabe
rdstate: 0
eof    : 0
fail   : 0
bad    : 0
good   : 1
Eingabe Ganzzahl A
istream-Status nach falscher Eingabe
rdstate: 2
eof    : 0
fail   : 2
bad    : 0
good   : 0
istream-Status nach clear()
rdstate: 0
eof    : 0
fail   : 0
bad    : 0
good   : 1
```

18.7   Internationalisierung

Bei vielen Ausgabeformaten, wie Dezimalkomma, Währungen und Zeitformate, werden länderspezifische Gewohnheiten verwendet, die in der ISO-Norm category genannt sind. Die Header-Datei <locale> enthält u.a. folgende Kategorien:

ctype	Zeichenumwandlungen
monetary	Währungsformate
numeric	Zahlenformate
time	Zeitformate
all	alle obengenannten

Die Einzelfunktionen der Kategorien heißen facet. Solche Facetten-Methoden sind als Template definiert und können entsprechend überladen werden, u.a.:

```
char_t decimal_point()    // Dezimalzeichen
char_t thousends_sep()    // Trennzeichen für
                          // Tausendergruppe
string_type curr_symbol() // Währungssymbol
int do_frac_digits()      // Anzahl der
                          // Währungskommastellen
```

In C++ kann für jede Aufgabe, z. B. Ein- und Ausgabe eine separate Facette gewählt werden. Mit Hilfe einer imbue()-Methode kann die Facette bei Ein-/Ausgabe gewählt werden nach dem Muster:

```
cin.imbue(" ");                    // User Locale
cout.imbue(locale::classic())); // Default
```

Das folgende Programm gibt eine Fließkommazahl im deutschen Format aus; d.h. mit Dezimalkomma.

```
#include <iostream>
#include <iomanip>
#include <cmath>
#include <locale>
using namespace std;

int main()
{
cout.imbue(locale("de_DE"));
cout.setf(ios::fixed);
double f = sqrt(2.);
cout << setprecision(14) << f << endl;
return 0;
}
```

18.8   Dateibehandlung

Die Ein- und Ausgabeoperatoren sind auch bei Dateioperationen anwendbar. Die Funktionen:

```
get()    // Nichtformatiertes Einlesen
put()    // Nichtformatiertes Schreiben
open()   // Öffnen e.Datei
close()  // Schließen e.Datei
```

finden sich in der Header-Datei <fstream>. Sie enthält die Klassen:

```
ifstream // Dateneingabe
ofstream // Datenausgabe
fstream  // ofstream oder ifstream
```

ifstream bzw. ofstream ist ein parameterloser Konstruktor, der einen nicht geöffneten Stream erzeugt. Mit der Parameterliste ergibt sich das Format:

```
ifstream(char *name,int mode,int prot)
ofstream(char *name,int mode,int prot)
```

wobei der letzte Parameter einen implementationsabhängigen Default-Wert hat. Der Parameter mode hat einen der folgenden Aufzählungstypen (aus basic_ios)

```
in        // Öffnen zum Lesen
out       // Öffnen zum Schreiben
binary    // Verarbeiten einer Binär-Datei
ate       // Öffnen und Dateiende suchen (at end)
app       // Öffnen zum Anhängen (append)
trunc     // Datei beim Öffnen auf Länge 0 setzen
          // (truncate)
nocreate  // Nur Öffnen, wenn existent
noreplace // Nur Öffnen, wenn nicht existent
```

Auch hier sind die Bitwerte implementationsabhängig. Das Schließen einer geöffneten Datei erfolgt automatisch bei Programmende. Der Statuswert des Streams kann mit der Methode:

```
stream.rdstate()
```

abgefragt werden. Als Beispiel einer Dateioperation dient das folgende Programm, bei dem im Kommandozeilenmodus eine Textdatei kopiert wird.

```
// Kopieren einer Textdatei im Kommandozeilenmodus
#include <iostream>
#include <fstream>
#include <cstdlib>
void error(char* string) { cerr << string << endl; }
int main(int argc,char* argv[])
{
char ch;
if (argc !=3)
   {
   error("Eingabeformat: datcpy datei1 datei2");
   exit(1);
   }
ifstream quelle(argv[1]); // Oeffnen der Quelldatei
if (!quelle) error("Quelldatei kann nicht geoeffnet
werden!");
ofstream ziel(argv[2]); // Oeffnen der Zieldatei
if (!ziel) error("Zieldatei kann nicht angelegt
werden!");
while (quelle.get(ch)) ziel.put(ch); //
zeichenweises Kopieren
// Dateien werden automatisch geschlossen
if (!quelle.eof() || ziel.bad())
   {
   error("Fehler beim Dateikopieren!");
   return 1;
   }
else return 0;
}
```

18.9   Textdateien

Textdateien haben den Vorzug, mit jedem Editor lesbar zu
sein; sie sind jedoch nicht so kompakt wie Binärdateien, da
sie einen Separator zwischen den Elementen benötigen. Folgende Dateimodi kennt C++:

Modus	R=Read W=Write	Bedeutung
in	R	nur Lesen
out|trunc	W	nur Schreiben, existierende Dateien werden überschrieben, andere werden erzeugt
out|app	W	nur Schreiben, Anfügen an existierende Dateien, andere werden erzeugt
in|out	R/W	Lesen/Schreiben, Datei muss existieren
in|out|trunc	R/W	Lesen/Schreiben, existierende Dateien werden überschrieben, andere werden erzeugt
in|out|app	R/W	Lesen/Schreiben, Anfügen an existierende Dateien, andere werden erzeugt

Tabelle 18.3 Moduswerte beim Arbeiten mit Dateien

Bei Textdateien wird beim Schreiben die Ausgabe in die Datei
umgeleitet:

```
datei << x << " ";
```

Folgendes Programm erzeugt eine vorgegebene Anzahl von
Zufallszahlen und schreibt diese in Textdatei:

```
#include <iostream>
#include <fstream>
#include <string>
#include <cstdlib>
#include <ctime>
```

(Fortsetzung auf der nächsten Seite)

```cpp
using namespace std;
void startzufall()
{ time_t now; srand((unsigned)time(&now)); }
int main()
{
string dateiname;
cout << "Welche Datei soll geschrieben werden? ";
cin >> dateiname;
ofstream
zieldatei(dateiname.c_str(),basic_ios::out); //
Oeffnen der Zieldatei
if (!zieldatei)
   {
   cerr << "Zieldatei kann nicht angelegt werden!" <<
endl;
   exit(1);
   }
int N;
cout << "Wie viele Wuerfelzahlen? ";
cin >> N;
startzufall();
for (int i=0; i<N; i++)
   {
   int z = 1+rand() % 6;
   zieldatei << z << "\n"; // Zeilentrenner
   }
// zieldatei.close() erfolgt automatisch
return 0;
}
```

Zu beachten bei diesem Programm ist, dass die Dateinamen des Betriebssystems C-Strings sind; es muss also die Umwandlungsfunktion `c_str()` verwendet werden. Die so erzeugte Textdatei kann mit folgendem Programm gelesen werden. Hier wird der Strom aus der Datei „heraus"gelesen:

```cpp
datei >> x;
```

```
// Lesen einer Textdatei
#include <iostream>
#include <fstream>
#include <string>
using namespace std;
int main()
{
string dateiname;
cout << "Welche Datei soll gelesen werden? ";
cin >> dateiname;
// Oeffnen der Quelldatei
ifstream quelldatei(dateiname.c_str(),basic_ios::in|
basic_ios::nocreate);
if (!quelldatei)
   {
   cerr << "Quelldatei kann nicht geoeffnet werden!"
<< endl;
   exit(1);
   }
int z,i=0;
while (quelldatei >> z) // Null fuer EOF
   {
   i++;
   cout << z << " ";
   if (i % 20 == 0) cout << endl;
   }
cout << "Es wurden " << i << " Zahlen eingelesen "
<< endl;
// quelldatei.close() erfolgt automatisch
return 0;
}
```

18.9 Schnittstelle zu MATHEMATICA und MAPLE

In manchen Fällen müssen komplizierte und umfangreiche Zahlkonstanten in ein Programm eingeben werden. Hier kann es nützlich sein, die Daten von einem Computer-Algebra-System (CAS) wie MATHEMATICA oder MAPLE direkt zu übernehmen.

MATHEMATICA verfügt über den Befehl CForm[], mit dem die Ausgabe im C-Textformat erfolgt. Im ersten Beispiel zur Reihenentwicklung von log(x+1) werden die Potenzen von x *nicht korrekt* mit der Funktion power() ausgedrückt. Hier muss die Funktionsschreibweise von Hand korrigiert werden zu pow(). Auch bei negativen Potenzen von x, wie der folgenden Ableitung von sin(x)/x+arctan(x), tritt die falsche Schreibweise auf.

Normal[Series[Log[x + 1], {x, 0, 4}]]

$$x - \frac{x^2}{2} + \frac{x^3}{3} - \frac{x^4}{4}$$

CForm[%]

```
x - Power(x,2)/2. + Power(x,3)/3. - Power(x,4)/4.
```

D[Sin[x] / x + ArcTan[x], x]

$$\frac{1}{1 + x^2} + \frac{Cos[x]}{x} - \frac{Sin[x]}{x^2}$$

CForm[%]

```
1/(1 + Power(x,2)) + Cos(x)/x - Sin(x)/Power(x,2)
```

Das Programm MAPLE kennt einen Befehl C() zur Umwandlung in das Textformat.

Als Beispiel soll die Catalan- und Eulersche Konstante mit 20 Dezimalen ausgegeben werden:

```
> with(CodeGeneration):
C(Catalan,digits=20);
C(gamma,digits=20);
cg = 0.91596559417721901505e0;
cg0 = 0.57721566490153286061e0;
```

Hat man eine MAPLE-Prozedur oder Funktion vorliegen wie

```
> ggt := proc(x,y)
local a,b,r;
a := x; b := y; r := b;
while r > 0 do
r := a mod b; a := b; b := r;
end do;
return a; end proc:
```

so kann mit dem Befehl with(Codegeneration) der Quellcode nach C übertragen werden:

```
> with(CodeGeneration):
C(ggt,defaulttype=integer);
int ggt (int x, int y)
{
  int a;
  int b;
  int r;
  a = x;
  b = y;
  r = b;
  while (0 < r)
  {
    r = a % b;
    a = b;
    b = r;
  }
  return(a);
}
```

19 Exceptions

Ein wichtiges Ziel der objektorientierten Programmierung (OOP) ist die Behandlung von Ausnahmefällen (englisch *exception*). Die wichtigsten Ausnahmefälle sind die Laufzeitfehler (englisch *runtime error*), die während des Programmlaufs auftreten, u. a.

- Division durch Null,
- Wurzelziehen aus negativer Zahl,
- falscher Index bei einem Array,
- Arithmetik-Überlauf,
- Eingabe falscher Parameter,
- Zugriff auf nicht vorhandene Datei.

19.1 Ablauf eines Ausnahmefalls

Der typische Ablauf eines Ausnahmefalls ist folgender:

- Eine Funktion versucht (englisch try) eine Aufgabe auszuführen.
- Falls ein Problem auftritt, wird ein Ausnahmefall geworfen (englisch throw).
- Eine Fehlerbehandlung versucht das Problem abzufangen (englisch *catch*).

kurz: try->throw->catch genannt.

Der Programmlauf wird, falls möglich, fortgesetzt, ansonsten wird das Programm beendet und der Speicher soweit möglich bereinigt.

Schematisch lässt sich dies darstellen als

```
try{
    // Funktionsberechnung
    if (fehler) throw (Ausnahmefall)
    }
    catch(Typ1)
    {
    // Fehlerbehandlung Typ 1
    }
    catch(Typ2)
    {
    // Fehlerbehandlung Typ 2
    }
```

19.2   Die Exceptions einer Funktion

Jede Funktion sollte gemäß der C++ Norm einen Spezifierer tragen, der angibt, welchen Ausnahmefall die betreffende Funktion auslösen kann. Siehe dazu die Tabelle 19.1.

Spezifizierer	Bedeutung
throw()	Die Funktion wirft keine Exception auf
throw(...)	Die Funktion kann irgendeine Exception auslösen
throw(*type*)	Funkton wirft eine Exception vom Typ *type* aus.

Tabelle 19.1 *Exception-Spezifizierer von Funktionen*

Ein Beispiel zur Wurzelfunktion ist:

```
#include <iostream>
#include <cmath>
#include <stdexcept>
using namespace std;

double wurzel(double a) throw( runtime_error)
{
bool negativ = false;
```

(Fortsetzung auf der nächsten Seite)

```
try{
    if (a<0) { negativ = true;
    throw runtime_error("Wurzel aus negativen
Zahl!"); }
    }
catch(exception& e)
    {
    cout << e.what() << endl;
    }
if (negativ) cout << "Betrag gewaehlt!\n";
return sqrt(abs(a));
}

int main()
{
double x;
cout << "Eingabe Radikand? ";
cin >> x;
cout << "Wurzel = " << wurzel(x) <<"\n";
return 0;
}
```

Bei Eingabe einer negativen Zahl erhält man den Dialog

```
Eingabe Radikand? -1
Wurzel aus negativen Zahl!
Betrag gewaehlt!
Wurzel = 1
```

19.3   Exception einer Klasse

Die Division durch Null kann u. U. im Konstruktor einer
Bruchklasse auftreten. Daher wird das Beispiel der Klasse
Bruch noch einmal aufgenommen.

```
class Bruch
{
int zaehl,nenn;
public:
Bruch(){}
Bruch(int,int) throw (runtime_error);
void kuerzen();
static int ggt(int,int);
Bruch operator+(const Bruch&);
operator double()
   { return double(zaehl)/ nenn; }
friend ostream& operator<<(ostream&,const Bruch&);
};
```

Der Prototyp des Konstruktors trägt die Exception-Spezifikation throw(runtime_error). Die Fehlerklasse runtime_error ist von der Klasse stdexcept abgeleitet, die wiederum von der Basisklasse exception erbt.

Der Konstruktoraufruf muss nun in das Schema try->throw->catch gebracht werden.

```
Bruch::Bruch(int Z,int N=1) throw (runtime_error)
{
try{
   zaehl = Z; nenn = N;
   if (nenn == 0) throw runtime_error ("Nenner
Null!");
   kuerzen();
   }
catch(const exception& ex)
   {
   cerr << ex.what() << endl;
   exit(1);
   }
}
```

Falls der eingegebene Nenner nicht verschwindet, wird der Bruch ordnungsgemäß gekürzt und der Konstruktor planmäßig beendet. Im Fall Nenner gleich Null wird der Ausnahmefall ausgerufen, die catch-Anweisung liefert eine explizite Fehlermeldung. Da der Konstruktor-Aufruf mit Nenner Null nicht reparabel ist, wird der Programmablauf mittels exit()-Funktion beendet.

19.4 Die Basisklasse exception

Die schon erwähnte Basisklasse aller Exceptions hat folgende öffentliche Schnittstelle:

```
class exception
{
public:
exception() throw();
exception(const exception&) throw();
exception& operator=( const exception&) throw();
virtual ~exception() throw();
virtual const char* what() const throw();
private:
// ...
}
```

Man beachte hier die Spezifizierer throw(). Gemäß Tabelle 19.1 bedeuten sie, dass keine Ausnahme geworfen wird. Andernfalls würde eine nicht endende Rekursion gestartet.

Von dieser Basisklasse exception werden nun alle Ausnahmen abgeleitet (vgl. Abb.19.1)

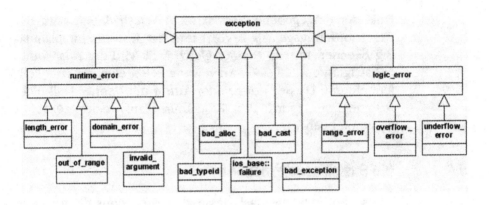

Abb. 19.1   Vererbung der Exceptions-Klassen

19.5   Selbstdefinierte Ausnahmefälle

Betrachtet man die Lösungsformel einer quadratischen Gleichung $ax^2 + bx + c = 0$

$$x = \frac{-b \pm \sqrt{b^2 - 4ac}}{2a}$$

so sieht man, dass es hier mehrere Möglichkeiten gibt, dass etwas "schief" geht. Hier könnte der Nenner Null oder die Wurzel nicht definiert sein. Wir betrachten folgende Ausnahmefälle:

- $a = b = c = 0 \Rightarrow$ Gleichung ist allgemeingültig

- $a = b = 0$ und $c \neq 0 \Rightarrow$ Gleichung ist widersprüchlich

- $a = 0$, $b \neq 0$ und $c \neq 0 \Rightarrow$ Gleichung ist nicht quadratisch

- $b^2 - 4ac < 0 \Rightarrow$ Gleichung hat keine reellen Lösung

Für diese Ausnahmefälle leiten wir indirekt vier Klassen von der allgemeinen Fehlerklasse exception ab:

```
#include <iostream>
#include <cmath>
#include <exception>
using namespace std;

class KeineReelleLoesung
{
public:
const char* what() const { return "Keine reelle
Loesung!\n"; }
};
class WiderspruechlicheGleichung
{
public:
const char* what() const { return "Widerspruch!\n";
}
};
class KeineQuadratischeGleichung
{
public:
const char* what() const { return "Keine
quadratische Gleichung!\n"; }
};
class AllgemeingueltigeGleichung
{
public:
const char* what() const { return
"Allgemeingueltig!\n"; }
};
```

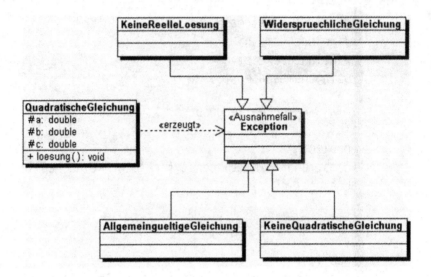

Abb. 19.2 *UML-Diagramm für die Ausnahmefälle der quadratischen Gleichung*

Die Klasse QuadratischeGleichung nimmt die Parameter der quadratischen Gleichung auf:

```
class QuadratischeGleichung
{
protected:
double a,b,c; // Koeffizienten
public:
QuadratischeGleichung(double A,double B,double
C){a=A; b=B; c=C;}
void loesung() const;
};
```

Die Methode loesung() führt die notwendigen Fallunterscheidungen durch und ruft bei Bedarf nach dem Schema try->throw->catch die Ausnahmefälle auf:

```
void QuadratischeGleichung::loesung() const
{
try{
   if (a == 0) // Fall a=0
   {
   if (b == 0) // Fall a=b=0
   {
   if (c == 0) // Fall a=b=c=0
   throw AllgemeingueltigeGleichung();
   else throw WiderspruechlicheGleichung();
   }
   else // Fall a=0,b!=0
   throw KeineQuadratischeGleichung();
   }
   else // Fall a!=0
   {
   double diskr = b*b-4.*a*c; // Diskrim.
   if (diskr<0) throw KeineReelleLoesung();
   else{
      double x1 = (-b + sqrt(diskr))/(2*a);
      double x2 = (-b - sqrt(diskr))/(2*a);
      cout << "Reelle Loesung gefunden:\n"
           << "x1 = " << x1 << endl
           << "x2 = " << x2 << endl;
   }}}
   catch(const AllgemeingueltigeGleichung& e) { cerr
<< e.what(); exit(1); }
   catch(const WiderspruechlicheGleichung& e) { cerr
<< e.what(); exit(1); }
   catch(const KeineQuadratischeGleichung& e) { cerr
<< e.what(); exit(1); }
   catch(const KeineReelleLoesung& e) { cerr <<
e.what(); exit(1); }
}
```

Das Hauptprogramm liest die Koeffizienten der quadratischen Gleichung ein und ruft die Klasse `QuadratischeGleichung` auf:

```
int main()
{
double a,b,c;
cout << "Quadratische Gleichung ax^2 + bx + c =
0\n";
cout << "Eingabe Koeffizienten a b c! ";
cin >> a >> b >> c;
QuadratischeGleichung gleich(a,b,c);
gleich.loesung();
return 0;
}
```

Ein Beispiel eines Programmlaufs ist:

```
Quadratische Gleichung ax^2 + bx + c = 0
Eingabe Koeffizienten a b c! 2 -5 -3
Reelle Loesung gefunden:
x1 = 3
x2 = -0.5
```

20 Die Container der STL

Die Wiederverwendbarkeit von Code durch Anwendung von Templates, d. h. von datentypunabhängigen Funktionen und Klassen, ist ein grundlegendes Ziel der OOP. Durch die Aufnahme standardisierter Templates in die ANSI C++ Norm wird dem Programmierer eine erprobte, flexible, allgemein gültige Implementierung von Algorithmen und Datenstrukturen an die Hand gegeben. Durch die Festlegung ist innerhalb der jetzigen Norm C++98 keine Änderung mehr zu erwarten, obwohl viele Entwickler bis zuletzt noch auf die Einbeziehung einer Template-Klasse zur Hashsuche gehofft haben. Es ist jedoch geplant als weiteren Datentyp die n-Tupel $(a_1,a_2a_3,...,a_n)$ in eine kommenden Erweiterung der Norm, C++0x genannt, aufzunehmen.

Der grundlegende Entwurf der STL stammt von den Mitarbeitern Alex Stephanow und Meng Lee der Firma Hewlett-Packard. Dieser Entwurf ist nach einigen Kürzungen 1994 Bestandteil des Entwurfs der ANSI C++- Norm geworden. Die STL umfasst folgende die Bibliotheken

- Algorithmen <algorithm>,
- Numerik <numeric>,
- Containers,
- Iteratoren,
- Hilfsmittel (utilities),
- Diagnostik (mit <exception>).

Diese Bibliotheken bilden den Namensraum (namespace) der STL, std genannt.

Die Iteratoren bilden die Schnittstelle, mit der die Algorithmen auf den Datenstrukturen operieren. Dies ist notwendig, da die Algorithmen nicht direkt als Elementfunktionen auf den Datenstrukturen operieren können.

Bei den folgenden Aufzählungen der Template-Eigenschaften wird keine Vollständigkeit angestrebt, da diese ein eigenes Buch erfordern würde.

20.1   Die Iteratoren

Die Iteratoren arbeiten wie Zeiger und ermöglichen den Zugriff nicht nur auf die STL-Behälter, sondern auch auf gewöhnliche C-Arrays. Die Positionen, auf die sie zeigen, sind durch begin() und eine Position nach end() gegeben. Ein leerer Container ist gekennzeichnet durch die Gleichheit von begin() und end(). Weiterschalten mittels Increment-Operator ++ liefert bei einem Array einen Zeiger auf das folgende Element. Das folgende Beispiel erzeugt ein zunächst leeres ganzzahliges Array durch den Konstruktoraufruf der <vector>-Templates und deklariert einen zugehörigen Iterator. In der FOR-Schleife werden die ersten 10 ungeraden Zahlen erzeugt und mit der Methode push_back() dem Array hinten angefügt. Der Iterator durchläuft das Array und gibt nach Dereferenzierung die Werte aus.

```cpp
// array.cpp
#include <iostream>
#include <vector>
using namespace std;
int main()
{
  vector<int> a;
  vector<int>::iterator i;
  for (int j=0; j<10; j++)
    a.push_back(2*j+1);
  for (i=a.begin(); i!=a.end(); i++)
    cout << (*i) << endl;
return 0;
}
```

Prog. 20.1   array.cpp

Zu beachten ist hier die Form der Abbruchbedingung
i!=a.end(). Nur wenn in der jeweiligen Template-Klasse der
Kleiner-Operator < definiert ist, darf diese Bedingung durch
i<a.end() ersetzt werden. Die FOR-Schleife

```
for (i=a.rbegin(); i!=a.rend(); i++)
    cout << (*i) << endl;
```

lässt den Iterator rückwärts laufen. Vorwärts und rückwärts lau-
fende Iteratoren heißen auch bidirektional (*bidirectional*). Neben diesen sind auch noch Iteratoren zur Ein- und Ausgabe (*in-
put/output iterator*) definiert und solche zum wahlfreien Zugriff
(*random access iterator*).

Eine Ausgabe-Prozedur mit Ausgabe-Iterator für das Array von
oben stehendem Programm ist:

```
#include <iterator>
void ausgabe(vector<int> v)
{
  copy(v.begin(),v.end(),ostream_iterator
    <int>(cout," ");
  cout << endl;
}
```

20.2   Funktionsobjekte

Neben den Iteratoren werden auch Funktionsobjekte ge-
braucht, um Vergleichsrelationen und ein- bzw. zweistellige
Verknüpfungen zu realisieren. Vordefiniert sind

- plus,minus,times,divides // Rechenarten
- modulus,negate // Modulo,Vorzeichenwechsel
- logical_and,logical_or,logical_not // logische
  Verknuepfung
- equal_to,not_equal_to // (Un)Gleichheit
- greater,less // Vergleich

Als Anwendung der Vergleichs-Funktionsobjekte soll eine
Reihung (array) auf- und absteigend sortiert werden.

```cpp
#include <iostream>
#include <vector>
#include <algorithm>
#include <iterator>
using namespace std;
int main()
{
  vector<int> a;
  for (int j=0; j<10; j++)
      a.push_back((10+19*j)% 100);
  cout << "Unsortiert" << endl;
  copy(a.begin(),a.end(),ostream_iterator
<int>(cout," "));
  cout << endl;
  cout << "Aufsteigend sortiert" << endl;
  sort(a.begin(),a.end(),less<int>());
  copy(a.begin(),a.end(),ostream_iterator
<int>(cout," "));
  cout << endl;
  cout << "Absteigend sortiert" << endl;
  sort(a.begin(),a.end(),greater<int>());
  copy(a.begin(),a.end(),ostream_iterator
<int>(cout," "));
  cout << endl;
  return 0;
}
```

Prog. 20.2   vergl.cpp

```
Unsortiert
10 29 48 67 86 5 24 43 62 81
Aufsteigend sortiert
5 10 24 29 43 48 62 67 81 86
Absteigend sortiert
86 81 67 62 48 43 29 24 10 5
```

20.3 Der Container <vector>

Die Template-Klasse <vector> kann zur dynamischen Erzeugung einer beliebigen sequenziellen Reihung verwendet werden, wobei nur am Ende ein Element angefügt (mittels push_back()) oder entnommen (mittels pop_back()) werden kann. Es gibt folgende Formen des Konstruktors

```
vector(int) // Anzahl
vector(int,value) // Anzahl und Wert
vector(*first,*last) // Array
vector(&vector) // Kopie eines anderen Vektors
```

Beispiele sind

```
int a[] = {1,4,9,16,25};
vector<int> v(a,a+5);
vector<double> v(10,1.0);
```

Im ersten Fall wird das Array in den Vektor v kopiert, im zweiten Fall erhält man ein Array, das gleiche 10 Elemente vom Wert 1.0 enthält.

Die aktuelle Größe des Array wird durch die Funktion size() geliefert, sie ändert sich dynamisch beim Anfügen oder Entfernen des letzten Elements. Die Funktionen back() und front() geben einen Zeiger auf das erste bzw. letzte Element zurück. Der Operator [] ist so überladen, dass die Elemente einer Reihung a auch für den Index a[i] angesprochen werden können.

20.4 Der Container <deque>

Die Template-Klasse <deque> (*double ended queue*) kann zur dynamischen Erzeugung einer beliebigen sequenziellen Reihung verwendet werden, wobei am Anfang und am Ende Elemente angefügt oder entnommen werden können.
- push_back(), pop_back() // hinten anfügen, entnehmen
- push_front(),pop_front() // vorne anfügen, entnehmen

Es gibt folgende Formen des Konstruktors

- deque()   // leere deque
- deque(int)   // Anzahl
- deque(int,value)   // Anzahl und Wert
- deque(*first,*last)   // Array
- deque(&deque)   // Kopie einer anderen deque

Ein Programmbeispiel zu <deque> ist

```cpp
#include <iostream>
#include <deque>
using namespace std;
int main()
{
deque<int> d;
deque<int>::iterator i;
for (int j=0; j<20;j++) d.push_back(2*j+1);
for (int j=0; j<5; j++) d.pop_front();
for (int j=0; j<5; j++) d.pop_back();
for (i=d.begin(); i!=d.end(); i++)
   cout << (*i) << endl;
return 0;
}
```

Prog. 20.3   deque.cpp

Ausgabe 11 13 15 17 19 21 23 25 27 29

Zunächst wird die beidseitige Warteschlange d mit den ersten 20 ungeraden Zahlen gefüllt. Sodann werden vorne 5 und hinten 5 Elemente entfernt und die verbleibenden Elemente ausgegeben.

Die aktuelle Größe des Deque wird durch die Funktion size() geliefert, sie ändert sich dynamisch beim Anfügen oder Entfernen des letzten Elements. Die Funktionen back() und front() geben einen Zeiger auf das erste bzw. letzte Element zurück. Der Operator [] ist so überladen, dass die Elemente einer beidseitigen Warteschlange a auch für den Index a[i] angesprochen werden können.

20.5   Der Container <list>

Die Template-Klasse <list> kann zur dynamischen Erzeugung einer sequenziellen Reihung mit wahlfreiem Zugriff verwendet werden. Die Methoden

```
• push_back(). pop_back()  // hinten anfügen,entnehmen
• push_front(),pop_front() // vorne anfügen,entnehmen
```

von <deque> sind übernommen werden. Es gibt folgende Formen des Konstruktors

```
• list()                 // leere Liste
• list(int)              // Anzahl
• list(int,value)        // Anzahl und Wert
• list(*first,*last)     // Array
• list(&list)            // Kopie einer anderen Liste
```

Das Einfügen und Löschen an einer beliebigen Stelle geschieht mittels

```
• insert(*position,value)      // Einfügen von value an
  Iteratorstelle position
• insert(*position,int,value)  // Einfügen von n Werten
  ab Iteratorstelle position
• erase(*position)             // Löschen des Element an
  Iteratorstelle position
• erase(*first,*last)          // Löschen zwischen den
  Iteratorstellen first,last
• remove(value)                // Löschen aller Werte value
```

Zusätzlich sind noch definiert die Methoden

```
• unique()  // Entfernen von Duplikaten
• sort()    // Sortieren
• reverse() // Rückwärts anordnen
```

Ein Programmbeispiel zu <list> ist

```
#include <iostream>
#include <list>
#include <algorithm>
#include <iterator>
```

(Fortsetzung auf der nächsten Seite)

```
using namespace std;
void ausgabe(const list<int>& L)
{
copy(L.begin(),L.end(),ostream_iterator
<int>(cout," "));
cout << endl;
}

int main()
{
list<int> L;
for (int j=0; j<20; j++) L.push_back((2*j+1) % 10);
ausgabe(L);
L.remove(5); ausgabe(L);
L.sort(); ausgabe(L);
L.unique(); ausgabe(L);
return 0;
}
```

Prog. 20.4   list.cpp

```
1 3 5 7 9 1 3 5 7 9 1 3 5 7 9 1 3 5 7 9
1 3 7 9 1 3 7 9 1 3 7 9 1 3 7 9
1 1 1 1 3 3 3 3 7 7 7 7 9 9 9 9
1 3 7 9
```

Wie die Ausgabe zeigt, wird die Liste vierfach mit den einstelligen ungeraden Zahlen gefüllt und dann alle Werte 5 entfernt. Die so entstehende Liste wird sortiert und alle mehrfach vorkommenden Elemente entfernt. Die verbleibende Liste ist somit 1 3 7 9.

Die aktuelle Größe der Liste wird durch die Funktion size() geliefert, sie ändert sich dynamisch bei Änderung der Elementezahl. back() und front() geben einen Zeiger auf das erste Element zurück. Der Operator [] ist so überladen, dass die Elemente einer Liste Warteschlange L auch für den Index L[i] angesprochen werden können.

20.6   Der Container <map>

Der assoziative Behälter <map> verwaltet eine Menge von geordneten Paaren, bestehend aus Schlüssel und Wert, wobei der Schlüssel eindeutig sein muss. Mögliche Konstruktoren sind

- map()   // leere Map
- map(compare) // Leere Map mit Vergleichsrelation
- map(*first,*last,compare) // Kopie eines Array

Folgende Methoden sind definiert:

- empty()   // Gibt an ob Map leer
- size()   // Anzahl der Paare
- erase(*position) // Löscht Paar an Iteratorposition
- find(&key)   // Suche nach Paar mit Schlüssel key
- erase(&key)   // Suche nach Paar mit Schlüssel key
- insert(Pair) // Einfügen eines Paares

Das folgende Programm stellt ein Telefonverzeichnis als Map dar.

```cpp
#include <iostream>
#include <map>
#include <string>
using namespace std;
class compare
{
public:
bool operator()(string A,string B) const
{ return A < B; }
};

int main()
{
map<string,long,compare> Telefon;
Telefon["Franz Meier"] = 12345;
Telefon["Arnold Mayer"] = 1111;
Telefon["Dieter Bauer"] = 2323;
Telefon["Max Mueller"] = 565656;
```

(Fortsetzung auf der nächsten Seite)

```
Telefon["Peter Becker"] = 6666;
string gesucht = "Boris Becker";
if (Telefon.find(gesucht)!= Telefon.end())
cout << "Telefonnummer = " << Telefon[gesucht] <<
endl;
else cout << "Teilnehmer nicht gefunden!" << endl;
return 0;
}
```

Prog. 20.5   telefon.cpp

Wichtig ist hier, dass die Telefonnummern nicht übereinstimmen dürfen. Eine vergebliche Suche mit der Methode find() erkennt man daran, dass der Iterator auf den Platz nach dem letzten Eintrag zeigt.

20.7   Der Container Multimap

Der assoziative Behälter Multimap ist ebenfalls in der Template-Klasse <map> definiert. Wie die Map-Klasse verwaltet er eine Menge von geordneten Paaren, wobei hier auf die Eindeutigkeit der verwendeten Schlüssel verzichtet wird. Mögliche Konstruktoren sind

- multimap()   // leere Map
- multimap(compare) // Leere Map mit
  Vergleichsrelation
- multimap(*first,*last,compare) // Kopie eines Array

Das folgende Programm zeigt die Realisierung einer Hashtabelle für ein englisches Mini-Wörterbuch mittels Multimap.

```
#include <iostream>
#include <map>
#include <string>
using namespace std;
long hashcode(string str) // vierstellig
{
long hash = 1L;
```

(Fortsetzung auf der nächsten Seite)

```
for (int i=0; i<str.size(); i++)
    hash = (hash*19 + str[i]) % 9973;
return hash;
}
typedef multimap<long,string,less<long> > Lexikon;
int main()
{
Lexikon L;
long N = hashcode("sky");
L.insert(Lexikon::value_type(N,"sky"));
N = hashcode("sun");
L.insert(Lexikon::value_type(N,"sun"));
N = hashcode("dog");
L.insert(Lexikon::value_type(N,"dog"));
N = hashcode("house");
L.insert(Lexikon::value_type(N,"house"));
N = hashcode("cat");
L.insert(Lexikon::value_type(N,"cat"));
string gesucht = "moon";
N = hashcode(gesucht);
if (L.find(N) != L.end())
cout << "Stichwort moeglicherw. gefunden " << endl;
else cout << "Stichwort nicht gefunden!" << endl;
return 0;
}
```

Prog. 20.6   Multimap.cpp

Da der Schlüssel der Hashtabelle eine long-Zahl ist, kann hier als Vergleichsfunktion das vordefinierte Funktionsobjekt less<long> verwendet werden. Da im Gegensatz zum Map-Behälter der Index-Operator [] nicht definiert ist, muss das Datenpaar in der Form Lexikon::value_type(,) eingefügt werden. Lexikon wird mit der typedef-Anweisung als Datenstruktur definiert. Der Typ der Multimap ist hier notwendig, da die Hashcodes zweier Lexikonwörter nicht notwendig verschieden sind. Mit Hilfe der count()-Funktion könnte man die Anzahl der Lexikonwörter zum gleichen Hashcode zählen.

20.8   Der Container <set>

Der assoziative Behälter <set> realisiert den mathematischen
Mengentyp, der keine mehrfachen Element zulässt. Mögliche
Konstruktoren sind

```
• set()          // leere Menge
• set(compare) // Leere Map mit Vergleichsrelation
• set(*first,*last,compare) // Kopie eines Array
```

Folgende Methoden sind für <set> definiert:

```
empty()     // Menge leer?
count(key) // Anzahl der Elemente
find(key)   // Suche nach Element key
size()      // Mächtigkeit der Menge
erase(key) // Löschen des Elements
```

Als Anwendung des Mengentyps soll ein Lottotipp ausgelost
werden.

```cpp
// lotto.cpp
#include <iostream>
#include <set>
#include <stdlib>
#include <time>
using namespace std;
typedef set<int,less<int> > Menge;
void startzufall()
{ time_t now; srand((unsigned) time(&now)); }

int main()
{
Menge Lotto;
startzufall();
do {
    int x = 1 + rand() % 49;
    Lotto.insert(x);
    }while(Lotto.size()<6);
```

(Fortsetzung auf der nächsten Seite)

```
    Menge::iterator i = Lotto.begin();
    while(i!=Lotto.end())
    {cout << (*i) << " "; i++; }
cout << endl;
return 0;
}
```

Prog. 20.7   lotto.cpp

Für die Set-Klasse sind in der Algorithmen-Bibliothek die Methoden zur Bildung der Schnitt-, Vereinigungs- und Differenzenmengen vordefiniert.

```
set_difference(), set_union(), set_intersection(),
set_symmetric_difference()
```

Dazu ein bisschen Mengenlehre, zu beachten ist, dass hier der Mengentyp mittels value_type angegeben wird.

```
#include <iostream>
#include <set>
#include <algorithm>
#include <iterator>
using namespace std;
typedef set<int,less<int> > Menge;
void teilermenge(Menge& M,int n)
{
for (int teiler=1; teiler<=n; teiler++)
if (n % teiler == 0) M.insert(teiler);
}

ostream& operator<<(ostream& s,const
Menge& M)
{
copy(M.begin(),M.end(),ostream_iterator
Menge::value_type>(cout," "));
return s;
}
```

(Fortsetzung auf der nächsten Seite)

```
int main()
{
Menge T24,T36;
teilermenge(T24,24);
teilermenge(T36,36);
cout << "T24 = " << T24 << endl;
cout << "T36 = " << T36 << endl;
cout << "Maechtigkeit von T24 = " << T24.size() <<
endl;
cout << "Maechtigkeit von T36 = " << T36.size() <<
endl;
Menge A,B,C,D;
insert_iterator<Menge> i(A,A.begin());
set_intersection(T24.begin(),T24.end()
,T36.begin(),T36.end(),i);
insert_iterator<Menge> j(B,B.begin());
set_union(T24.begin(),T24.end(),T36.
begin(),T36.end(),j);
insert_iterator<Menge> k(C,C.begin());
set_difference(T24.begin(),T24.end(),
T36.begin(),T36.end(),k);
insert_iterator<Menge> l(D,D.begin());
set_difference(T36.begin(),T36.end(),
T24.begin(),T24.end(),l);
cout << "Schnittmenge = " << A << endl;
cout << "Vereinigungsmenge = " << B << endl;
cout << "Differenzmenge T24-T36 = " <<
C << endl;
cout << "Differenzmenge T36-T24 = " <<
D << endl;
return 0;
}
```

Prog. 20.8   menge.cpp

Der Datentyp Menge ist mittels typedef-Anweisung definiert worden. Zum Erzeugen der Teilermengen T24 und T36 ist eine separate Prozedur erstellt worden. Da die Mengenausgabe mehrfach erfolgt, wurde hier der Ausgabe-Operator überladen. Für jede Anwendung der Mengen-Operationen wird ein insert-Iterator benötigt. Die Ausgabe des Programms zeigt

```
T24 = 1 2 3 4 6 8 12 24
T36 = 1 2 3 4 6 9 12 18 36
Maechtigkeit von T24 = 8
Maechtigkeit von T36 = 9
Schnittmenge = 1 2 3 4 6 12
Vereinigungsmenge = 1 2 3 4 6 8 9 12 18 24 36
Differenzmenge T24-T36 = 8 24
Differenzmenge T36-T24 = 9 18 36
```

Es besteht auch die Möglichkeit, diese Mengen-Operationen mittels Operatoren zu überladen, was hier aus Umfangsgründen als Übungsaufgabe empfohlen wird.

20.9   Der Container Multiset

Die Template-Klasse Multiset ist ebenfalls in <set> definiert und lässt, im Gegensatz zur Menge, auch mehrfache Elemente zu. Multimengen werden z. B. in der Graphentheorie benötigt, wo die Kanten von Graphen als Multimengen von Eckpunkten dargestellt werden. Die Implementierung der Multisets erfolgt völlig analog zur Menge.

20.10   Der Adapter <stack>

Ein Stack (Kellerspeicher) ist ein Adapter, mit dem jeder Container, der einen Zugriff auf das letzte Element hat, ein FILO (*First In Last Out*)-Prinzip realisieren kann. Ein Konstruktor muss stets den zu Grunde liegende Container angeben, z. B.

- stack<vector<int> >
- stack<deque<double> >
- stack<list<char> >

Die Methoden des Stacks sind

- push(value) // Legen auf den Stack
- pop()   // Entnehmen des obersten Elements
- top()   // Zeiger auf obersten Elements
- empty()   // Stack leer?
- size()   // aktuelle Größe des Stacks

Eine einfache Anwendung des Stacks ist die Umkehrung eines Wortes.

```cpp
#include <iostream>
#include <vector>
#include <stack>
#include <string>
using namespace std;

typedef stack <char,vector<char> > Stack;

int main()
{
Stack S;
string wort,ergebnis;
char ch;
cout << "Welches Wort soll auf Stack gelegt werden? ";
cin >> wort;
for (int i=0; i<wort.size(); i++)
  { ch = wort[i]; S.push(ch); }
while (!S.empty())
  { ch = S.top(); ergebnis += ch; S.pop(); }
cout << "Entnommenes Wort : "<< ergebnis << endl;
return 0;
}
```

Prog. 20.9   stackrev.cpp

20.11   Der Adapter <queue>

Eine Queue (Warteschlange) ist ein Adapter, mit dem jeder Container, der einen Zugriff auf das erste und letzte Element hat, ein FIFO (*First In First Out*)-Prinzip realisieren kann. Ein Konstruktor muss stets den zu Grunde liegende Container angeben, wobei hier <deque> sicher die bessere Wahl ist.

- queue<deque<int> >
- queue<list<char> >

Die Methoden der Queue sind

- push(value)   // Anfügen von value an die Schlange
- pop()   // Entnehmen des ersten Elements
- front()   // Zeiger auf erstes Element
- back()   // Zeiger auf letztes Element
- empty()   // Schlange leer?
- size()   // aktuelle Größe der Schlange

Ein Beispiel zeigt, wie 10 ungerade Zahlen hinten eingefügt und vorne entnommen werden.

```cpp
#include <queue>
#include <list>
using namespace std;
int main ()
{
int i;

queue<int,list<int> > Q;
cout << "Hinten angefuegt :" << endl;
for (i=0; i<10; i++)
  { cout << (2*i+1) << " "; Q.push(2*i+1); }
cout << endl << "Vorn entfernt :" << endl;
for (i=0; i<10; i++)
  { cout << Q.front() << " "; Q.pop(); }
cout << endl;
return 0;
}
```

Prog. 20.10   queue.cpp

Die Programmausgabe zeigt das FIFO-Prinzip:

```
Hinten angefuegt : 1 3 5 7 9 11 13 15 17 19
Vorn entfernt werden : 1 3 5 7 9 11 13 15 17 19
```

20.12   Der Adapter <priority_queue>

Eine Prioritätswarteschlange <priority_queue> ist ein Adapter, mit dem jeder sequenzielle Container, der einen wahlfreien Zugriff hat, eine sortierte Struktur realisieren kann. Das zugehörige Prioritätskriterium muss definiert werden. Ein Konstruktor muss den zugrunde liegende Container und die Prioritätsfunktion angeben, z. B.

• priority_queue<deque<int>,less<int> >

Die Methoden der Prioritätswarteschlange sind
• push(value) // Anfügen von value an die Schlange
• pop()   // Entnehmen des Elements höchster Priorität
• top()   // Zeiger auf Element höchster Priorität
• empty() // Schlange leer?
• size()   // aktuelle Größe der Schlange

Das folgende Programm definiert eine compare()-Funktion, die zwei ganze Zahlen anhand der Einerziffern vergleicht und entsprechend sortiert.

```
#include <iostream>
#include <queue>
#include <vector>
using namespace std;
class compare
{
public:
bool operator()(int x,int y)
    { return (x % 10)>(y % 10); }
};
int main()
{
```

(Fortsetzung auf der nächsten Seite)

```
priority_queue<int,vector<int>,compare> P;

cout << "Unsortiertes Array\n";
for (int i=0; i<20; i++)
    {
    P.push(1+(i*17) % 100);
    cout << (1+(i*17)% 100) << " ";
    }
cout << "\nArray mit Einerziffern aufsteigend
geordnet\n";
while(!P.empty())
    { cout << P.top() << " "; P.pop(); }
return 0;
}
```

Prog. 20.11   compare.cpp

Die Ausgabe ist hier:

```
Unsortiertes Array
1 18 35 52 69 86 3 20 37 54 71 88 5 22 39 56 73 90 7
24
Array mit Einerziffern aufsteigend geordnet
20 90 71 1 22 52 3 73 54 24 35 5 86 56 7 37 88 18 39
69
```

20.13 Die Template-Klasse <complex>

Die Template-Klasse <complex> wird in der Regel für numerische Anwendungen verwendet, man wird daher meist den Datentyp complex<double> wählen. Als Beispiel sollen die komplexen Nullstellen eines reellen quadratischen Polynoms bestimmt werden. Für den Fall, dass nur eine lineare Funktion eingegeben wird, wird ein Ausnahmefall (exception) geworfen.

```cpp
#include <iostream>
#include <complex>
#include <cmath>
#include <exception>
#include <cstdlib>
using namespace std;

typedef complex<double> komplex;

void quadglch(double a,double b,double c,komplex&
x1,komplex& x2)
{
double diskr;
x1 = komplex(0,0);
x2 = komplex(0,0); // Rueckgabe (0,0) im Fehlerfall
try{
    diskr = b*b-4.*a*c;
    if (fabs(a)<1e-14) throw("Keine quadratische
Gleichung!\n");
    if (diskr >= 0)
    {
    double d = sqrt(diskr);
    x1 = komplex((-b+d)/(2.*a),0);
    x2 = komplex((-b-d)/(2.*a),0);
    }
  else {
    double d = sqrt(fabs(diskr));
    x1 = komplex(-b/(2.*a),d/(2.*a));
    x2 = komplex(-b/(2.*a),-d/(2.*a));
    }
    }
catch(char* error) { cerr << error; }
return;
}
int main()
{
```

(Fortsetzung auf der nächsten Seite)

```
double a,b,c;
komplex x1,x2;
cout << "Loesung der quadratischen Gleichung
a*x^2+b*x+c=0\n";
cout << "Eingabe der reellen Koeffizienten a b c ";
cin >> a >> b >> c;
quadglch(a,b,c,x1,x2);
cout << "x1 = " << x1 << endl;
cout << "x2 = " << x2 << endl;
return 0;
}
```

Prog. 20.12   except.cpp

Auch die Newton-Iteration kann im Komplexen durchgeführt werden. Sie liefert dann Nullstellen, die im reellen Fall nicht erreichbar sind.

Berechnet werden soll die komplexe Nullstelle des Polynoms

$$f(z) = z^3 + 1, \text{ Ableitung } f'(z) = 3z^2$$

mit positiven Realteil. Die Gleichung hat eine reelle Lösung $z=-1$; die anderen beiden Lösungen sind konjugiert komplex.

Für den Fall, dass der Nenner Null wird, soll ein Laufzeitfehler aufgerufen werden.

```
#include <iostream>
#include <cmath>
#include <complex>
#include <cfloat>
#include <stdexcept>
using namespace std;
typedef complex<double> komplex;
komplex f(komplex x)
    { return x*x*x+komplex(1,0); }
komplex df(komplex x) { return x*x*3.; }
komplex newton(komplex z0) throw( runtime_error)
{
```

(Fortsetzung auf der nächsten Seite)

```
const int maxIter=20;
int zaehl=0;
komplex z1,z=z0;
cout << z << endl;
do{
  z1 = z;
  komplex f1 = df(z);
  try{
     if (norm(f1)<FLT_EPSILON) throw
runtime_error("Nenner Null");
     z = z1 - f(z)/f1;
     cout << z << endl;
     }
  catch(exception& e)
     {
     cout << e.what() << endl;
     cout << "Iteration abgebrochen!\n" ;
     break;
     }
  }while((norm(z-z1)>DBL_EPSILON*1e3) &&
(++zaehl<maxIter));
if (zaehl ==maxIter) cout << "Max.Iterationszahl
erreicht!\n"
return z;
}
```

Das Hauptprogramm startet die Iteration mit dem Startwert z=1+j.

```
int main()
{
komplex z(0,0.1); // Startwert
cout << "Nullstelle = " << newton(z) << endl;
return 0;
}
```

Prog. 20.13   newton.cpp

Die Ausgabe zeigt die Konvergenz gegen die Lösung

$$z = \tfrac{1}{2}(1 + \sqrt{3})$$

```
(1,1)
(0.666667,0.833333)
(0.508692,0.8411)
(0.49933,0.866269)
(0.5,0.866025)
(0.5,0.866025)
(0.5,0.866025)
Nullstelle = (0.5,0.866025)
```

20.14   Die Klasse String

Die string-Klasse ist Bestandteil der Standard-Bibliothek und gehört nicht direkt zur STL. Da aber Strings Container-Eigenschaften für den Typ char haben und die Algorithmen der STL auch auf Strings operieren, sind sie in dieses Kapitel aufgenommen worden.

Der Typ string kann ähnlich wie ein einfacher Datentyp verwendet werden. Er ist jedoch als typedef für den zugrunde liegenden Typ basic_string definiert. Der Operator + ist für Strings automatisch überladen, sodass zwei Strings verkettet werden (was Java übernommen hat, obwohl es kein Operator-Überladen kennt). Die Größe eines Strings passt sich dynamisch an; d.h., es wird je nach Bedarf mehr oder weniger Speicher alloziert. Die Klasse string ermöglicht es weitgehend, die stark fehleranfälligen C-Strings zu vermeiden.

Mögliche Konstruktoren sind:

```
string s1;              // leer
string s2("abcde");     //Initialisierung durch String
string s3("abcde",3);   // liefert "abc"
string s4(6,'*');       // liefert "******"
string s5=s2;           // Zuweisung
string s6(s2.begin(),s2.end()); // Iterator
```

Es gibt keinen Konstruktor, der ein Einzelzeichen in einen String umsetzt! Wichtige String-Funktionen sind:

```
append()    // Anfügen
insert()    // Einfügen
clear()     // Löschen
erase()     // Löschen einzelner Teile
replace()   // Ersetzen von Teilen
compare()   // Vergleichen
find()      // Suchen
substr()    // liefert Teilstring
```

Die folgende Beispiele zeigen die Resultate einiger Befehle, die jeweils auf den String s="ABC" und t="abcde" angewandt werden.

```
string s("ABC"),t("abcde");
s.insert(2,3,'x');  // ABxxxC
s.insert(2,t);      // ABabcdeC
s.erase();          // leer
s.erase(2);         // AB
t.erase(2,2);       // abe
t.replace(1,3,s);   // aABCde
s.compare(t)        // -1 , da s <t
t.compare(s)        // 1
s.find("BC")        // 1(zweite Stelle)
s.find("C")         //2
s.find(t)           // 0 (nicht enthalten)
s.substr()          // liefert ABC
s.substr(2)         // liefert C
t.substr(2,3)       // cde
```

Weitere Beispiele zum Arbeiten mit Strings sind im ganzen Buch zu finden. Ein kleines Demoprogramm folgt:

```
#include <iostream>
#include <string>
#include <algorithm>
#include <iterator>
```

(Fortsetzung auf der nächsten Seite)

```
using namespace std;

struct Grossbuchstabe
{
char operator()(char c) const
{
if (islower(c))
  return static_cast<char>(toupper(c));
else return c;
}};

void ausgabe(string str)
{
copy(str.begin(),str.end(),ostream_iterator<char>(co
ut,""));
}

int main()
{
const char text[] = "Bjarne Stroustrup";   // C-
String
string str(text,text+sizeof(text)-1); // Array-
Konstr.
ausgabe(str); cout << endl;
// ersetzen der Leerstelle
replace(str.begin(),str.end(),' ','_');
ausgabe(str); cout << endl;
// suchen nach '*'
string::iterator i =
find(str.begin(),str.end(),'*');
if (i!=str.end())
 cout << "* gefunden an Stelle " << (i-str.begin())
<< "\n";
else  cout << "* nicht gefunden\n";
// Grossbuchstaben
```

(Fortsetzung auf der nächsten Seite)

```
transform(str.begin(),str.end(),str.begin(),Grossbuc
hstabe());
ausgabe(str); cout << endl;
// reverse
reverse(str.begin(),str.end());
ausgabe(str); cout << endl;
// sortieren
sort(str.begin(),str.end());
ausgabe(str); cout << endl;
return 0;
}
```

Prog. 20.14   strdemo.cpp

Zunächst wird eine Struktur Grossbuchstabe definiert; dies entspricht einer Klasse mit lauter public-Elementen. Sodann wird die Ausgabe von Strings mittels Ausgabe-Iterator ostream_iterator<char> erklärt.

Ein gegebener C-String wird mittels Array-Konstruktur in einen C++-String verwandelt. Sodann wird bzw. werden

- die Leerstellen durch _ ersetzt

- nach * gesucht

- alle Buchstaben in große umgewandelt

- der String rückwärts gelesen

- die Buchstaben alphabetisch sortiert.

Die Ausgabe des Programms zeigt die Resultate:

```
Bjarne Stroustrup
Bjarne_Stroustrup
* nicht gefunden
BJARNE_STROUSTRUP
PURTSUORTS_ENRAJB
ABEJNOPRRRSSTTUU_
```

21 Algorithmen der STL

21.1 Nicht-verändernde Sequenz-Algorithmen

Die nicht-modifizierenden Sequenz-Algorithmen durchsuchen einen sequenziellen Container ohne Änderung der Reihenfolge

- `for_each()`   // Durchmustern aller
- `find(),find_end(),find_first()` //Suchen
- `adjacent_find()`   // Suchen benachbarter Elemente
- `count(),count_if()` // Zählen
- `mismatch()`   // Untersuchen auf Ungleichheit
- `equal()`   // Untersuchen auf Gleichheit
- `binary_search()`   // Binärsuche

Ein Beispiel für die `find()`-Funktion folgt im Abschnitt 21.6.

21.2 Ändernde Sequenz-Algorithmen

Die modifizierenden Sequenz-Algorithmen durchsuchen einen sequenziellen Container und ändern bei Bedarf die Reihenfolge

- `copy()`   // Kopieren
- `swap(),swap_iter()` // Vertauschen
- `transform()`   // transformieren
- `fill()`   // eine Sequenz mit Wert füllen
- `remove()`   // Entfernen
- `unique()`   // Entfernen von Vielfachen
- `reverse()`   // Rückswärts durchlaufen
- `partition()`   // Partition bilden

Das folgende Programm demonstriert das Vertauschen zweier Zeigerstellen mittels `swap_iter()` beim Sortieren durch Minimumsuche:

```
#include <iostream>
#include <algorithm>
#include <list>
#include <iterator>
using namespace std;

ostream& operator<<(ostream& s,const list<int>& L)
{
copy(L.begin(),L.end(),ostream_iterator
<int>(cout," "));
return s;
}

int main()
{
int i;
list<int> L;
for (i=0; i<15; i++) L.push_back((i+15)*19 % 100);
cout << "Unsortierte Liste\n" << L << endl;
list<int>::iterator first,minimum;
first = L.begin();
for (i=0; i<15; i++)
    {
    minimum = min_element(first,L.end());
    iter_swap(first,minimum);
    advance(first,1);
    }
cout << "Sortierte Liste\n" << L << endl;
return 0;
}
```

Prog. 21.1   swap.cpp

Die Zeiger auf den ersten Platz und auf das Minimum werden
als Iteratoren definiert. Die Anwendung von swap_iter() vertauscht die entsprechenden Zeiger. Mit advance(i,1) rückt
der Iterator um ein Listenelement weiter. Die Ausgabe des
Programms ist:

```
Unsortierte Liste
85 4 23 42 61 80 99 18 37 56 75 94 13 32 51
Sortierte Liste
4 13 18 23 32 37 42 51 56 61 75 80 85 94 99
```

21.3   Mischen und Sortieren

Die folgenden Algorithmen mischen, sortieren und permutie-
ren einen sequenziellen Container:

- sort()   //Sortieren
- sort_heap()   //Vertauschen
- min(),max(),min_element(),max_element()
- rotate()   // Rotieren
- random_shuffle()   // Zufallspermutation
- merge()   // Mischen
- nth_element   // k-größtes Element
- next_permutation() // Permutationen

Das folgende Programm bestimmt alle 5!=120 Permutationen
einer 5-elementigen Menge

```cpp
#include <iostream>
#include <algorithm>
#include <iterator>
using namespace std;

int main()
{
int a[5] = {1,2,3,4,5};
bool fortsetzung = true;
long zaehl=0L;
while(fortsetzung)
  {
  copy(a,a+5,ostream_iterator<int>
(cout,""));
   if (++zaehl % 6 ==0) cout << endl;
```

(Fortsetzung auf der nächsten Seite)

```
  else cout << " ";
    fortsetzung = next_permutation(a,a+5);
    }
cout << zaehl << " Permutationen\n";
return 0;
}
```

Prog. 21.2   permut.cpp

```
12345 12354 12435 12453 12534 12543
13245 13254 13425 13452 13524 13542
14235 14253 14325 14352 14523 14532
15234 15243 15324 15342 15423 15432
21345 21354 21435 21453 21534 21543
23145 23154 23415 23451 23514 23541
24135 24153 24315 24351 24513 24531
25134 25143 25314 25341 25413 25431
31245 31254 31425 31452 31524 31542
32145 32154 32415 32451 32514 32541
34125 34152 34215 34251 34512 34521
35124 35142 35214 35241 35412 35421
41235 41253 41325 41352 41523 41532
42135 42153 42315 42351 42513 42531
43125 43152 43215 43251 43512 43521
45123 45132 45213 45231 45312 45321
51234 51243 51324 51342 51423 51432
52134 52143 52314 52341 52413 52431
53124 53142 53214 53241 53412 53421
54123 54132 54213 54231 54312 54321
120 Permutationen
```

21.4   Numerische Algorithmen

Folgende numerische Algorithmen sind vordefiniert

- accumulate()   // Aufsummieren
- inner_product() // Skalarprodukt
- partial_sum()   // Partialsumme,produkt

- adjacent_difference // Differenz aufeinander folgender Elemente

Zur Demonstration der Funktion `accumulate()` werden hier die Partialsummen der e-Reihe berechnet.

```cpp
#include <iostream>
#include <iomanip>
#include <cmath>
#include <vector>
#include <numeric>
#include <algorithm>
using namespace std;
double term(int n) // Reihenterm 1/n!
{
double fak=1.; // fak(0)
for (int i=1; i<=n; i++) fak *= double(i);
return 1./fak;
}

int main()
{
vector<double> v;
vector<double>::iterator i;
for (int j=0; j<15; j++) v.push_back(term(j));
cout.setf(ios::fixed);
cout << "Partialsummen" << endl;
for (i=v.begin()+1; i!=v.end(); i++)
    {
    double sum=0.;
    sum = accumulate(v.begin(),i,sum);
    cout << setprecision(12) << sum << endl;
    }
cout << "Grenzwert e = " << setprecision(12) << M_E
<< endl;
return 0;
}
```

Prog. 21.3   partsum.cpp

Die Ausgabe zeigt die schnelle Konvergenz der Partialsummen:

```
1.000000000000
2.000000000000
2.500000000000
2.666666666667
2.708333333333
2.716666666667
2.718055555556
2.718253968254
2.718278769841
2.718281525573
2.718281801146
2.718281826198
2.718281828286
2.718281828447
Grenzwert e = 2.718281828459
```

22 Programme aus dem Bereich Mathematik

In den abschließenden Kapiteln sollen noch einige mathematische bzw. physikalische Programme den vielfältigen Einsatz von Klassen demonstrieren.

22.1 Die numerische Integration nach Konrod

Die im Buch mehrfach besprochene numerische Integration nach Simpson ist Standard und findet sich in allen Werken der Höheren Mathematik. Weniger bekannt ist das Verfahren, das 1965 von A. S. Konrod gefunden wurde. Die Methode basiert auf der 7-Punkte Integration von C. F. Gauß. Diese wird ergänzt durch die Konrod-Integration über 15 Stützstellen. Aus der Differenz der beiden Werte kann sogar eine *absolute* Fehlerabschätzung gewonnen werden.

Dazu wird die Klasse Konrod definiert; sie enthält die Integrationsgrenzen und einen Zeiger auf die zu integrierende Funktion. Die Stützstellen und Gewichte werden in statischen Arrays gespeichert.

```
class Konrod
{
static double w7[];
static double a7[];
static double wk7[];
static double wk15[];
static double ak15[];
double a,b; // Integrationsgrenzen
function fkt;
public:
```

(Fortsetzung auf der nächsten Seite)

```
Konrod(double A,double B,function F) { a = A; b = B;
fkt = F; }
void integration(double&,double&);
double fehler(double,double);
};
```

Die statischen Werte müssen außerhalb der Klasse definiert
werden:

```
double Konrod::w7[]=
{0.12948496616886969327,
0.27970539148927666790,
0.38183005050511894495,
0.41795918367346938775};
double Konrod::a7[]=
{0.94910791234275852452,
0.74153118559939443986,
0.40584515137739716690,0.};
double Konrod::wk7[]=
{0.06309209262997855329,
0.14065325971552591874,
0.19035057806478540991,
0.20948214108472782801};
double Konrod::wk15[]=
{0.02293532201052922496,
0.10479001032225018383,
0.16900472663926790282,
0.20443294007529889241};
double Konrod::ak15[]=
{0.99145537112081263920,
0.86486442335976907278,
0.58608723546769113029,
0.20778495500789846760};
```

Die eigentliche Berechnung findet in der Methode integra-
tion() statt. Durch Ausnützung aller Symmetrien ist der Algorithmus stark optimiert.

```
void Konrod::integration(double& r1,double& r2)
{
double c = (b-a)/2;
double d = (a+b)/2;
r1 = w7[3]*fkt(d);
r2 = wk7[3]*fkt(d);
for (int k=0; k<3; k++)
    {
    double f1 = fkt(c*a7[k]+d);
    double f2 = fkt(d-c*a7[k]);
    r1 += w7[k]*(f1+f2);
    r2 += wk7[k]*(f1+f2);
    }
for (int k=0; k<4; k++)
    {
    r2 += wk15[k]*(fkt(c*ak15[k]+d)+fkt(d-
c*ak15[k]));
    }
r2 *= c; r1 *= c;
return;
}
```

Die Fehlerrechnung erfolgt mittels

```
double Konrod::fehler(double gsum,double ksum)
{
double d = fabs(gsum-ksum);
return 10*d*sqrt(d/fabs(ksum));
}
```

Behandelt wird das bestimmte Integral:

$$\int_0^2 \sqrt{\tfrac{1}{2}+2e^{-x}\sin(2x^2)}\,dx$$

Um die Genauigkeit zu steigern, wird das Integrationsintervall [0;2], etwa der Monotonie folgend, in drei Teilintervalle [0;0.8], [0.8;1.5] und [1.5;2] zerlegt (siehe Abb. 22.1)

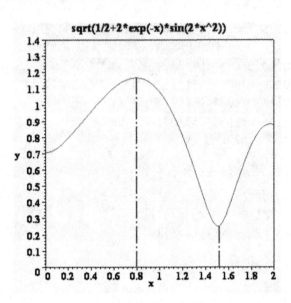

Abb. 22.1   Dreiteilung des Integrationsintervalls

Die Definition der Integrandenfunktion und der dreifache Integrationsaufruf übernimmt das Hauptprogramm:

```
double f(double x) { return sqrt(0.5+ 2*exp(-
x)*sin(2*x*x)); }

int main()
{
double gint,kint,err;
double gsum=0,ksum=0;
// Aufteilen in 3 Teilintervalle
Konrod k1(0,0.8,f);
k1.integration(gint,kint);
gsum += gint; ksum += kint;
Konrod k2(0.8,1.5,f);
k2.integration(gint,kint);
gsum += gint; ksum += kint;
Konrod k3(1.5,2,f);
k3.integration(gint,kint);
```

(Fortsetzung auf der nächsten Seite)

```
gsum += gint; ksum += kint;
cout << "Gauss-7-Punkte-Integration = " <<
setprecision(12) << gsum << endl;
cout << "Konrod-15-Punkte-Integration = " <<
setprecision(12) << ksum << endl;
err = kl.fehler(gsum,ksum);
cout << "abs.Fehler <= " << setprecision(2) << err
<< endl;
return 0;
}
```

Als Ergebnis liefert das Programm

```
Gauss-7-Punkte-Integration = 1.64207309184
Konrod-15-Punkte-Integration = 1.64207049807
abs.Fehler <= 3.3e-008
```

Exakter Wert ist nach MAPLE 1.642070498607.

22.2 Die Integration von Differenzialgleichungen

Zur Integration von gewöhnlichen Differenzialgleichungen (abgekürzt Dfgl.) definieren wir eine Basisklasse `Dfgl`, von der alle weiteren numerischen Prozeduren ableitet werden.

```
typedef double (*function)(double,double);
class Dfgl
{
protected:
double a,b; // Intervall
double h;   // Schrittweite
double y0;  // Anfangswert
vector<double> loesung;
vector<double> control;
function fkt;
public:
Dfgl(double A,double B,double H,double Y,function F)
  { a = A; b = B; y0 = Y; h = H; fkt = F; }
```

(Fortsetzung auf der nächsten Seite)

```
void integration();
virtual void schrittfunktion(double &, double
&,double &)=0;
virtual void ausgabe()=0;
};
```

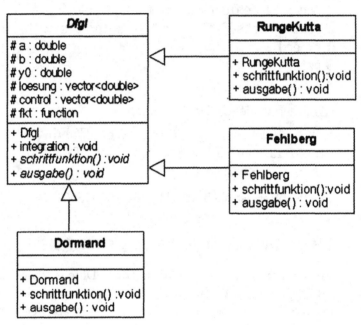

Abb. 22.2 *Klassendiagramm der im Buch verwendeten numerischen Verfahren zur Integration von Differenzialgleichungen*

Sie enthält die Integrationsgrenzen, den Anfangswert der Differenzialgleichung, die Schrittweite, zwei Vektoren zur Speicherung der Lösung und den Funktionszeiger. Die Integration basiert auf der virtuellen Schrittfunktion, die für jedes Verfahren spezialisiert wird.

```
void Dfgl::integration()
{
double x = a; //Start
double y,z;
y = z = y0;
```

(Fortsetzung auf der nächsten Seite)

```
loesung.push_back(y);
control.push_back(z);
while(x <= b-h/2)
  { schrittfunktion(x,y,z);
    loesung.push_back(y);
    control.push_back(y-z);
  }
return;
}
```

22.2.1 Verfahren von Runge-Kutta

Die bekannte RUNGE-KUTTA-Methode wird nun von der Basisklasse Dfgl abgeleitet

```
class RungeKutta : public Dfgl
{
public:
RungeKutta(double A,double B,double H, double
Y,function F): Dfgl(A,B,H,Y,F) {}
void schrittfunktion(double &,double &, double &);
void ausgabe(); };
```

Die Schrittfunktion wird überschrieben durch

```
void RungeKutta::schrittfunktion(double &x,double
&y,double &z)
{
double k1,k2,k3,k4;
k1 = h*fkt(x,y);
k2 = h*fkt(x+h/2,y+k1/2.);
k3 = h*fkt(x+h/2,y+k2/2);
x += h;
k4 = h*fkt(x,y+k3);
y += (k1+2*k2+2*k3+k4)/6.;
return;
}
```

Die Ausgabe wird über einen Iterator gesteuert

```
void RungeKutta::ausgabe()
{
int i=0;
vector<double>::const_iterator iter;
for (iter = loesung.begin(); iter != loesung.end();
iter++)
   {
   double x = a+h*(i++);
   cout.setf(ios::fixed);
   cout << setw(5) << setprecision(1) << x <<
setw(12) << setprecision(8) << (*iter) << endl;
   }
return;
}
```

Ein Hauptprogramm gibt die Differenzialgleichung und die benötigten Parameter vor und bindet die Header-Dateien ein.

```
#include <iostream>
#include <cmath>
#include "dfgl.h"
#include "rk.h"
double f(double x,double y) { return -2*x*y/(1+x*x);
}
int main()
{
double a=0,b=3;
double h=0.1;
double y0=1;
RungeKutta rk(a,b,h,y0,f);
rk.integration();
rk.ausgabe();
return 0;
}
```

Die angegebene Differenzialgleichung

$$y' = \frac{-2xy}{1+x^2}$$

wird mit dem Anfangswert y(0)=1 auf [0;3] integriert. Das Anfangswertproblem (AWP) hat die analytische Lösung:

$$y = \frac{1}{1 + x^2}$$

Die numerische Lösung wird hier verkürzt wiedergegeben:

```
0.0  1.00000000
0.1  0.99009897
0.2  0.96153831
0.3  0.91743092
0.4  0.86206859
0.5  0.79999958
. . . . . . . . . . .
2.5  0.13793111
2.6  0.12886605
2.7  0.12062733
2.8  0.11312224
2.9  0.10626999
3.0  0.10000006
```

22.2.2 Die Methode von Runge-Kutta-Fehlberg

Von FEHLBERG wurde 1964 das RUNGE-KUTTA-Verfahren so erweitert, dass sich bei jedem Schritt eine Abschätzung des lokalen Fehlers ergibt. Anhand der Fehlerentwicklung kann eine Schrittweitensteuerung eingebaut werden. Die Schrittfunktion ist hier

```
void Fehlberg::schrittfunktion(double &x,double
&y,double &z)


{
double k1,k2,k3,k4,k5,k6;
k1 = h*fkt(x,y);
k2 = h*fkt(x+h/4.,y+k1/4.);
k3 = h*fkt(x+3.*h/8.,y+3.*k1/32.+9.* k2/32.);
```

(Fortsetzung auf der nächsten Seite)

```
k4 = h*fkt(x+12.*h/13.,y+1932.*k1/2197.-
7200.*k2/2197.+7296.*k3/2197.);
x += h;
k5 = h*fkt(x,y+439.*k1/216.-8.*k2+3680.*k3/513.-
845.*k4/4104.);
k6 = h*fkt(x-h/2.,y-8.*k1/27.+2.*k2-
3544.*k3/2565.+1859.*k4/4104.-11.*k5/40.);
y += 25.*k1/216+1408.*k3/2565.+
2197.*k4/4104.-k5/5.;
z += 16.*k1/135+6656.*k3/12825.+
28561.*k4/56430.-9.*k5/50.+2.*k6/55.;
return;
}
```

Die Differenz y-z der zurückgegebenen Werte ist ein Maß für den lokalen Fehler. Die Ausgabe der Lösung und des lokalen Fehlers erfolgt mittels

```
void Fehlberg::ausgabe()
{
int i=0;
vector<double>::const_iterator iter1;
vector<double>::const_iterator iter2 =
control.begin();
for (iter1 = loesung.begin(); iter1 !=
loesung.end(); iter1++)
    {
    double x = a+h*(i++);
    cout.setf(ios::fixed);
    cout << setw(5) << setprecision(2) << x <<
setw(14) << setprecision(8) << (*iter1);
    cout.setf(ios::scientific);
    cout << setw(8) << setprecision(1) << (*iter2) <<
endl;
    iter2++;
    }
return;
}
```

Für das gegebene AWP erhält man die unten stehende Werte.
Wie man sieht, bleibt der lokale Fehler stabil.

```
0.0    1.00000000       1
0.1    0.99009901    1e-09
0.2    0.96153848    2e-08
0.3    0.91743124    5e-08
0.4    0.86206904    8e-08
0.5    0.80000009    1e-07
. . . . . . . . . . . . . . . . . . . .
2.5    0.13793104    8e-08
2.6    0.12886598    8e-08
2.7    0.12062726    8e-08
2.8    0.11312217    8e-08
2.9    0.10626993    8e-08
3            0.1     8e-08
```

22.2.3 Die Methode von Dormand-Prince

Relativ neu und weniger bekannt ist die Methode von Dormand-Prince (1981), die besonders in der Astronomie Anwendung findet (siehe HAIRER[11]).

Die Schrittfunktion ist folgende:

```
void Dormand::schrittfunktion(double &x, double
&y,double &z)
{
double k1,k2,k3,k4,k5,k6,k7;
k1 = h*fkt(x,y);
k2 = h*fkt(x+h/5.,y+k1/5.);
k3 = h*fkt(x+0.3*h,y+3./40*k1+9./40*k2);
k4 = h*fkt(x+0.8*h,y+44./45*k1-56./15*k2+32./9*k3);
k5 = h*fkt(x+8./9*h,y+19372./6561*k1-
25360./2187*k2+64448./6561*k3-212./729*k4);
x += h;
k6 = h*fkt(x,y+9017./3168*k1-355./ 33*k2
+46732./5247*k3+49./176*k4-5103./18656*k5);
```

(Fortsetzung auf der nächsten Seite)

```
k7 = h*fkt(x,y+35./384*k1+500./1113*k3+ 125./192*k4-
2187./6784*k5+11./84*k6);
y += 35./384*k1+500./1113*k3+125./192*k4-
2187./6784*k5+11./84*k6;
z += 5179./57600.*k1+7571./16695*k3+ 393./ 640*k4-
92097./339200.*k5+187./2100*k6 +1./40*k7;
return;
}
```

Auch hier ist die Differenz der zurückgegebenen Werte y,z ein
Maß für den lokalen Fehler. Für das gegebene AWP erhält man
unten stehende Ausgabe. Wie man sieht ist der Betrag des lokalen Fehlers noch etwas kleiner als beim FEHLBERG-Verfahren.

0.0	1.00000000	0
0.1	0.99009901	3e-09
0.2	0.96153846	-3e-09
0.3	0.91743119	-2e-08
0.4	0.86206897	-4e-08
. . . .		
2.7	0.12062726	-6e-08
2.8	0.11312217	-6e-08
2.9	0.10626993	-6e-08
3	0.1	-6e-08

Die Integration einer gewöhnlichen Dfgl. zweiter Ordnung
nach RUNGE-KUTTA-NYSTRÖM erfolgt im Kapitel 23 (Physik).

22.3   Die Lösung einer Eigenwertgleichung

Die Eigenwertgleichung eines einseitig eingespannten Stabs
(normierter Länge) ist

$$\cos\lambda \cdot \cosh\lambda = -1$$

Eine nichttriviale Lösung der Eigenwertgleichung heißt Ei-
genwert (EW).

Zur Lösung der nichtlinearen Gleichung verwenden wir wieder
auf Newton-Verfahren. Die Klasse Newton enthält zwei Funktionszeiger auf die zu lösende Funktion und ihre Ableitung. Die

maximale Iterationszahl und die Abbruchgenauigkeit sind der Einfachheit halber als statische Variable vorgegeben.

```
typedef double (*function)(double);

class Newton
{
static const int maxiter = 20;
static double eps; // Genauigkeit
private:
function fkt;
function f1; // Ableitung
public:
Newton(function F1,function F2) { fkt = F1; f1=F2;}
double iteration(double) throw(runtime_error);
};
double Newton::eps=FLT_EPSILON*1e-2;
```

Der Startwert wird in die Iteration einbezogen, da u. U. mehrere Iterationen gestartet werden. Die Funktion trägt hier den Spezifizierer throw, um zu signalisieren, dass ein Ausnahmefall – hier speziell ein runtime_error – aufgerufen werden kann.

```
double Newton::iteration(double x0)
throw(runtime_error)
{
double nenn,y,x=x0;
int it=0;
try{
    while(it++<maxiter)
    {
    nenn = f1(x);
    if (fabs(nenn)< DBL_EPSILON) throw
runtime_error("Nenner Null");
    y = x-fkt(x)/nenn;
    if (fabs(y)> FLT_MAX) throw
runtime_error("Overflow");
    if (fabs(x-y)<eps*fabs(x)) break;
```

(Fortsetzung auf der nächsten Seite)

```
    // cout << y << endl;
    x = y;
    }
    if (it>=maxiter)
        { throw runtime_error("maximale
Iterationszahl erreicht"); }
    }
catch(exception& e) { cerr << e.what() << endl;
exit(1); }
return x;
}
```

Das Hauptprogramm definiert die Funktionen und startet die Iteration. Da es im Fall einer Stimmgabel mehrere Eigenfrequenzen gibt, werden hier in einer FOR-Schleife auch mehrere Iterationen gestartet. Die Eigenfrequenzen sind natürlich materialabhängig. Die Materialabhängigkeit kann mit einem Trick vermieden werden. Da die Frequenzen proportional zum Quadrat der Eigenwerte sind,

$$f \propto \lambda^2$$

kann mit Hilfe der Grundfrequenz $f_0 = 440\text{Hz}$ die passende Proportionalitäts- bzw. Material konstante C ermittelt werden:

$$f = C\lambda^2 \Rightarrow C = \frac{f}{\lambda^2}$$

Als Startwerte werden die Frequenzen der stehenden Wellen gewählt, dabei ist k die Nummer der Oberschwingung.

$$\lambda = \tfrac{1}{2}\pi(2k+1)$$

Die benötigten Funktionen sind hier:

```
double f(double x) /* Eigenwertgleichung */
{
return cos(x)*cosh(x)+1.;
}
double df(double x) /* Ableitung */
{
return -sin(x)*cosh(x)+cos(x)*sinh(x); }
```

Das Hauptprogramm ruft den Klassen-Konstruktor auf, berechnet für die bekannte Grundfrequenz die Materialkonstante und startet in einer for-Schleife die Iterationen für die ersten 5 Oberschwingungen mit den angegebenen Startwerten.

```
int main()
{ double freq,konst,lambda,x;
const double freq0 = 440.; /* Grundfreq.*/
Newton stimmgabel(f,df);
x = M_PI/2; /* Startwert */
lambda = stimmgabel.iteration(x);
cout << "Nr      Eigenwert      Frequenz(Hz) \n";
cout << '0' << "\t" << lambda << "\t\t" << freq0 <<
"\n";
konst = freq0/(lambda*lambda);
// Oberschwingungen
for (int i=1; i<6 ;i++)
  {
  x = (i+0.5)*M_PI;
  lambda = stimmgabel.iteration(x);
  freq = konst*lambda*lambda;
  cout << i << "\t" << lambda << "\t\t" << freq <<
"\n";
  }
return 0;
}
```

Die Ausgabe ist tabellarisch und zeigt, dass bereits die vierte Oberschwingung die Hörbarkeitsgrenze (ca. 20 kHz) überschreitet.

Nr	Eigenwert	Frequenz(Hz)
0	1.8751	440
1	4.69409	2757.43
2	7.85476	7720.89
3	10.9955	15129.9
4	14.1372	25010.8
5	17.2788	37361.7

22.4   Ein Beispiel aus der Zahlentheorie

Als nicht-numerisches Beispiel folgt noch die Primzahlzerlegung einer natürlichen Zahl. Die Primfaktorzerlegung übernimmt die Klasse Primfaktor:

```
class Primfaktor
{
int x; // zu zerlegende Zahl
public:
list<int> pfaktor;
Primfaktor(int X)
    { x = X; faktorisierung(); }
int naechst_teiler(int);
void faktorisierung();
};
```

Die Liste list<int> der gefundenen Primfaktoren ist hier einfachheitshalber public gemacht.

Die Methode naechst_teiler() ist hier optimiert. Sie verwendet hier den Satz, dass jede Primzahl p die Form $p = \pm 1 \bmod 6$ hat, dadurch wird die Anzahl der Probeteiler minimiert.

```
int Primfaktor::naechst_teiler(int t)
{
if (t==2) return 3;
else if (t % 6 == 5 || t==3) return t+2;
else return t+4;
}
```

Der Konstruktor ruft direkt die Methode faktorisierung() auf.

```
void Primfaktor::faktorisierung()
{
int n = x; // Kopie
int teiler = 2;
while(teiler*teiler <= n)
    {
```

(Fortsetzung auf der nächsten Seite)

```
    while(n % teiler == 0)
      {
      n /= teiler;
      pfaktor.push_back(teiler);
      }
    teiler = naechst_teiler(teiler);
    }
  if (n>1) pfaktor.push_back(n);
  }
```

Zur Ausgabe wird hier der Ausgabe-Operator überladen; er ist hier globale Methode.

```
ostream& operator<<(ostream& o,const list<int>& L)
{
list<int>::const_iterator i = L.begin();
for ( ;i != L.end(); i++)
    o << (*i) << "  ";
o << endl;
return o;
};
```

Das Hauptprogramm liest die gewünschte Zahl ein und ruft den Konstruktor auf:

```
int main()
{
int x;
cout << "Welche Zahl? ";
cin >> x;
Primfaktor prim(x);
cout << prim.pfaktor;
cout << prim.pfaktor.size() << " Primfaktor(en)
gefunden" << endl;
return 0;
}
```

Da hier die Primfaktorliste öffentlich ist, kann auf die Anzahl der Primteiler pfaktor.size() direkt zugegriffen werden. Mögliche Programmläufe sind:

```
Welche Zahl? 11111111
11  73  101  137
4 Primfaktor(en) gefunden

Welche Zahl? 1234567
127  9721
2 Primfaktor(en) gefunden
```

Die Primfaktorzerlegung wird für viele Fragestellungen benötigt; z.B. zur Ermittlung aller Teiler und Berechnung der Eulerschen Funktion. Diese Funktion $\varphi(n)$ liefert für alle natürlichen Zahlen n die Anzahl aller teilerfremden Zahlen x mit x<n.

$$\varphi(n) = \sum_{\substack{x<n \\ ggT(x,n)=1}} x$$

Für die Zahl n=11111111 ist die Anzahl der Teiler 16 = 2^4, da es für jeden der 4 Teiler 2 Möglichkeiten gibt: enthalten sein oder nicht. Für die Euler-Funktion folgt

$$\varphi(11111111) = 11111111 \cdot \prod_{i=1}^{4}\left(1 - \frac{1}{p_i}\right) =$$

$$11111111 \cdot \left(1 - \frac{1}{11}\right)\left(1 - \frac{1}{73}\right)\left(1 - \frac{1}{101}\right)\left(1 - \frac{1}{137}\right) = 9792000$$

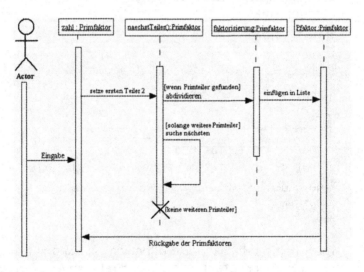

Abb. 22.3   UML-Sequenz-Diagramm

23 Programme aus dem Bereich Physik

Zum Abschluss unseres C++-Grundkurses sollen noch einige Klassen aus dem Bereich Physik/Astronomie präsentiert werden.

23.1 Eine Klasse zur Kernphysik

Ein chemisches Element ist gekennzeichnet durch Namen und die Massen- und Kernladungszahl. Folgender Teil realisiert die Datenelemente der Klasse:

```
class ChemElement
{
protected:
string name; // Trivialname
int A; // Massenzahl
int Z; // Kernladungszahl
double m; // Masse (g)
static const double avogadro;
```

An Methoden wird definiert

```
public:
ChemElement() {}
ChemElement(string N1,int A1,int Z1,double
M1=1){name = N1; A = A1; Z = Z1; m = M1; }
double atommasse() const { double B=
bindungsenergie(); return A+(8.0713092*A-0.782319*Z-
B)/931.4943;
}
double stoffmenge() const { return m/A; }
double teilchenzahl() const { return m*avogadro/A; }
```
(Fortsetzung auf der nächsten Seite)

355

```
double bindungsenergie() const;
friend ostream& operator<<(ostream&, ChemElement&);
};
const double ChemElement::avogadro = 6.02205e23;
```

Zur Ausgabe wird der Operator << überladen

```
ostream& operator<<(ostream& o,ChemElement& E)
{
o << "Element: " << E.name << "(" << E.A << "," <<
E.Z << ")";
return o;
}
```

Zur Berechnung der Bindungsenergie (hier Betrag) in MeV wird ein verbessertes Weizsäcker-Modell verwendet (nach EDER[12]):

```
double ChemElement::bindungsenergie() const // in
MeV
{
int N = A-Z; //Neutronenzahl
double A3 = pow(A,-1./3);
double b = 16.6*A;
b -= (25.-13.6*A3)*pow(A,2./3);
b -= (0.796-0.23*A3-0.46*A3*A3-0.07*Z/A)*Z*(Z-1)*A3;
b -= (30.-42.*A3)*(4*Z*Z-4*Z*(A+1)+A*(A+2))/A;
if (Z % 2 == 1 && N % 2 == 0) // ug-Kern
b -= 7./sqrt((double)Z);
else if (Z % 2 == 0 && N % 2 == 1)//gu-Kern
b -= 8./sqrt((double)N);
else if (Z % 2 == 1 && N % 2 == 1)//uu-Kern
{
double k;
if (N == Z) k = 44./A; else k = 13./A;
b -= 7./sqrt((double)Z)+ 8./sqrt((double)N)+ k;
}
return b;
}
```

Berechnet werden soll die Bindungsenergie des stabilen Elements Ni_{28}^{60}

Eingabe der Daten ins Hauptprogramm

```
#include "element.h"
int main()
{
ChemElement Ni("Nickel",60,28);
cout << Ni << endl;
cout << "Bindungsenergie(MeV) = " <<
Ni.bindungsenergie() << endl;
cout << "Atommasse(u) = " << Ni.atommasse() << endl;
return 0;
}
```

liefert die Ausgabe

```
Element: Nickel(60,28)
Bindungsenergie(MeV) = 528.113
Atommasse(u) = 59.9294
```

Vergleich mit den experimentellen Daten zeigt befriedigende Überstimmung:

```
Bindungsenergie(MeV) = 523.979
Atommasse(u) = 59.9338
```

23.2   Vererbung auf radioaktive Elemente

Die Klasse ChemElement soll abgeleitet werden für radioaktive Elemente:

```
class Radioaktivitaet : public ChemElement
{
public:
enum Zerfallsart {alpha,betaplus,betaminus};
private:
Zerfallsart zerfall;
double hwz; // Halbwertszeit
```

An Elementfunktionen wird benötigt: Definition der Zerfallsarten, Berechnung der Aktivität und Ermittlung des Tochterkerns.

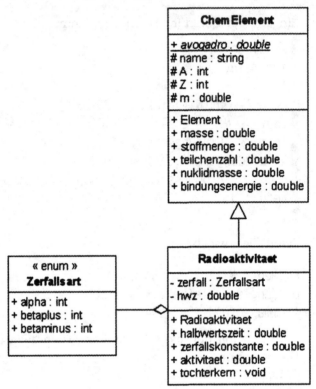

Abb. 23.1   *Vererbung der Klassen (Chem.)Element und Radioaktiv(ität)*

```
public:
Radioaktivitaet(string N,int A,int Z,double
M,Zerfallsart Z1,double T):
ChemElement(N,A,Z,M),zerfall(Z1),hwz(T){}
double HWZ() const { return hwz; }
double zerfallskonstante() const { return
log(2.)/hwz; }
double aktivitaet() const { return
zerfallskonstante()*teilchenzahl(); }
int stabilZ(int) const;
void tochterkern(int &A1,int &Z1,string &S) const
```
(Fortsetzung auf der nächsten Seite)

```
{
switch(zerfall)
{
case alpha: A1 = A-4;Z1 = Z-2;S = "Alpha"; break;
case betaplus: A1 = A;Z1 = Z-1;S ="Beta+"; break;
case betaminus: A1 = A;Z1 = Z+1;S ="Beta-"; break;
default: A1 = Z1 = 0; cout << "Unbekannter
Zerfall!";
}
return;
}};
```

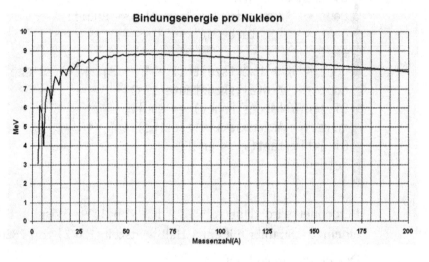

Bindungsenergie pro Nukleon

Abb. 23.2   *Betrag der Bindungsenergie pro Nukleon stabiler Elemente in MeV [berechnet mit Funktion stabilZ()]*

Interessant ist die Methode stabilZ(); sie liefert eine *Prognose*, welche Kernladungszahl Z bei gegebener Massenzahl A einen stabilen Kern liefert, sofern überhaupt einer existiert:

```
int Radioaktivitaet::stabilZ(int A) const
{
double s = 1.01433+0.0048*pow(A,1./3)+
0.0066*pow(A,2./3);
return (int)(0.5+(1+A/s)/2);
}
```

Eine mögliche Form des Hauptprogramms ist

```
int main()
{
int A,Z;
string str;
Radioaktivitaet Bi("Wismut",213,83,1e-6,
Radioaktivitaet::alpha,2820);
cout << Bi << endl;
cout << "Bindungsenergie(MeV)/Nukleon = " <<
Bi.bindungsenergie()/213 << endl;
Bi.tochterkern(A,Z,str);
cout << "Zerfallsart: " << str << endl;
cout << "Tochterkern(" << A << "," << Z << ")" <<
endl;
cout << "Halbwertszeit(s) = " << Bi.HWZ() << endl;
cout << "Zerfallskonstante(1/s) = " <<
Bi.zerfallskonstante() << endl;
cout << "Anfangsaktivitaet(Bq) = " <<
Bi.aktivitaet() << endl;
return 0;
}
```

Berechnet wird damit die Aktivität von $1\,\mu g$ Wismut Bi_{83}^{213}, einem α– Strahler mit einer Halbwertszeit (HWZ) von 2820 s.

Der Programmlauf liefert:

```
Element: Wismut(213,83)
Bindungsenergie(MeV)/Nukleon = 7.78781
Zerfallsart: Alpha
Tochterkern(209,81)
Halbwertszeit(s) = 2820
Zerfallskonstante(1/s) = 0.000245797
Anfangsaktivitaet(Bq) = 6.9493e+11
```

23.3   Das Wasserstoffspektrum

Als weitere physikalische Anwendung wird die Theorie des Wasserstoffspektrums gewählt, wie es sich aus dem BOHR-schen Atommodell ergibt.

Nach diesem Modell lassen sich die Wellenlängen λ des Wasserstoff-Spektrums nach folgender Spektralformel berechnen

$$\frac{1}{\lambda} = Rh\left(\frac{1}{n^2} - \frac{1}{m^2}\right)$$

Die Quantenzahlen m, n kennzeichnen hier die Niveau der Energieübergänge.

```cpp
#include <iostream>
using namespace std;

class Spektrum // Wasserstoff
{
public:
enum Serie {Lyman=1,Balmer,Paschen,Brackett,Pfund};

static const double e;
static const double c;
static const double h;
static const double Ry;
private:
Serie s; // Spektralserie
int n;   // Niveau
public:
Spektrum(Serie S,int N) { s = S; n = N;}
double frequenz() // GHz
{ return 1e-9*Ry*(1./(s*s)-1./(n*n)); }
double wellenlaenge() // nm
{ return c/frequenz(); }
double energie() // eV
{ return h*1e9*frequenz()/e; }
};
```

(Fortsetzung auf der nächsten Seite)

```
const double Spektrum::e = 1.60219e-19;  //
Elementarladung
const double Spektrum::c = 2.99792e8; //
Lichtgeschw.
const double Spektrum::h = 6.62618e-34; //
Wirkungsquantum
const double Spektrum::Ry = 3.28805e15; // Rydberg-
Konstante
```

Prog. 23.1   spektrum.cpp

Die Spektralserien sind hier als Aufzählungstyp enum definiert und gleichzeitig mit dem Wert der Quantenzahl versehen, der in die Spektralformel einzusetzen ist. Die BALMER-Serie ($n = 2$) liegt dabei weitgehend im sichtbaren Bereich. Die LYMAN-Serie gehört wegen der größeren Wellenlängen im Infrarot (*IR*)-Bereich; entsprechend zeigt sich die PFUND-Serie im Ultraviolett (*UV*)-Bereich. Als Beispiel wird die Wellenlänge und Energie der bekannten H_α- bzw. H_β- Linie und der Ionisation berechnet. Für die unendliche große Quantenzahl der Ionisationsstufe wählt man eine große Zahl, z. B. $m = 10000$.

Ein mögliches Hauptprogramm dazu ist

```
int main()
{
cout << "H-alpha-Linie" << endl;
Spektrum Halpha(Spektrum::Balmer,3);
cout << "Wellenlaenge(nm) = " <<
Halpha.wellenlaenge() << endl;
cout << "Energie(eV) = " << Halpha.energie() <<
endl;

cout << "H-beta-Linie" << endl;
Spektrum Hbeta(Spektrum::Balmer,4);
cout << "Wellenlaenge(nm) = " <<
Hbeta.wellenlaenge() << endl;
cout << "Energie(eV) = " << Hbeta.energie() << endl;
```

(Fortsetzung auf der nächsten Seite)

```
cout << "Ionisation" << endl;
Spektrum Ion(Spektrum::Lyman,10000);
cout << "Wellenlaenge(nm) = " << Ion.wellenlaenge()
<< endl;
cout << "Energie(eV) = " << Ion.energie() << endl;
return 0;
}
```

Damit erhält man die Ausgabe
```
H-alpha-Linie
Wellenlaenge(nm) = 656.469
Energie(eV) = 1.88867
H-beta-Linie
Wellenlaenge(nm) = 486.273
Energie(eV) = 2.5497
Ionisation
Wellenlaenge(nm) = 91.1762
Energie(eV) = 13.5984
```

Letztere Energie ist das bekannte Ionisationspotenzial des
Wasserstoffs vom Betrag 13.6 *eV.*

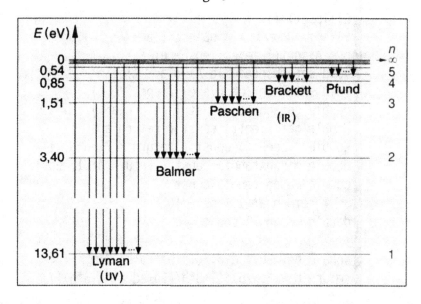

Abb. 23.3   *Übergänge im Wasserstoff-Spektrum*

23.4   Eine Klasse aus der Astronomie

Als Beispiel aus der Astronomie wird die Berechnung der Bahnen und Temperatur der Planeten gegeben. Als Parameter des Planeten werden der mittlere Abstand von der Sonne (in *Astronomischen Einheiten*, d. h. als Vielfaches des Erdbahnradius), die numerische Exzentrizität und das Reflexionsvermögen (ALBEDO) gewählt.

Daraus werden die Umlaufszeiten, Bahngeschwindigkeiten, die max. und minimale Abstände (Aphel bzw. Perihel genannt) und Temperatur des Strahlungsgleichgewichts in Kelvin (absoluter Temperaturskala) berechnet. Bei der Ermittlung der Ellipsenbahn wird auf die Klasse Ellipse zugegriffen.

```
class Ellipse
{
private:
double a; // grosse Halbachse
double b; // kleine Halbachse
double eps; // num. Exzentritaet
public:
Ellipse() {}
Ellipse(double A,double e){ a = A;
b = A*sqrt(1.-e*e); eps = e; }
void setachse(double A) { a = A; }
void setexzent(double e) { eps = e; }
double getachse() const { return a; }
double getexzent() const { return eps; }
double flaeche() const { return M_PI*a*b; }
double minabstand() const { return a*(1.-eps); }
double maxabstand() const
    { return a*(1.+eps); }
double umfang() const
{
double h=(a-b)*(a-b)/((a+b)*(a+b));
return M_PI*(a+b)*(1+3*h/(10+sqrt(4.-3*h)));
}};
```

Die Berechnung des Ellipsenumfangs kann bekanntlich nicht mit elementaren Funktionen erfolgen. Die angegebene Methode umfang() liefert eine sehr gute Näherung, die von S. RAMANUJAN stammt.

Die Klasse Planet enthält ein Objekt vom Typ Ellipse als Bahnkurve.

```
class Planet
{
public:
static const double s;
static const double AE;
static const double Tsonne;
static const double Rsonne;
private:
Ellipse E;
string name;
double albedo;
public:
Planet(Ellipse E1,string N,double A2)
{ E = E1; name = N; albedo = A2;}
string Name() const { return name; }
double umlaufszeit() const { return
pow(E.getachse(),1.5); } // 3.Kepler-Gesetz
double bahngeschwindigkeit() const
   { return E.umfang()*AE*1e-3/ (s*umlaufszeit()); }
// km/s
double bahnachse() const
   { return E.getachse(); }
double perihel() const
   { return E.minabstand(); }
double aphel() const
   { return E.maxabstand(); }
double temperatur() const
   { return Tsonne*pow((1.-albedo)/2.,0.25)
*sqrt(Rsonne/(AE*bahnachse())); }
};
```

Folgende statischen Konstanten wie Sonnen-Temperatur und -Radius müssen außerhalb der Klasse definiert werden.

```
const double Planet::s = 3.15576e7; // Sek im Jahr
const double Planet::AE = 1.496e11; // m
const double Planet::Tsonne = 5780; // K
const double Planet::Rsonne = 6.960e8; //m
```

Das Hauptprogramm liefert einen passenden Konstruktoraufruf

```
int main()
{
Planet p(Ellipse(5.203,0.04895),"Jupiter", 0.52);
cout << "Planet: " << p.Name() << endl;
cout << "grosse Halbachse(AE) = " << p.bahnachse()
<< endl;
cout << "siderische Umlaufzeit(a) = " <<
p.umlaufszeit() << endl;
cout << "mittl.Bahngeschwindigkeit(km/s) = " <<
p.bahngeschwindigkeit() << endl;
cout << "Perihel(AE) = " << p.perihel() << endl;
cout << "Aphel(AE) = " << p.aphel() << endl;
cout << "Temperatur(K) = " << ((int)p.temperatur())
<< endl;
return 0;
}
```

Für die Werte von Jupiter ergibt sich folgende Ausgabe:

```
Planet: Jupiter
grosse Halbachse(AE) = 5.203
siderische Umlaufzeit(a) = 11.8681
mittl.Bahngeschwindigkeit(km/s) = 13.0503
Perihel(AE) = 4.94831
Aphel(AE) = 5.45769
Temperatur(K) = 120
```

Der Aufruf für den Saturn

```
Planet p(Ellipse(9.581,0.05744),"Saturn", 0.47);
```
erzeugt folgende Ausgabe:

```
Planet: Saturn
grosse Halbachse(AE) = 9.581
siderische Umlaufzeit(a) = 29.6563
mittl.Bahngeschwindigkeit(km/s) = 9.61487
Perihel(AE) = 9.03067
Aphel(AE) = 10.1313
Temperatur(K) = 91
```

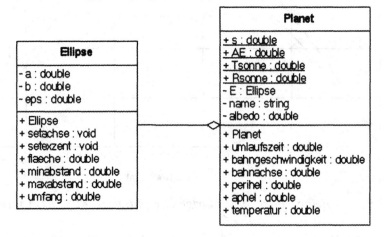

Abb. 23.4 *Klassendiagramm: Die Klasse Planet enthält ein Objekt der Klasse Ellipse:*

Die Entfernungen sind hier in Astronomischen Einheiten (AE) gegeben. Eine AE ist der mittlere Abstand der Erde von der Sonne:

$$1AE = 1{,}496 \cdot 10^{11} m$$

Die Temperaturen sind in Kelvin (K) berechnet (nach KARTTUNEN[14]): Der Saturn-Temperatur von 91 *K* entspricht hier -182 °*C*.

23.5   Der schiefe Wurf mit Luftwiderstand

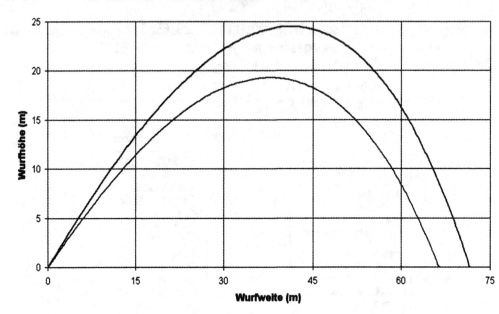

Abb. 23.5   *Schiefer Wurf mit Startgeschwindigkeit 40 m/s unter den Winkeln 38° und 45°*

Der schiefe Wurf wird mittels folgender Klasse simuliert:

```
class SchieferWurf
{
public:
static const double g; // m/s^2
static const double k; // 1/kg
private:
double phi;              // Wurfwinkel(Grd)
double v0;               // Betrag d. Startgeschw.
double x,y;              // Startposition
public:
SchieferWurf(double,double,double,double);
void simulation(double);
static double ax(double,double);
static double ay(double,double);
};
```

Die statischen Elemente sind

```
const double SchieferWurf::g = 9.81; // m/s^2
const double SchieferWurf::k = 0.012; // 1/kg
double SchieferWurf::ax(double vx,double vy)
  { return -k*sqrt(vx*vx+vy*vy)*vx; }
double SchieferWurf::ay(double vx,double vy)
  { return -k*sqrt(vx*vx+vy*vy)*vy - g; }
```

Der Konstruktor enthält den Startpunkt (x|y) =(0|0) als Default-Wert.

```
SchieferWurf::SchieferWurf(double P,double V,double
X=0,double Y=0)
{
phi = P*M_PI/180; // Bogenmass
v0 = V;
x = X; y=Y;
}
```

Die Simulation verwendet das vereinfachte RUNGE-KUTTA-Verfahren, der Parameter ist der Zeitschritt dt.

```
void SchieferWurf::simulation(double dt)
{
double vx = v0*cos(phi); //Komp.d.Geschw.
double vy = v0*sin(phi);
do{
  double k1 = ax(vx,vy)*dt;
  double k2 = ay(vx,vy)*dt;
  double k3 = ax(vx+k1/2,vy+k2/2)*dt;
  double k4 = ay(vx+k1/2,vy+k2/2)*dt;
  vx += k3;
  vy += k4;
  x += vx*dt;
  y += vy*dt;
  cout << x << "\t" << y << "\n";
}while(y>=0);
}
```

Das Hauptprogramm gibt den Aufwurfwinkel (hier optimale 38°) und die Anfangsgeschwindigkeit 40 m/s. Der Zeitschritt für die Simulation soll $\Delta t = 5 \cdot 10^{-4}$ s betragen.

```
int main()
{
SchieferWurf wurf(38,40);
wurf.simulation(5e-4);
return 0;
}
```

Von den numerischen Ergebnissen sind hier nur die x,y-Werte nach dem Start, dann die im Maximum und schließlich die beim Aufschlag angegeben:

0	0
0.0157564	0.0123078
0.0315091	0.0246102
0.047258	0.0369073
0.0630031	0.0491989
0.0787444	0.0614851
41.7657	19.2821
41.7747	19.2821
41.7837	19.2821
41.7926	19.2821
41.8016	19.2821
72.6908	0.0316496
72.6965	0.0233132
72.7022	0.0149753
72.7079	0.00663598
72.7136	-0.00170479

Die maximale Wurfhöhe ist hier 19,28 *m*. Die Wurfweite beträgt 72,72 *m*. Plotten der Werte liefert Abb. 23.5. Dass die Wurfbahn mit Luftwiderstand keine Parabel ist, erkennt man deutlich an der Unsymmetrie.

23.6   Ein Schwingungsproblem

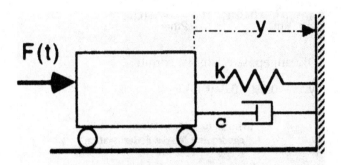

Abb. 23.6   Schwingung eines Masse-Feder-Systems

Als abschließendes Beispiel wird die Schwingung eines Masse-Feder-System (vgl. Abb. 23.6) besprochen. Hier tritt eine Differenzialgleichung (Dfgl.) 2.Ordnung auf:

$$my'' + cy' + ky = F$$

wobei hier die Zeitableitungen durch Striche gekennzeichnet sind.

Division durch die Masse m und Einführung der Größen

$$\omega = \sqrt{\frac{k}{m}} \text{ (Eigenfrequenz); } d = \frac{c}{2m\omega} \text{ (dimensionslos)}$$

liefert folgende Form der Differenzialgleichung

$$y'' + 2d\omega y' + \omega^2 y = \frac{1}{m}F$$

Dabei die externe Kraft F gelten:

$$F = \begin{cases} 5N & \text{für } 0 < t < 1 \\ 0 & \text{sonst} \end{cases}$$

Mit den gegebenen Werten

$$m = 5kg, \quad c = 4kg/s, \quad k = 3.2kg/s^2$$

folgt dann

$$\omega = \sqrt{\frac{k}{m}} = 0.8Hz, \quad d = \frac{c}{2m\omega} = 0.5$$

Die angepasste Dfgl ist somit:

$$y'' = -0.8y' - 0.64y + \frac{1}{m}F$$

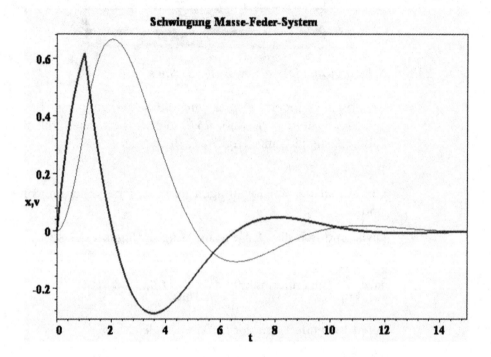

Schwingung Masse-Feder-System

Abb. 23.7   *Plotten der numerischen Ergebnisse zeigt den Einschwingvorgang des Systems*

Diese Differenzialgleichung 2.Ordnung wird nach dem RUNGE-KUTTA-NYSTRÖM-Verfahren integriert. Das NYSTRÖM-Verfahren wird durch folgende Klasse implementiert:

```
typedef double (*function)(double,double, double);

class Nystroem
{
double a,b; // Intervall
double h; // Schrittweite
double y0; // Anfangswert Funktion
double y1; // Anfangswert Ableitung
function fkt;
vector<double> loesung;
vector<double> ableitung;
public:
Nystroem(double A,double B,double H,double Y,double
Y1,function F)
{ a = A; b = B; h = H; y0 = Y; y1 = Y1; fkt = F; }
void integration();
void schrittfunktion(double &,double &,double &);
void ausgabe();
};
```

Die Integration wird von der Methode integration() ausgeführt.

```
void Nystroem::integration()
{
double x = a; //Start
double y=y0,yp=y1;
loesung.push_back(y);
ableitung.push_back(yp);
while(x <= b-h/2)
    {
    schrittfunktion(x,y,yp);
    loesung.push_back(y);
    ableitung.push_back(yp);
    }
return;
}
```

Dabei ist die Schrittfunktion definiert als:

```
void Nystroem::schrittfunktion(double& x,double&
y,double& yp)
{
double k1,k2,k3,k4;
double K,L;
k1 = h/2*fkt(x,y,yp);
K = h/2*(yp+k1/2);
k2 = h/2*fkt(x+h/2,y+K,yp+k1);
k3 = h/2*fkt(x+h/2,y+K,yp+k2);
L = h*(yp+k3);
k4 = h/2*fkt(x+h,y+L,yp+2*k3);
x += h;
y += h*(yp+(k1+k2+k3)/3.);
yp += (k1+2*k2+2*k3+k4)/3.;
return;
}
```

Die Ausgabe verwendet die Vektoren, in denen die numerischen Werte der Funktion und ihrer 1. Ableitung gespeichert
wird.

```
void Nystroem::ausgabe()
{
int i=0;
vector<double>::const_iterator iter1;
vector<double>::const_iterator iter2 =
ableitung.begin();
for (iter1 = loesung.begin(); iter1 !=
loesung.end(); iter1++)
   {
   double x = a+h*(i++);
   cout.setf(ios::fixed);
   cout << setw(5) << setprecision(2) << x
   << setw(14) << setprecision(8) << (*iter1)
   << setw(14) << setprecision(8) << (*iter2) <<
endl;
```

(Fortsetzung auf der nächsten Seite)

```
    iter2++;
    }
return;
}
```

Das Hauptprogramm definiert die rechte Seite der Differenzialgleichung:

```
double f(double x,double y,double yp)
// Dfgl y''=f(x,y,y')
{
double F = (x<=1.)? 1 : 0;// Kraft
return -0.8*yp-0.64*y+F;
}
```

und die benötigten Anfangswerte:

```
int main()
{
double a=0,b=10; // Intervall
double h=0.1; // Schrittweite
double y=0,yp=-1; // Anfangswerte
Nystroem nystroem(a,b,h,y,yp,f);
nystroem.integration();
nystroem.ausgabe();
return 0;
}
```

Die numerischen Ergebnisse der ersten 2 Sekunden zeigen folgende Werte für die Schwingungsamplitude und Geschwindigkeit:

```
0.00    0.00000000   -1.00000000
0.10   -0.09113537   -0.82408158
0.20   -0.16509835   -0.65662245
0.30   -0.22275452   -0.49800166
0.40   -0.26500319   -0.34851480
0.50   -0.29276921   -0.20837857
0.60   -0.30699538   -0.07773554
0.70   -0.30863524    0.04334105
0.80   -0.29864638    0.15484239
0.90   -0.27798427    0.25681922
1.00   -0.24759653    0.34937692
1.10   -0.21168438    0.35200189
1.20   -0.17723213    0.33687734
1.30   -0.14433917    0.32084470
1.40   -0.11308784    0.30407234
1.50   -0.08354402    0.28672025
1.60   -0.05575806    0.26893966
1.70   -0.02976563    0.25087283
1.80   -0.00558860    0.23265282
1.90    0.01676396    0.21440342
2.00    0.03729493    0.19623908
```

Da die Kraft nach 1 Sekunde stoppt, kehrt das System alsbald wieder in die Ruhelage zurück. Den genauen Verlauf zeigt Abb. 23.7.

Anhang

A1   Literaturverzeichnis

C++

[1]U. Breymann: C++, *Eine Einführung*, Hanser, München 1999[V]

[2]H.M. Deitel/ P.J. Deitel: *C++, How To Programm*, Prentice Hall, Englewood Cliffs, 1994

[3]D. Herrmann: *C++ für Naturwissenschaftler*, Addison-Wesley, München 2001[II]

[4]S. Kuhlins/ M. Schader: *Die C++ Standard-Bibliothek*, Springer, Berlin 1999

[5]B. Stroustrup: *Die C++ Programmiersprache*, Addison-Wesley, München 1998[III]

C

[6]H. Herold: *C-Programmierung unter LINUX*, Suse Press, Nürnberg 2002

[7] W. Kinzel: *Programmierkurs für Naturwissenschaftler u. Ingenieure*, Addison-Wesley,München 2001

Informatik

[8]H. Balzert: *Lehrbuch Grundlagen der Informatik*, Spektrum, Heidelberg 1999

[9] G. Goos: *Vorlesungen über Informatik, Band 2: Objektorientiertes Programmieren und Algorithmen*, Springer, Berlin 1996

Mathematik

[10] J. Erven/ D. Schwägerl: *Mathematik für Ingenieure*, Oldenbourg, München 2002[II]

[11] E. Hairer/ S.P.Nørsett/ G. Wanner: *Solving Ordinary Differential Equations I*, Springer, New York 1999[II]

Physik

[12] G. Eder: *Kernmaterie*, Spektrum, Heidelberg 1995

[13] A. Das/T. Ferbel: *Kern- und Teilchenphysik*, Spektrum, Heidelberg 1995

[14] H. Karttunen/ P. Kröger/ H. Oja/ M. Poutanen/ K.J. Donner: *Astronomie*, Springer, Berlin 1990

Systemtheorie, Simulationen

[15] E. Beltrami: *Von Krebsen und Kriminellen (Mathematische Modelle der Biologie und Soziologie)*, Vieweg, Braunschweig 1993

[16] H. Bossel: *Modellbildung und Simulation*, Vieweg, Braunschweig 1992

A2   Verzeichnis der Programme

Sachwortverzeichnis